铁血文库

第一次世界大战史

THE GREAT WAR EXPLAINED

[英] 菲利普·史蒂文斯◎著
许宗瑞◎译

时代文艺出版社

图书在版编目（CIP）数据

第一次世界大战史 /（英）史蒂文斯 著；许宗瑞 译．—长春：时代文艺出版社，2014.8（2017.8 重印）
书名原文：The Great War Explained

ISBN 978-7-5387-4638-9

Ⅰ.①第… Ⅱ.①史… ②许… Ⅲ.①第一次世界大战－历史－通俗读物 Ⅳ.①K143-49

中国版本图书馆CIP数据核字（2014）第183344号

出 品 人　陈　琛
产品总监　郭力家
责任编辑　方　伟
装帧设计　孙　利
排版制作　李玉龙

第一次世界大战史

[英] 菲利普 · 史蒂文斯 著　许宗瑞 译

出版发行 / 时代文艺出版社
地址 / 长春市泰来街1825号　时代文艺出版社　邮编 / 130011
总编办 / 0431-86012927　发行部 / 0431-86012957　北京开发部 / 010-63108163
网址 / www.shidaicn.com
印刷 / 三河市京兰印务有限公司
开本 / 710mm × 1000mm　1 / 16　字数 / 336千字　印张 / 23.75
版次 / 2014年11月第1版　印次 / 2017年8月第2次印刷　定价 / 59.00元

图书如有印装错误　请寄回印厂调换

序

2006年5月初的一天，在英国人常去的板球场的场边，我第一次见到了菲利普·史蒂文斯。当时他正在观看他儿子代表威灵顿公学在打的板球比赛（他儿子技术相当不错）。他向我做了自我介绍，并说他是威灵顿公学第四十五期父母团的成员之一，将和我一道于两周后前往索姆河和法兰德斯战场参观。他问我是否希望到时在不同的参观地点听他插几句嘴，介绍一战的相关情况。当时我口上虽说非常乐意，但在往另一张父母观赛帆布躺椅挪的时候，心里却在琢磨这家伙明摆着是个讨人嫌的家伙，要提防。我已带过四十五个由父母或学生组成的旅行团，前往一战战场参观，队员来自五所不同的学校，所以觉得自己闭着眼睛都能从法国的凡尔登走到比利时的帕斯尚尔，而且对保存下来的战壕以及每个战壕背后的故事都了如指掌。

然而，我错了。在那次旅行第一天行程进行到一半的时候，我向那些聚集在我身边的父母们侃侃而谈起了维米岭战役的众多疑云，这时菲利普打开了话匣子，口若悬河。之前我从来没有听过哪个导游在讲解时能如此专业，如此生动，如此富有激情。所以我和当时在场的其他人一样，一下子就怔住了。

后来，菲利普成了我每年去战壕参观时的得力助手，而且他也越来越娴熟。人们将他与受人爱戴的祖鲁战争口述历史学家大卫·拉特雷，威灵顿公学的友人、伟大的军事历史学家理查德·霍姆斯相提并论。听过菲利普讲解的人都请他写一本关于一战的书，那样他的洞察力以及美丽的心灵就能惠及更多的读者。

因此，这本书诞生了，而且恰逢一战爆发一百周年。

而我也正缺这样的一本书，一本全方位介绍一战历史，一本由曾在军中服役，对一战有着深刻的认识，而且具备能对普通读者介绍如此复杂之事的沟通天赋的人而作的书。

我第一次带团参观一战战场是在二十五年之前。对于眼前所见的浩如烟海的场景，我像所有第一次前去参观的人一样，非常惊讶。当时我庆幸自己那时就参观了此地，而不是在许多年之后才来访。当时我认为随着一战老兵们渐渐离世，人们对一战的兴趣会慢慢减少，对二战的关注会不断增加。如果有谁对我说再过二十五年后，人们对一战的兴趣会随着参观者人数的增加而上升两三倍时，我会觉得这人一定病得不轻。

一战令很多年轻人以及青少年很受触动，但也让他们莫名其妙。的确，这场战争是人类有史以来最奇怪的一场战争。这本书将这场战争中的所有不可思议之处做了归纳，并给人以启示。想踏上一战历史朝觐之旅的人，这部书是一个非常重要的起点。同时，对于像我这样觉得对这段历史无所不知的人来说，这本书，也是一个小小的再教育读本。

安东尼·塞尔登博士

威灵顿学院

前言

这本书虽然以一战为题，但它并非一本史书，而是在讲述一个故事。这个想法，是我在给一个参观一战战场的旅行团做导游之后才有的。因为当时有人问了我这样一个问题——“在哪儿可以找到一本类似导读之类的书，能让我了解我们此行的目的，以及眼前所看到的景象？”

桑赫斯特皇家军事学院军事历史系的老师们曾教育过我要热爱系里开设的课程，这些课程后来构成了我生活的关键。2006年时，威灵顿公学的一些学生家长进行了一次“战壕之旅”，旅行团的领队是来自威灵顿公学的老师安东尼·塞尔登博士。就是这次旅行，让我萌生了写点什么的打算。而且后来塞尔登博士还为我作序，在此我深表谢意。

在这本书里，故事的主角是那场战争的一个个亲历者。当时一天下来，甚至一个早上，将军们接到的死亡人数报告就达到成千上万。虽然几百万人卷入了那场战争，但每一位逝去者，都是一个鲜活的生命。书及芸芸众生时，这一个个鲜活的生命总萦绕在我心间：凡尔登战役中的德里昂上校，蒙斯之战中的二等兵帕尔，索姆河战役中在马梅斯阵亡的诺尔·查瓦希，还有德文郡的一些士兵。

书中提及的将军们并非都能力不济，所以建议您像我一样，得有自己的见解。历史上有些将军，虽然我们都耳熟能详，但20和21世纪最伟大的历史学家们对他们的功过是非也都尚未形成统一观点，因而我认为我们并不需要等到历史学家们经过深思熟虑之后，才敢下结论。

罗伯特·伯恩斯和我一道多次参观过这些战场，而且大家收获颇丰。但遗憾的是不能将此书赠他一本，以纪念我们曾经共同体会过的那一次次战场之旅。

詹姆斯·奥斯本和他的家人，在2006年的时候，让我对皇家苏赛克斯团第七营在1918年阿弗吕伊森林中的行动有了一定的了解。也就是在那里，詹姆斯的父亲曾赢得了一枚勋章。所以这本书提醒人们，一战的历史也是每个家庭历史的一部分。

马尼·布罗斯南，不顾克赖斯特彻奇地震带来的危险和损失，为本书绘制了多幅地图。罗尼·威尔金森帮忙找到很多图片，这些图片我未曾见过，相信您也一样。对于他们的帮助，我也由衷表示感谢。

最后，我还要感谢很多朋友以及我的家人。如果您纳闷我为什么如此着迷这么久远的一场战争，希望您在读完这本书后会说一句“我终于明白了”。

目录

第一章　战争缘起

当学生们在操场上起了冲突之后，老师往往都想知道“是谁先挑起的？”，但当规模如此庞大的第一次世界大战结束之后，回答这个问题却不是那么容易。然而，这场战争似乎最终可以追溯到一个人的身上。

俾斯麦

奥托·冯·俾斯麦就是世界这个大赛场上最喜欢惹是生非的家伙，他于一战爆发十六年前去世。1862年，俾斯麦出任普鲁士王国首相，当时的普鲁士危机重重。在他上任的前二十年里，欧洲社会也并不安宁。在英国，《谷物法》这项粮食法案阻碍了英国的对外贸易，造成物价不稳，导致国内不安加剧，结果该法案于1846年被废止。接下来，1848年又是一个“革命之年”。由于人们对经济发展和社会现实产生种种不满，全欧洲爆发了诸多反对王权的暴动和革命。后来，英法和俄国在克里米亚交手。其真实原因仅仅在于前者怀疑后者在巴尔干地区别有用心。同时在非洲、印度以及其他一些地方，海上强权们仍在继续扩张，攫取殖民地。美国在19世纪60年代还未走出南北战争的泥淖。在这场内战中，加特林机关枪作为一种工业化杀戮机器在战场上首次被投入使用，而且铁路的出现也使平民军事组织第一次真正实现了机动化作战。

俾斯麦就是在这样一个历史机遇下昂首迈入了世界这个大赛场。由于性格果断，能力突出，他逐渐成为当时最杰出的政治家，而且其政治哲学对普鲁士王国及其军队都产生了重大影响。简言之，俾斯麦意在锻造一个强大而统一的德意志帝国，这个帝国以普鲁士王国为主体，他自己为最高政治统帅。在坐上首相之位后的十年间，俾斯麦先是为抢占领土与丹麦交手。接下来为确立德意志霸权在1866年攻打了奥地利。后来，又发动普法战争，从法国人手中夺走了阿尔萨斯和洛林，既羞辱了法国人，又实现了领土扩张。1871年时，他最终完成了统一德国的大业，使普鲁士国王登上德意志帝国皇位，他自己也成了德意志帝国的宰相。

自1857年开始，普鲁士军队就成了“铁血宰相”俾斯麦手中挥舞的利刃。后来德国统一之后，德意志皇帝成为德军统帅，但真正执掌军权的却是赫尔穆特·冯·毛奇将军。此人在军事上深谋远虑，创立了很多现代军事思想，比如设立总参谋部和进行参谋培训。此外，在俾斯麦为进行领土扩张而发动局部战争时，他也是一位举足轻重的作战将领。

在瓜分海外领土和殖民地方面，新兴的德意志只不过是一个姗姗来迟者。当时除德以外所有强权帝国都已在海外站稳了脚跟。比如比利时国王占据了刚果，英国首相迪斯雷利对英女王维多利亚百般献媚，为她加冕印度女王也做好了安排。然而，德国人认为德意志这个新兴的而且是欧洲国土面积最大的国家也应该拥有殖民地，但令他们懊恼的是当时所有理想之地都已被瓜分完毕。于是，将德意志建成一个与之地位相匹配的拥有殖民地和附属国的帝国这种急不可待的企图成了当时德意志在政治方面的既定方针。

然而，在俾斯麦的扶持下走上皇位的威廉二世却相当不走运。当时他虽然坐拥欧洲最大的一片疆土，统帅欧洲数量最庞大、训练最有素的军队，但统治不够强硬，作战指挥也不果敢，军政才能双双欠缺。之前他的祖父威廉一世也基本如此，虽表面上相当铁腕，但实际上一直受到俾斯麦的左右。威廉一世

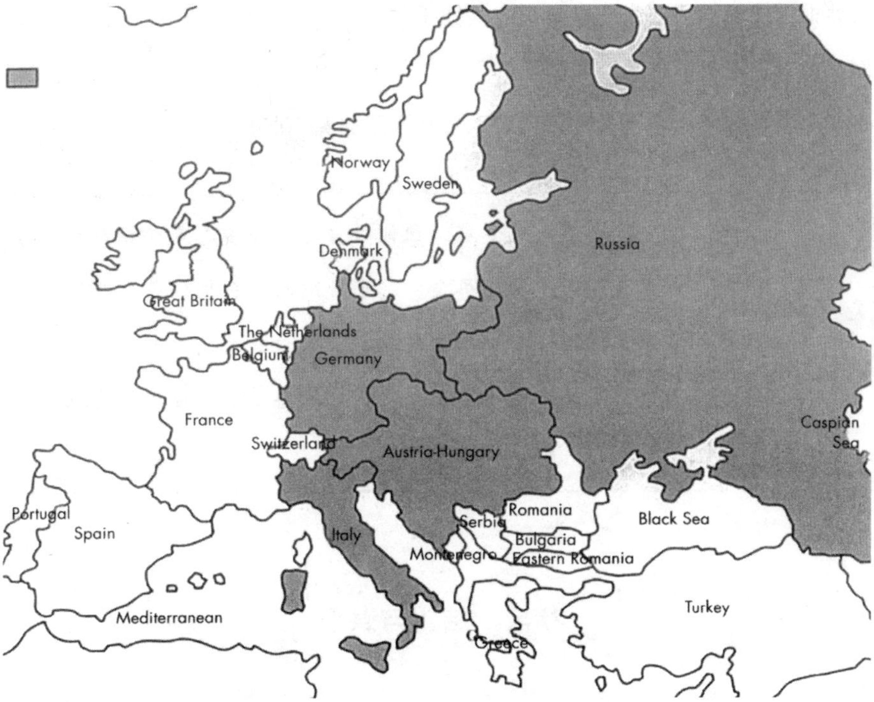

◎ 1890年俾斯麦时代的欧洲。

在位十七年，于1888年去世。在他去世时，他儿子腓特烈时年五十七岁，而腓特烈的独子威廉年仅二十九岁。也就是在这一年，腓特烈继承了普鲁士王位并成为德意志的开国皇帝，被人称为腓特烈三世。但不幸的是，他登基时已病入膏肓，当年就死于喉癌。

威廉二世上台时虽然还不到三十岁，但他很清楚自己的高贵身份。他不仅在英国女王维多利亚的孙辈中排行最大（威廉二世乃维多利亚外孙），而且他认为在她所有子孙中他是最杰出的一位君主，他的舅舅威尔士亲王爱德华七世（维多利亚长子）只不过是一个骄奢淫逸之徒。对于这么一个肥头大耳的昏君竟能成为人们眼中的“第一绅士”和“欧洲亲王”，这让他非常恼火。维多利亚去世那年，威廉二世已执掌德意志十二年。在她临死的时候，他把她抱在怀里。当时，他心里明白爱德华七世日后必将妨碍他在英国王室中的地位，因为他根本掩盖不了这么一个事实：爱德华七世不仅是他的长辈，长他十八岁，而且会以长子身份继承维多利亚的王位，其影响力可想而知。而德意志当时仍是一个新兴国家，尚不具备真正可以号称帝国的实力。

威廉二世生性冲动而且多疑，但他对自己的处境总是能精打细算。另外，他左臂萎缩，功能尽失，这个缺陷与他头顶的普鲁士国王和德意志皇帝这样的头衔相比稍显尴尬。尽管如此，他实行军国主义却毫不手软，而且对华美装束和装饰也欲壑难填，至于皇宫内外的建筑设计他更是非常讲究。

参与、结盟与谋划

当时德国的附属国奥匈帝国虽说一落千丈，摇摇欲坠，但一直还是在忠心耿耿地唯德马首是瞻，特别是在事关德国和奥匈帝国本国的一些不稳定地区事务方面。可以说，如果没有德国的支持，奥匈帝国哈布斯堡王朝的皇帝们很难压制国内此起彼伏的独立运动，尤其是由那些少数民族发起的。这些民族的语言、历史和文化与爱管闲事的邻国塞尔维亚有颇多渊源。

◎ 德奥同盟两国元首，德皇威廉二世与奥匈帝国皇帝弗朗茨·约瑟夫。

在亚洲这边，奥斯曼土耳其帝国虽然延续了五百年的繁荣，但此时一直在走下坡路。至20世纪初时，他们在这条衰败的路上已行走了一百年之久。当时的土耳其政权腐败，国内分崩离析，同时由于他们与德国及奥匈帝国在政治和军事上都受到俄国威胁，所以土耳其开始支持德国和奥匈帝国结成的同盟。

然而，当时俄国其实也在衰败，不但自己非常紧张，而且对邻国也心存不安。五十年来俄国一直在忙于平息国内革命，但现在战争随时都有可能爆发，尤其是和奥斯曼土耳其，因为俄国的一再让步令土耳其胃口越来越大。因此，当时俄国宗教势力和统治政权开始大力禁锢广大自耕农的思想，将“俄罗斯母亲”和“人民之父沙皇”这样的信仰灌输到他们的头脑之中。

此时，法国则明确了其在欧洲的整体战略。收回在1870年至1871年普法战争中被德国强占的阿尔萨斯和洛林两省，这是法国诸多战略的重中之重。

至于英国，它当时不仅是世界第一帝国，而且拥有强大的军事实力，其海军足以维护英国“海上帝国”的称号，所以是任何一个欧洲国家在实现国际野心道路上永远的绊脚石。英国的海军政策比较直接，他们认为既然英国的商船数量占世界商船总数的六成，而且大英帝国的版图几乎占文明世界面积的一半，所以英国皇家海军必须具备同样的优势。如同人的手指有长短一样，皇家海军舰船的总吨位必须两倍于排名第二的国家。对于英国的这种信条，德国决心挑战，而且德皇威廉二世也一直对他认为本该由他继承的英国遗产虎视眈

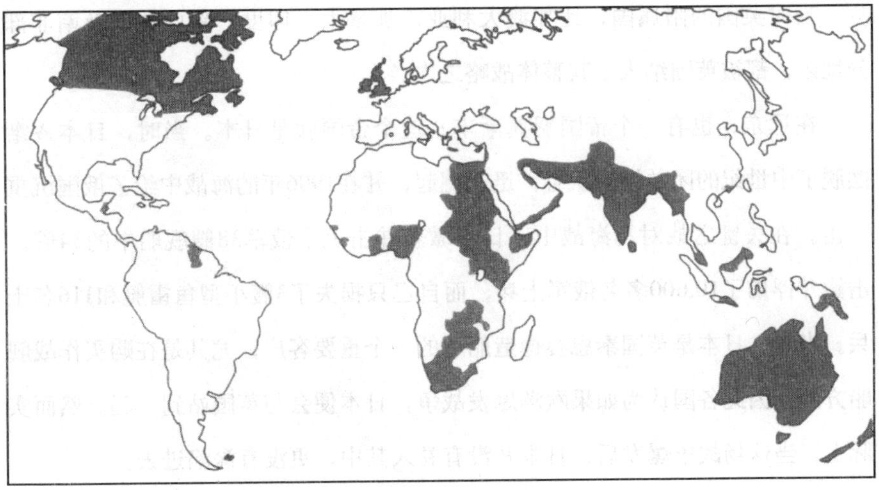

◎ 20世纪初的大英帝国（包括殖民地）。

◎ 1905年9月，德皇威廉二世骑着骏马，由他的军官们陪同，在陶努斯山脉参加皇帝年度阅兵式。

眈。因此，英德两国的政策愈发不可调和，直至后来德国出动军队，同英国进行全球海陆作战。

当时英国的附属国，比如澳大利亚、加拿大、印度、新西兰以及南非部分地区，都被英国纳入了其整体战略之内。

在远东，也有一个帝国羽翼渐丰，这个帝国就是日本。当时，日本逐渐摆脱了中世纪的闭关锁国状态，迅速崛起，并在1906年的海战中给了俄国沉重一击。在关键之战对马海战中，日本缴获并击沉了俄军38艘舰船中的34艘，击毙并俘虏了10,000多名俄军士兵，而自己只损失了3艘小型鱼雷艇和116名士兵。当时，日本是英国泰恩赛德造船厂的一个重要客户，尤其是在购买作战舰船方面，因此各国认为如果欧洲爆发战争，日本便会与英国站到一起。然而实际上，当这场战争爆发后，日本并没有卷入其中，更没有深陷进去。

在西边，美国此时正在疗伤，毕竟南北战争令其实力大损。同时，美国仍需要继续完成国家统一大业，继续夯实工业基础同世界各国竞争，所以它当时并无心发展军事。除此之外，它同墨西哥在边境问题上一直纠缠不清，亟待解决。

因此，这五个西方帝国和欧洲一些小国，再加上美国，都已经或多或少地为战争做好了准备。这场战争，很多国家认为不可避免。

结盟在当时是一种时髦的国际外交手段。德国和奥匈帝国自然而然地结成了同盟。法国和俄国也通过签订双边防御协定走到了一起，双方约定一旦同盟国攻击他们中的任何一方，他们之间订立的协定立即生效。同时，俄国也把自己扮作一些斯拉夫民族和波罗的海小国的保护者，并宣称支持这些国家反对外来威胁。挣扎在灭亡边缘的奥斯曼土耳其帝国，在两大阵营之间犹豫了一段时间后，最终站到了同盟国一边。至于意大利，各国认为一旦欧战爆发它也会加入德奥同盟。比利时一直保持中立，这种态度不仅得到所有国家的尊重，而且也受到了1839年《伦敦条约》的保护。此外，大多数欧洲大陆边缘的小国当时也持中立立场。尽管如此，这种中立的立场对于强权们在政治上故作姿态无关紧要。当时唯独英国没有拉帮结派，一直在履行着扶弱反强的历史使命，寻求实力均衡，而不是称霸整个欧洲。

后来一起重要的外交事件让德国愈发紧张起来，生怕陷入海陆被包围的境地。在1853年至1856年的克里米亚战争中，英法并肩作战，对抗俄国，以争夺奥斯曼土耳其不再保持有控制力的地区，扩大自己在该地区的影响力。克里米亚战争之后，英法走得越来越近。在1856年至1860年对中国的第二次鸦片战争中，两国继续协同作战。到1904年时，两国又签订了《友好协约》。这份协约并非一份军事协定，其目的在于希望加深彼此的友谊与合作。两国民众都认为这份协约要归功于当时英国的新国王爱德华七世。爱德华七世英明神武，目光如炬，而且身为英女王维多利亚之子，不仅使英国人对他敬畏有加而且使他在天资聪颖的法国人中也大受欢迎。这份协约的诞生，可能是因为爱德华七世在所有政客面前都能口若悬河，但是事实上他绝非唯一的或者说最重要的那个促成之人。

虽然英国在这份协约中并没有对法国做出任何正式的军事承诺，但英国军方高层决定虽然英军实力有限，但这场不可避免的欧洲战争一旦爆发，英军一定会再次与法军并肩作战。如果到时法国和德国交战，英国将会派遣一支远征军支援法国，而且英国将以此计划为中心开始进行军事部署。由于这项工作需要完全保密，所以将由英国皇家陆军的大脑——皇家总参谋部的人员负责。尽管如此，后来他们实际上并没有对即将到来的这场欧战做好充分准备，而且他们一直对当时反战的自由党政治家们隐瞒了这项计划。

随着新世纪帷幕的徐徐拉开，各国国内的形势及彼此之间的关系也逐渐紧张起来，因此都纷纷制订作战计划。虽然当时英法对于英国是否派出远征军、如何派遣以及将远征军部署在法国何处等一系列细节问题上尚未达成一致意见，但法军将领斐迪南·福煦已经制订好了自己的作战计划，而且法军高层也深受这份作战计划的影响。福煦在战争爆发前是法国高等军事学院院长，这所学院是为法国培养未来高级作战参谋的军事院校。当时，福煦主张一旦对德战争爆发，法军将以大无畏的勇气立即奔赴被德抢占的阿尔萨斯和洛林两省，将它们重新夺回。当时“复仇主义”被法国人奉为信条，“全力进攻”——为达到目的集结大量兵力实施打击——是法国人的军事哲学。当时，担任法国国防部第三处处长的格朗梅松上校是福煦的授业弟子。之前他就是在经过严格挑选的法国高等军事学院学习三年后脱颖而出，一步步被提拔为法军的高级将领。格朗梅松宣扬的是英雄主义，他认为法军士兵在昂首前进时应该具有足够的勇气，敢于用自己的胸膛抵挡德军的机关枪。后来，他也的确说到做到了，在1915年战死沙场，为他奉行的军事哲学献出了生命。在战争爆发前的几年中，他进行了一系列演讲，演讲时他意气之激扬令听者无不对其信条产生宗教式的崇拜。

在1911年后的几年中，法军的作战规划由总司令约瑟夫·霞飞制订。在这期间，他精心设计并不断改进复仇计划，结果计划的每一次修订都演变成一种新的战略模式，以应对这场不可避免的战争。至1914年时，霞飞终于拟定了

“第十七号计划”。如果有谁对法国当时这种新的战争哲学不甚明了，相信他在看了这项计划的第一句后就一定会豁然开朗——“无论处于何种形势之下，法军统帅都会毅然决然地前进，凝聚所有兵力，痛击德军”。1914年8月时，霞飞已经做好了准备，格朗梅松上校宣扬的思想也即将得到检验。当时，法军第一、第二军发动了一系列攻势，直取被德强占的阿尔萨斯和洛林两省，这些攻势被统称为“前线战役”。

福煦于1913年任军长，1914年8月任司令，接着在1914年10月任法北方集团军司令。尽管如此，他并没有料到他将会在实施“第十七号计划”的过程中扮演一个重要角色。

德国深知自己根本不可能在进行双线作战的情况下——东边对俄国，西边对法国——取得决定性胜利，于是自19世纪90年代中期以后，德军参谋总长阿尔弗雷德·冯·施里芬伯爵将军率领德军参谋部开始着手解决这一问题。作为赫尔穆特·卡尔·冯·毛奇的继任者，施里芬当时统帅的德军是整个西欧人数最多而且最精锐的部队，因此他认为自己完全有能力赢得欧洲之战的胜利。当时俄军正向德国边境以东地区缓慢推进，于是他计划在在该地区部署一支小规模部队，拖延俄军几周时间。而在西线，他将集结大批兵力，在六周之内大败法军。施里芬认为如果要击败法军，德军在攻至法德交界处时必须暂停进攻，届时法军一定会调来大批兵力，对他们丢失的阿尔萨斯和洛林两省发起进攻。这将正中他的下怀，因为他打算在该地区部署一支强有力的德军防御部队，对法军迎头痛击，而这支部队将与法军运输线保持一定距离。赢得这场防御战的胜利之后，德军将更加气势如虹，进而一举征服整

◎ 陆军元帅阿尔弗雷德·冯·施利芬，1891—1905年间的德军总参谋长，期间制定了德军的进攻作战计划。他提出了一份两线作战计划，德军需要在俄国完成总动员之前，对法国速战速胜。

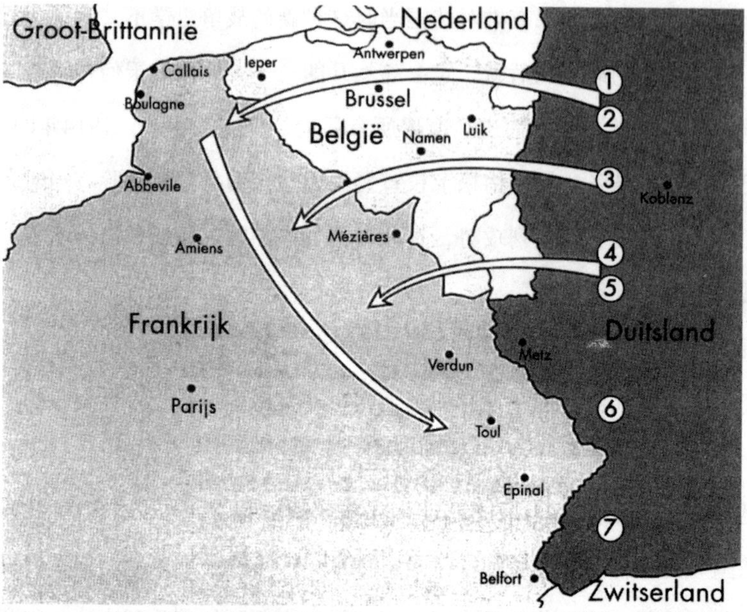

◎ 施利芬计划的德军推进路线。德军神不知鬼不觉地推进到巴黎以西地区，故意露出破绽让法军进攻德国西部边境。

个法国，而不仅仅是几个省份而已。

因此，施里芬计划一旦战争爆发，德军并不会向东挺进，攻入法国，而将一路西征，入侵中立邻国比利时。到时，比利时将会同意让出一条路。万一他们不允，德军将把比利时羸弱的军队一扫而光。比利时的堡垒城市列日是他们的首要目标，在进攻这座城市时他们会速战速决。接下来，德军将继续向西推进，至北海时突然转向南方，席卷巴黎和北海之间的地带。然后，德军再突然转向东南，挺进巴黎南部，从法军后方对其展开进攻。到时法国首都将像在1870年至1871年普法战争中那样再次被德军团团围住，而法军将在德军正面防御部队和迂回至法军后方的进攻部队夹击下被歼灭。不出六周，法国必将投降。法国投降后，德军进攻部队将立即转而向东前进，对付俄国。

这项计划被称为“施里芬计划”，其官方名称为《重大备忘录》。当时，施里芬及其继任者赫尔穆特 · 约翰 · 冯 · 毛奇（普鲁士军队的伟大设计师赫尔

◎ 1914年，处于敌国两面夹击下的德国。

穆特·卡尔·冯·毛奇的侄子，人称“小毛奇”）一直在不断改进这项计划并为之进行准备，虽然持续时间长达十五年，但是最终计划并没有真正成形，也没有被实现。当时，德国在设计所有土木工程时，都是以这项计划作为出发点。比如，修建铁路就是计划中的一部分，其目的是为了便于调集军队，向西与法国作战，然后再向东进攻俄国。在此期间，德国在国内修筑了横跨东西的四轨铁路，而且几乎延伸至边境地区。铁路沿线的每一个车站都建有侧线和站台，以方便军队调度。与此同时，德国还修建了大量的军火库，并存储了充足的武器弹药。此外，德国还规定所有男子必须服役至四十岁。就这样，德国在全国建立起了一个人尽其用的体系，常规军、后备军、交通线保障部队、防御部队一应俱全。

此时，全欧洲都认为战争已不可避免，毕竟同盟国和协约国集团之间的矛盾由来已久，彼此之间的矛盾大小只不过因时而异。尽管如此，当时尚未出现任何能表明某种潜在事件会促使各国启动作战计划的明显迹象，因此当这起事件真正到来时，就连一向非常敏感的政治家们也没有觉察到。

黑手社运动

塞尔维亚独立后，东面与奥匈帝国接壤，而且被阿尔巴尼亚和保加利亚夹在中间。阿尔巴尼亚西邻亚得里亚海，保加利亚东临黑海。塞尔维亚民族一直是一个四分五裂的民族，当时有很多塞尔维亚人生活在奥匈帝国边境附近。这些人对奥匈帝国并不臣服，于是从奥匈帝国的奴役中解放出来的强烈渴望催生了“黑手社运动”。这项运动的发起者是一个致力于采取任何手段终结奥匈帝国统治的秘密组织。塞尔维亚政府知道这个组织的存在，而且可能也认可了该组织的行动纲领，所以对其睁一只眼闭一只眼，甚至听之任之。

当时，奥匈帝国的皇储是弗朗茨·斐迪南大公，其叔父是八十四岁的奥匈帝国皇帝弗朗茨·约瑟夫。斐迪南在宫廷里一直过着愤懑不乐且无精打采的生活，甚至经常被人鄙视。之前因为奥匈帝国太子鲁道夫在梅耶林自杀，后来他才有了奥匈帝国皇位的继承权（斐迪南的父亲是奥皇之弟，所以声称他儿子拥有继承权）。

◎ 奥匈帝国皇储弗朗茨·费迪南大公和他的家人。大公夫妇1914年访问波斯尼亚期间，在萨拉热窝被塞尔维亚黑手社成员刺杀。

斐迪南的妻子是女伯爵苏菲。虽然他对苏菲很满意，但他的奥皇叔父因为她出身不够高贵，于是禁止她享受皇室的荣耀和头衔。即使他将来坐上皇位，她也成不了他的皇后。出身卑微的苏菲，在等级森严的宫廷中永远只会低人一等，所以斐迪南对他的奥皇叔父一直怀恨在心。当时，斐迪南身为督军同时又是奥匈帝国军中要员，所以在宫廷之外他还是能让苏菲或多或少地享受到一些礼遇。两人的结婚纪念日是6月28日，斐迪南向苏菲保证到时他会与她一起带卫队离开维也纳，访问萨拉热窝，而且他还告诉她他非常重视这个日子。他会举办各种隆重的庆祝活动，比如上街巡游，在教堂做大弥撒，邀请当地要员参加招待会。到时，她一定会喜欢他为她在当天所做的安排。

然而，斐迪南的到访被黑手社视作赢得自由的一个天赐良机。当时，他们制订了四至七个刺杀方案，万一某个方案失败，就转而执行下一个。在从火车站至市政厅的官方迎宾路线上，他们在不同地点都埋伏了刺客。当斐迪南和苏菲乘坐的车子经过第一个刺客时，这个人将一枚自制炸弹扔向他们。然而，当时炸弹掷得不准，并没有炸死他们，而使车队中后面一辆车上的同行人员身受重伤，于是斐迪南火速赶往市政厅。等到了市政厅之后，斐迪南决定去医院探视一下刚才被炸弹炸伤的那个人，苏菲也坚持要求和他一同前往。此时，马路上仍十分混乱拥挤。后来，司机转错了方向，将皇家车队带进了一个根本无法通行的小巷子。当司机在掉转车头打算驶入主路时，由于对车子不熟悉，在挂倒挡的过程中造成车辆熄火。在场围观的人群中有一人名叫加夫里洛·普林齐普，只有十九岁，也是此次行动的刺客之一。当时他正从原先的蹲守地点沮丧地往回走，就在这时发现目标就在眼前而且暂时动弹不得，于是掏出手枪，当场射杀了斐迪南大公和苏菲女伯爵。

◎ 开枪射杀费迪南大公夫妇的塞尔维亚刺客加夫里洛·普林齐普。

接下来，奥匈帝国将这起刺杀事件作

◎ 一战时期出任海军大臣的温斯顿·丘吉尔。

为借口，迫使塞尔维亚停止支持活动在奥匈帝国境内的塞尔维亚民族主义组织。从6月底到7月初，奥匈帝国向塞尔维亚不断施压，直至最后向塞尔维亚发出了一个包含十条要求的通牒。在这个通牒中，奥匈帝国要求塞尔维亚警方对此次刺杀事件的调查须由奥方监督，而且奥匈帝国还对塞奥两国之间的关系做出了规定。当时，奥匈帝国的语气十分挑衅，旨在迫使塞尔维亚一口拒绝，以给奥匈帝国发动战争赢得借口。后来，塞尔维亚并没有拒绝，完全接受其中的九条要求，只希望第十条能稍做修改。于是奥匈帝国仅因为在这一点上的争执就开始调集军队，准备动用武力使塞尔维亚臣服。

奥匈帝国的战争动员一出，便引起了一系列连锁反应，最终导致战争爆发。当时俄国也行动起来，宣称“俄罗斯母亲”将履行其保卫斯拉夫民族的使命，站到了附属国塞尔维亚一边。几乎与此同时，法国因同俄国签订过协约，也开始调集军队，支持俄国。此时，德国为防止腹背受敌，自然力挺奥匈帝国。对此，英国早已料到。7月下旬时，当英国皇家海军在通往朴茨茅斯的东面水道斯皮特黑德海峡举行海上阅兵时，当时没有官方授权而仅以海军大臣身份出席阅兵式的温斯顿·丘吉尔命令阅兵结束后舰队不能解散，不可回到非战时地点，而且各级人员必须保持集结状态，做好战争准备。后来，英国政府也认可了丘吉尔的这个决定，并在8月2日正式进行战争预警动员。

当时虽然各国表面上剑拔弩张，但在幕后都在进行一轮又一轮的外交谈判。由于不同国家之间的矛盾不同，所以希望获得的利益也不尽相同，甚至有的国家每天都在改变主意。事实上，当时不少国家之所以进行战争动员是因为在无法取得进一步磋商和让步的情况下，为战争做准备，并未决心开战。比如

◎ 1914年8月，一辆出发开赴前线的德军运兵列车，车厢外壁涂抹和装饰着爱国口号和图案。德军的动员进展很快。大批民间新闻摄影师云集拍摄部队出发时的情景，但还不允许他们去前线采访。

德皇威廉二世，他就深信德国的战争动员会吓得对手坐下来跟自己谈判并妥协，不会导致战争。至7月底时，他还自信满满地认为对手即将妥协，于是决定安安稳稳地乘皇家舰艇“霍亨索伦”号前往挪威水域，进行一年一度的夏季海上巡游。然而，当他离开德国后，形势突然急转直下。多年来德国一直在进行战争动员计划，而且对“施里芬计划”中的闪电突袭战略进行了精心设计。一旦动员停止，德国将会失去自卫能力，容易遭到所有一直在积极备战的国家的打击。此时，德国已别无选择了。

最终，这场战争在8月1日爆发，但因为涉及的国家众多，同时有些国家的对手不止一个，所以在接下来的几天中，欧洲各国接二连三地互相宣战。

战争爆发后，德国立即启动了“施里芬计划”，于是一列列满载士兵和物资的火车夜以继日地从东向西穿越整个德国，抵达德国与比利时交界的边境。当时，每隔2至3分钟，就有一列火车从莱茵河上的一座座大桥飞驰而过，白天黑夜都是如此。

一旦德国开始入侵比利时，接下来的四年大战就根本绕不过去。当时不仅德国，法国也不能确定英国是否会参战，因为英国不能凭借英法签订的《友好协约》而对德宣战。这时，英国搬出了1839年的《伦敦条约》。该条约是当时承认比利时独立的国际条约之一，其第七条规定英国有义务维护比利时的领土完整。接下来，英国政府对德国发布了最后通牒，要求德国必须撤出比利时，否则英、法、俄将对德开战。对此德并不予理睬。于是8月4日大英帝国对德宣战。当时，德国的政治家们几乎不敢相信英国竟然会因为《伦敦条约》而对德宣战。英国驻德大使爱德华·戈森爵士在领取他的外交通行证以返回英国时，德国首相贝特曼·霍尔维格疑惑不解地问道："你们居然会为了一张废纸而开战？"

第二章　1914年——战争爆发

后方

对德宣战之后，英国首相赫伯特·阿斯奎斯领导的自由党政府任命陆军元帅、喀土穆伯爵基钦纳为战争大臣。基钦纳是一名传奇军人，在过去二十年中他身经百战，而且曾经是埃及军队总司令。因为屡获战功，他一开始被封为爵士，而后又相继被封为男爵，子爵，直至伯爵。当时，不仅在相对比较封闭的军事圈内，而且在很多政治家和普通民众的眼中，他都受到肯定，被人敬仰。

◎ 开战时出任英国陆军大臣的基钦纳勋爵。他设想过战争将旷日持久，预见到英国需要一支庞大的陆军。

虽然基钦纳是陆军大臣的不二人选，但这也是因为除他之外阿斯奎斯别无选择。阿斯奎斯属于求和派，而且镇不住基钦纳。基钦纳每次参加内阁或陆军委员会会议时，都着一身正装出席，胸前佩戴着象征骑士精神的巨大星型胸章以及历年所获的勋章。因为风度翩翩，人们对他又有口皆碑，所以在各种军事会议上，基钦纳总是唱主角，而阿斯奎斯在人们背后只落得一个“醉鬼”的名声，根本无法和他相提并论。阿斯奎斯成天喜欢和一帮女人掺和在一起，说这聊那，就这样讨论战事，另外他也的确嗜酒如命。

在一战爆发之前的十几年向，英国军队进行了一系列重要改革，创立了一种现在人们比较熟知的军事思想——常规部队和地方部队并存（前者人数较少，后者人数较多）。一旦战争需要，地方部队就迅速演变成常规部队。除这两种军事力量之外，英国还有数量众多的本土防御部队。本土防御部队一般不直接参战，更不会被冒险派往海外进行远征。基钦纳常常会做出一些睿智之举，虽然有些看似非常愚蠢，但往往都是他大智若愚的表现。在被任命为陆军元帅后，他一方面认识到这场战争可能会经年累月，远不止人们猜测的三到四个月这么短。另一方面他认为有必要大规模招募士兵，这一点在战前被很多人忽视。基于这两方面的认识，他断定以当时的战争部署，英国不可能能应付规模如此之大的一场战争。于是，他将当时的战争部署搁置一边，从头做起，着手招募士兵，并要求常规部队和地方部队坚守战线，直至完成新军的征召、装备和训练。

一战爆发后，在爱国热情的感召下，人们纷纷报名参军，就连征兵人员

◎ 1914年8月，伦敦第2团（皇家燧发枪团）的部队在伦敦滑铁卢车站等候一列开往南安普敦的运兵列车。英国陆军是一支由若干正规营和预备役营（地方自卫队）组成的军队，被部署在整个世界。这个团原先驻守马耳他。

◎ 1914年9月，英军新兵在伦敦摄政公园进行训练。陆军迫切需要新兵，而军服和装备的缺乏迫使很多人只能身穿便服进行没有武器的训练。

自己也都报名参军。当时，英国北部各地区纷纷展开竞赛，如利兹和纽卡斯尔，曼彻斯特和利物浦，互相竞赛着建营、组团、成立炮兵部队等等。在泰恩塞德，所有爱尔兰人社区和苏格兰人社区都争先恐后地从当地人中招募士兵，都想成为第一个招满一个营的地区。结果，爱尔兰人社区和苏格兰人社区大大超过了原计划组建一个营兵力的打算，竟然组建了两个旅，每个旅四个营。一个旅由四个泰恩塞德苏格兰营构成，另一个由四个泰恩塞德爱尔兰营构成。在像索尔福德和阿克林顿这样的山区城镇，像格里姆斯比这样的港口城市以及其他十几个地区，只要是同乡好友就被批准可以一起参军，一起服役，一起作战。于是，后来就有了格拉斯哥有轨电车营、米德尔塞克斯团公立学校营、四公立学校营、皇家燧发枪手团运动员营等等。甚至伦敦股票交易所也组建了一个1200人的营，后来编入了伦敦团中。总之，当时一起参军、一起服役的政策，使英国山区城镇中较重兄弟手足之情的人很受鼓舞。他们组建的这些营，虽然有的不太正规，但有的还是相当正规的，也称“同乡营”。

赫尔也组建了东约克郡团中三个类似俱乐部性质的营——商人营、个体户营和运动员营。这三个营的招募标准非常严格，经过千挑万选才能加入，如果不能加入，则还有另一个可供选择，即有识之士营。这些营以及类似的组织

◎ 1914年11月30日，旺兹沃斯本土防御营在伦敦旺兹沃斯公园进行步枪射击训练。因为德军向欧洲大陆进军使得英国对入侵的恐惧在增加，没有被选中服役的英国男子就组成了本土防御部队。

◎ 1915年1月，英国“新军”的新兵在汉普郡伯恩茅斯附近的布雷克森进行体能训练。陆军大臣基钦纳勋爵为了为一场长期战争提供兵员组建的这支“新军”，也被称为“基钦纳军”，共有超过200万志愿兵组成，很多人都为参军而虚报了年龄。

后文还会进行介绍。

这些营虽然一夜之间就能组建完毕，但组建之后他们就得自己营自己的事了。当时很多专家预测战争将持续不了几个月，因此这些营中的新兵都唯恐错失一展身手的大好机会，并没有考虑到战争可能会给他们造成危险。在这支如蜂拥而至并主动请战的“新军”中没有任何指挥官和训练指挥，甚至没有能容纳他们的场所。装备更是没有影子的事。如果谁想担任指挥官或是士官，自愿报名即可。他们之所以能勉强凑在一起，一直靠的是当地一些农场主或市政委员会提供的一些最基本的保障。直到1915年8月，也就是一战爆发一年以后，这些营才由英国陆军部接管。

由于缺乏官方支持，当时很多这样的组织不得不让刚招募来的士兵暂时先回去。然而，不少人并不希望再返回到铁路上、回到农场里或工厂矿山中继续工作，他们觉得参军犹如探险，可以逃避眼下的生活。

这些新军组织，直到1915年底和1916年才得到了大显身手的机会。于是，士兵们高呼着“痛扁博世”［博世（Bosch）为德国一家知名工业企业，始建于1895年］的口号奔赴战场，但在这两年的圣诞节前夕都没有唱起“回家欢度圣诞”这首歌，因为战争一直在继续。

前线战役

战争一爆发，法国就立即启动了既定的攻击边境的计划，开始实施“第十七号计划”。于是，一个个身着蓝色双排扣军大衣和砖红色军裤的法军步兵伴着军乐队的乐声阔步走向战场。步兵团中年轻军官都气宇轩昂地走在队伍的最前面，鼓舞着士兵的士气。骑兵们也已经擦亮了他们的胸甲（胸前的铠甲）和饰有羽状马鬃的铜质头盔。

按照“第十七号计划”，法军为夺回阿尔萨斯和洛林两省将发动五场攻势。

◎ 法军步兵准备好参加1914年8月7日至10日，法军的第一次攻势作战，即法德边境地区的阿尔萨斯–洛林战役。

◎ 大队德军士兵在田野里的合影，这张照片实际上拍摄于战争正式爆发之前，但后来却成为1914年8月，德军向法国境内马恩河进军的持久象征。

当战斗打响后，法军在每一场攻势中都取得了初步的胜利，而德军似乎在刻意避免与法军交战，最后撤回至德国本土。很多四十年来一直未见任何身着军装的法国人的城镇，一下子又都回到了法国的怀抱。而当这些城镇的居民在看到法军的作战装备四十年来一直都没变时他们是喜是忧，历史却没有任何记载。

正如德国人在《重大备忘录》中预测的那样，法军正一路高歌猛进。然而，后来证明“第十七号计划”相当草率，一个接一个的胜利令法国人只顾往前冲，直至最后进入了德国人部署的真正深度防御缓冲区。接下来，从8月的第三周起，德军开始按计划进行反击。仅仅过了一两周之后，他们就将法军打回到了发起进攻的起点。

法军遭受沉重打击，也是德军将领施里芬及其继任者意料之中的事。在大战真正开始之前，法国西部军在一个月之内就伤亡20万人，其中阵亡75000人。这时，人们才吃惊地发现，勇猛、昂扬并身着华丽军装的法军士兵一点也不是德军机关枪的对手。

至8月底时，德国的“施里芬计划”和法国的“第十七号计划”取得了截然不同的效果。德国人在实施“施里芬计划”时，遭遇了比利时要塞城市的抵抗和英国远征军的搅局，前者比德国人预想的要更顽强，而后者则令他们完全始料不及，所以当时“施里芬计划”在实施后并没有取得立竿见影的效果，不过也如德国人预想的那样正一步步展开。而对于法国人而言，他们的“第十七号计划”已经彻底失败，而且当时他们也没有其他的克敌良策。

从蒙斯到马恩河再到蒙斯

这时，英国决定向法国派出一支远征军。但在最后关头，英国为防止德国入侵英国，决定留下这支军队三分之一的兵力。结果最后只有10万名士兵从英国出发前往法国，支援法军左翼，而当时在左翼作战的法军士兵已多达100万人。

按照战前计划，英国远征军将在法国和比利时交界的莫伯日集结，该地紧邻巴黎至布鲁塞尔的主要公路。远征军之所以选择莫伯日是因为比利时军队的骑兵学院位于蒙斯，而蒙斯离莫伯日只有几英里远。所以骑兵出身的远征军司令自然希望骑兵能在战争中大显身手。然而，直至一战爆发后，英国政府以及军方对于远征军抵达莫伯日后该如何采取行动都尚未列出详细计划。

当时，担任这支远征军总司令的是陆军元帅约翰·弗伦奇爵士（附录一中有弗伦奇、黑格以及其他高级将领的简介）。

远征军由两个军团组成，分别由中将道格拉斯·黑格爵士和中将詹姆斯·格里尔森爵士指挥，但后者在远征军开赴战场两周后就死于心脏病，后来接替他的人是贺拉斯·史密斯-道林恩爵士。

> 弗伦奇不太欣赏史密斯-道林恩，所以当时他提出了自己心仪的人选。于是，后来两人的积怨慢慢变深。其实，早在十年前，当史密斯-道林恩出任奥尔德肖特军事训练营总指挥后，他抛弃了当时弗伦奇制定的骑兵训练战术，对枪刺、剑术以及传统的面对面骑兵冲杀这些骑兵训练的重点内容加以改革。史密斯-道林恩相信在未来战争中，骑兵是否能发挥作用的关键在于是否能跳下马来，像步兵那样迅速投入战斗。因此在接下来的十年中，弗伦奇一直对史密斯-道林恩耿耿于怀。

1914年时的英国远征军
于1914年8月离开英国，奔赴法国
总司令：陆军元帅约翰·弗伦奇爵士
集团军直属部队： 1个骑兵团 1个步兵营，负责保卫司令部 5个步兵营，负责保卫运输线 6个重型火炮排，每个排配备4至6门火炮 5个飞行中队
骑兵师： 4个旅，每个旅下设3个骑兵团 2个骑乘炮兵旅，每个旅配备12门火炮 1个英国皇家工兵部队野战分队
第一军、第二军： 每个军下设2个步兵师
第一师、第二师、第三师和第五师，每个师包括： 3个步兵旅，每个旅下设4个营 1个骑兵中队 3个野战火炮旅，每个旅配备6门火炮 1个中程榴弹炮旅，配备6架榴弹炮 1个重型火炮旅，配备4门火炮 2个英国皇家工兵部队野战分队
至于远征军的医疗保障，当时仅由每个营或每个团中的救护站负责。救护站中只有一名军医、几名助手和一些军乐队队员。在战时，军乐队队员往往负责抬担架。
附录二介绍了一支军队（假设人数多达两百万）的人员构成情况。

到8月中旬时，英国远征军在法国完成集结，并向北奔赴布鲁塞尔。于

是，德军开始向布鲁塞尔以南推进，准备迎击英国远征军。在这之前，德国人在实施“施里芬计划”时稍有迟滞，因为比利时军队比他们预想的要顽强，而且比利时要塞城市列日面对德军特制的攻城火炮依旧固若金汤。当时，比利时国王谢绝了英国盟友安排他离开比利时的计划，亲临战场指挥军队，小心翼翼地打着手中仅有的几张牌。后来，比利时终于取得了重大胜利，在很大程度上拖延住了德军，打乱了德国人制定的时间表。此时，德国人不仅知道英国远征军已在他们面前，而且还清楚英国远征军的兵力并不强大。于是，当时很多德军参谋人员都在聊着俾斯麦曾经放出的狠话：如果英军胆敢登上欧洲大陆，进攻德国，那么他将派一队德国警察将其逮捕。当年俾斯麦说这话时英国也是像此时一样在一旁跃跃欲试。

德军用于攻打列日要塞以及其他地方的攻城火炮是一些每个重达43吨的怪兽，而且每门火炮都由一支多达200人的队伍负责。这些火炮被称作“大贝尔莎炮”，其制造商是古斯塔夫·克虏伯，火炮的名称就源于克虏伯妻子的绰号。这种火炮在被运抵阵地后得花上6小时才能将其安装就位。

8月21日，两军的先遣部队在蒙斯北部遭遇。英国远征军的先遣部队是米德尔塞克斯团第四营。这支部队前一晚刚抵达蒙斯至康德之间的运河，并在运河河岸边做短暂休息，休息地点往右一英里远的地方是这条运河与通往布鲁塞尔的主路的交会处。在这支部队中有一个自行车侦察队，侦察兵就是这支部队的眼睛。他们负责侦察敌情，一旦发现有情况就先做出判断，然后将情报及时送回部队。另外，侦察兵们个个枪法不仅快而且准。然而，那天晚上这支部队迟迟没能等到侦察兵将该地区的德军情报送回。当晚，侦察队二等兵约翰·帕尔和他的一名战友被派出去对运河上的大桥进行侦察。他们都受过训练，知道在侦察时要互相保持一定距离，所以帕尔远远骑行在他战友前面。当他行至大

◎ 1914年9月3日，英军第11龙骑兵团在从比利时蒙斯撤退到法国米特里附近的德劳克运河时，在河边饮马。8月23日，英国远征军在比利时蒙斯打了他们的第一仗。尽管英军造成了德军大量人员伤亡，但寡不敌众，被迫撤退。

桥时，遭到了德军的攻击。于是，帕尔躲进了路旁的一个沟里，并朝战友挥手示意，让他立即退后并将发现德国人的情报送回部队，他自己留下来侦察。结果帕尔一直被德军火力压制在沟里，至死都没有机会还击。当时距滑铁卢战役已有九十九年，而自滑铁卢战役以来，帕尔是英军在西欧进行军事活动过程中阵亡的第一个士兵，而且阵亡时年仅十六岁。当时，英国有很多未成年人在报名参军时不仅虚报年龄还逃避审查，结果其中不少人在还未到法定参军年龄前就已战死，帕尔就是这样的第一个。虽然现在墓碑上他的年龄显示的是二十岁，但实际上，他在1914年8月21日阵亡时只有十六岁，参军前住在北芬奇利（伦敦一郊区）洛奇巷52号。

第二天，远征军一骑兵团——英国皇家爱尔兰轻骑兵团——在蒙斯城以西大约一英里处，也正在缓慢向北行进。当时，他们知道该地区有德军，但德军具体驻扎地点和人数他们掌握得并不准确，于是派出了一支侦察队前去侦察。这支侦察队人数较多，分两组，共约60人。 当侦察队离开蒙斯沿着主路在树林中行进并进行侦察时，与迎面而来的一个德军侦察队遭遇。德军侦察队执行的也是同样的任务。这时，托马斯下士开了第一枪。这一枪也是英军的另一个“第一”，即自滑铁卢战役之后，英军士兵在欧洲大陆打响的第一枪。接着，英国皇家爱尔兰轻骑兵团的侦察兵们拔出利剑，冲向德军侦察兵，把他们吓得连连后撤，于是英军在一战中的第一次骑兵战就此开始。然而，这次骑兵战几乎是在一战中进行的唯一一次真正意义上英国骑兵战斗行动。另外，两个小时后，英军也有了第一起空中伤亡，一架侦察机被德军火炮击落。

同是这一天，当英国远征军向北行进时，德军第一集团军、第二集团军和第三集团军也正向南推进，与由朗热扎克统帅的法第五集团军遭遇。当时法第五集团军位于英国远征军右侧，其左翼完全依赖这支只有10万人的英国远征军保护，其正面与桑布尔河对岸的德第二军相对，其右翼与默兹河对岸的德第三集团军相持，而右翼的最北端，恰好是桑布尔河和默兹河的交汇处。因此，这支法军正处在一个瓶颈地带，两边是虎视眈眈的两支德军，而自己得到的保护却非常有限。当时，朗热扎克认为最好后撤至易守难攻之地。然而，霞飞仍沉浸在欣喜之中，因为在他看来，“第十七号计划”暂时取得的效果不错，而且他认为此时朗热扎克应该像位于东线的法军那样，对德军展开猛攻，将其击退。

然而，在8月21日，德第二集团军率先进攻法第五集团军，而法国人对此并没有做好充分的准备。很快德第二集团军就在某些局部地区取得了一些重大胜利，并挺进至桑布尔河桥头堡两岸附近。接下来，他们并没有止步于桑布尔河前，将其作为一道天然的防守屏障，此举虽说非常冒险，但德第二集团军却处置得非常得当。这时，面对大举来犯的德国人，朗热扎克不得不按照先前计划的那样下令后撤。等到了第二天，德第三集团军也跨过了默兹河，对法军展开进攻。此时，虽然朗热扎克的军队完全依赖右翼英国远征军的保护，但他们还是有序地进行后撤。后来，朗热扎克对军队防御的连续性进行了重建，避免了全军覆没的危险。一旦他的军队覆没，德军将长驱直入，直抵巴黎。

位于法第五集团军左侧的英国远征军，虽然人数不多，但发挥了重要作用。当时，弗伦奇向朗热扎克承诺，英国远征军会帮助法军抵挡德军24小时，为他建立新的防御阵地争取时间。后来，弗伦奇的确说到做到了。然而，在战局相当紧张的8月22日这天，英法两军之间的联姻似乎也没有起到多大作用。比如，法军中有一个来自法属殖民地的骑兵师，其兵力多达1.2万人。当时，与这个骑兵师相距不足3英里的地方，英国远征军步兵正在被德军步步紧逼。然而，因为没有接到任何命令，所以骑兵师师长并没有对只有咫尺之遥的友军伸出援手，共同抵抗数量众多的德第三集团军。后来，因为此次事件法军中有75名将军被解除兵权，并被派往法要塞城市利摩日（Limoges），担任一些名义上的职位，而这位师长就是这些人中的第一个。在一战后期，这种解除将军兵权并将之派往一些名义上的岗位的做法被称为“limoger”。如今，这个词已是一个正式的法语俚语动词，即“解职”的意思。

由于朗热扎克在这三天中将法第五集团军由一开始的准备进攻状态迅速调整至进行后撤，这种运作使法国避免了遭受灭顶之灾。当时他们面对的德军人数众多，一旦德军击败他们，一路上将再不会遭遇任何抵抗，到时巴黎将危在旦夕。尽管如此，后来朗热扎克竟被霞飞解职，而霞飞的理由仅仅是朗热扎克进攻不力。于是，朗热扎克从此在战场上消失了。

> 当时战争来得非常突然，打破了这个比利时小城的宁静。在8月23日星期日这天，当地村民穿上了周末才穿的服装，正前往教堂做礼拜，根本不知道周围即将爆发战火，因为当时时有德军士兵从这里经过。当天他们在看到德军时根本没有意识到他们的家园很快将成为两军对垒前的“无人地带”。在接下来的四年里，除少数人之外，没有谁会自愿来到此地。

在这段时期，“蒙斯天使”的故事成了一个尽人皆知的传说。当时英国记者亚瑟·梅琴为《伦敦晚报》写了一篇鼓舞人心的报道。在报道中，梅琴提到英国远征军士兵在战场上方的天空中看到了基督教圣徒圣乔治的灵魂，而且圣乔治的灵魂召集了英军在阿金库尔战役中战死的弓箭手的魂魄，击退了步步逼近的德军。在当时，英国人都知道远征军遭到了沉重打击，所以很多人对这篇报道信以为真。很多英国远征军士兵的父母、妻子和未婚妻因为联系远在法国战场的亲人未果，就都转而信奉唯灵论和降神会。恰好这时这篇虚构的报道重新被刊载在一本宣扬唯心论的杂志上，从此它便家喻户晓。尽管梅琴也想方设法想删除这篇报道，但它还是陪伴他度过了余生，而且一直广为传颂。

接下来，让我们再回到当时战场上的情形。当时，德军在兵力、火炮以及备战工作方面的优势正逐渐显示出来。自法第五集团军开始后撤后，法国人与英国人一边继续撤退，一边在不断地寻找落脚点以稳定军心。英国远征军兵力较少，而法军人数较多，所以两军在后撤的过程中为了避免失去联系，最后退到了远离海岸沿线的东南地区，但仍位于巴黎以北，以守卫通往这座城市的道路。德军深知必须在英国远征军和法军之间撕开一道裂缝，因此他们不得不紧追不舍，暂时将“施里芬计划”搁置一边，决心将对手分隔开来，这个目标当时他们认为较为实际。于是，英法联军很快就采取了全线撤退。法第四集团军、第九集团军、第六集团军和第五集团军，以及位于左翼的法第二集团军和英国远征军日夜兼程，穿越巴黎，渡过索姆河、埃纳河与瓦兹河，后退了125英里。这条撤退路线仿佛沿逆时针方向画下一道圆弧，而圆弧围绕的中心是阿尔贡森林和凡尔登地区。这样一来，法国人给德国入侵者敞开了一道宽约100多英里的大门。

在后撤的过程中，英国远征军第二军在史密斯-道林恩的率领下，在勒卡托进行了一场拼死抵抗，而他们并没有得到黑格率领的第一军的援助，以下是当时的经过：在8月23日晚时，位于朗德勒西的黑格由于受到德军威胁大为恐慌，于是率领军队迅速撤退。黑格的突然撤退让史密斯-道林恩陷入了险境。然而，史密斯-道林恩很快就意识到自己正处在一个易守难攻之地，只有进行防守才能赢得喘息的时间，急于撤离于事无补。此外，他也相信自己完全有能力打赢这场防守战，并反败为胜。后来，史密斯-道林恩指挥的这场战斗是当时英军自威灵顿半岛战役以来最辉煌的防守战之一。但在当时的情形下，一旦史密斯-道林恩失败，结果对于英国远征军来说无异于灭顶之灾。经历了此次事件以后，弗伦奇和史密斯-道林恩以及黑格之间的关系急转直下。弗伦奇认为史密斯-道林恩在耍小聪明，胆敢违抗撤退的命令。于是前者对后者由一开始的耿耿于怀最终演变成了公开指责。

随着德军不断向前推进，结果他们距补给线越来越远，而且两翼易受攻击。仅为了维持已攻占的法国和比利时地区的铁路线，德国就派出了2.5万多人，而守卫铁路线需要的人则更多，所以当时德军士气越来越低。这时，法军总司令霞飞将军已准备下令军队继续向东撤退，然后等待时机。一旦时机成熟，法军就由撤变攻。后来，这个机会终于在9月初到来。法军在撤退的过程中击毙了德军的一名高级将领。在其公文包内的众多资料中，法国人发现了一个绝密报告，报告记载了德军各级进攻部队当时面临的各种难题。接下来，为应对已经调整进攻方向的德军进攻部队，巴黎不断加强防御。当时，巴黎地区

◎ 1914年9月8日，马恩河战役期间，英军米德尔塞克斯第1团运输纵队顶着德军榴霰弹炮火，在法国希尼-塞纳茨的公路上前进。这场战役在德军推进到距巴黎30英里的位置挡住了他们。这是在火线下拍摄，并且在英国广泛刊登的第一批战地照片中的一幅，照片中央的英军士兵头部刚刚受了重伤。

的军事指挥官是加利埃尼将军。他下令将公共汽车车队、几百辆私营出租车以及他手握的一半车辆都投入到战斗中，组建一支机动反击部队。9月5日，英法军队离开位于马恩河的暂时落脚点，向西北进军，袭击了德军先锋部队。此时，德军已疲惫不堪而且缺乏给养。与此同时，加利埃尼命令他临时组建的机动部队朝德军薄弱的右翼展开猛攻。很快德军就不得不放弃继续向前推进，慌忙朝易守难攻之地撤退。于是，德军像之前英军和法军那样，围绕着凡尔登又画了一道圆弧。几天之前他们还在对英军和法军紧追不舍，然而此时在他们身后有一百多万人正在追赶他们。终于，法国人关上了他们给德国人开启的这道大门，而德国人机会尽丧。

在马恩河战役打响的第一天，那幅著名的基钦纳征兵海报——“你的祖国正需要你”——在英国被印刷出来，并在各处张贴。其实，在当时愿上战场的都参了军，所以这幅史上最著名的海报并没有改变当时英国参军人数不断减少的这一状况。后来当基钦纳去世后，一直对他没有好感的英国首相夫人玛格特·阿斯奎斯对他的海报嘲讽道：“如果基钦纳算不上一个伟人的话，至少他还是一个不错的海报设计师。”

接下来，德国人一边放慢撤退速度，一边试图在法国站稳脚跟。一旦他们占据一些最有利的防守据点时，法国人就不断展开进攻，欲将所有德国人赶出法国并收复阿尔萨斯和洛林。尽管如此，两边并没有多少直接交锋，而是力图向北挺进，力图突破对方薄弱的侧翼，用自己的精锐兵力将对方包围起来。

◎ 马恩河战役期间（1914年9月6日至12日），被德军炮轰后，法国塞尔迈兹莱班的村镇化为一片废墟。

◎ 比利时伊普尔—梅嫩公路再往前看就是最危险的岔路口。后来，1914年11月11日，英军部队将这里称为“地狱火拐角”。

于是，在1914年余下的几个月里，双方一直在进行这种较量。有很多时候，当一方精锐部队追至对方尾梢时，才发现对方精锐部队也及时赶到。到圣诞节时，双方这种“冲向大海”的较量才结束，结果同时抵达海边。此后三年的战事，可能大家就相对熟悉一点了。

第一次伊普尔战役

第一次伊普尔战役从11月开始打响，一直持续至年终。伊普尔市是比利时和英吉利海峡沿岸港口城市的最后战略据点。一旦德国控制了这座城市，他们就极有可能威胁法国的加来和布洛涅，而且可能会迫使英国远征军只能依赖距离更远的法国港口城市勒阿弗尔和瑟堡提供给养。但如果法国、比利时和英国能牢牢控制伊普尔，他们就能对十几英里之外鲁塞拉雷的铁路交会点构成威胁。而德国一旦在伊普尔失守，就无法控制比利时的海岸沿线，无法在北海形成海上威胁。

德军在1914年8月入侵蒙斯时就突破了伊普尔。在10月时，他们又身着复古军装回到了这里。当时仅仅因为伊普尔没有敲响教堂钟声并举行其他的仪式欢迎他们，德军不仅向伊普尔开出了一张7.5万金法郎的罚单，还将伊普尔市市长扣为人质，逼伊普尔市交钱。当时一旦英国远征军从西面对伊普尔发动进攻，德军将没有多大胜算，所以德军就撤到了将伊普尔北面、东面和东南面包围起来的一片半圆形高地附近，这片高地犹如表盘的右半部分。德军一贯如此，为了占据防守优势，宁愿放弃已经占领的地盘。

德军前脚刚到伊普尔，英国远征军后脚就赶到。紧接着他们便开始在德军占领的高地下方呈线形部署军队。这时法军也占领了城市北面的外围地区，布下了一道圆弧状防线，似表盘十二点至三点间的扇形区域外延。而占领城市南面的英国远征军，其防线也似表盘三点至五点半间的扇形区域外延。另外，在表盘五点半至六点间的外延，法军也布下了防线。因此，英法联军对德军形成了一个半圆形的包围结构，犹如一个巨大的口袋。这时，英法联军得到命令，必须尽可能处处逼近位于三面高地上的德军，让德军再没有半点机会深入协约国领土。于是，英法联军继续向伊普尔城挺进，最后英法联军防线形成了一个完美的突出部，似箭头直插德军防线。

德军为清除通往比利时海岸沿线道路上的障碍并威胁加来一路向西北推进。接下来，德军在第一次进攻安特卫普时就横扫了这里的比利时军队，不仅清除了德军两翼的威胁，还打通了通往海岸沿线的道路，并对北海形成了海上威胁。当时，德军将进攻重点放在了安特卫普，奥匈帝国的口径为42厘米的攻城火炮也被推了出来。说是被“推了出来”，其实每门火炮都犹如单轨列车那样沿铁路被来回运送。单是一门火炮的各个部件和炮弹就得由10辆能负载30吨的汽车载装，而且每发炮弹都重约1吨。另外，还需要车辆运送负责安装和拆

◎ 1914年10月，在伊普尔郊外集结的法军士兵。控制了伊普尔，就能确保前往加莱、布洛涅和弗兰德斯平原的通道。1914年10月，协约国军队在伊普尔周围组成了一个小型突出部阵地。伊普尔可以依托城东的一座山岭进行防御，但山岭周围却被德军占领的高地包围。

卸火炮的起重机和工作人员。后来，随着安特卫普周围的堡垒相继沦陷，最终这座城市在11月9日也被德军攻占。德军一占领安特卫普就下令攻城部队做好防御准备，以应对任何外来的威胁，同时，在城外德军还建立了另一道屏障以防御伊普尔地区的英国远征军和法军。于是，在这两道屏障的庇护下，德军主力部队沿着海岸于10月中旬抵达了伊瑟河。

尼乌波尔特是位于伊瑟河河口的一座城市，在这里比利时军队再次奋起反抗德军。英国皇家海军也派出了一支小型舰队驻扎在该市的近海区域，为比利时人提供炮火掩护。当时，英国威格士造船厂刚为巴西海军造好一批军舰，但战争刚一开始，其中的三艘立即又被英国买了回来。这三艘军舰虽然防护装甲较薄，但配有重型火炮，对德军造成了很大打击。这种重型火炮比一般野战火炮威力更大，打击更精准，破坏力更强，成为反野战火炮的有力武器。由于这种来自海上的威慑，德军寸步难行，而且对此也束手无策。然而，此时的比利时军队逐渐力不从心。他们虽然人数众多，但因缺乏武器弹药和后勤保障，对于德军的进攻几乎再也无力抵挡。这时，比利时国王做出了一个重大决定，在德军攻来之前，放水淹没低地，以阻挡德军。于是，工人们纷纷将低地的排水沟封堵起来，而且机修工们将尼乌波尔特的水闸扳向相反方向，结果终于引发了大水。当时，他们先将潮水引入低地，然后在落潮时关上闸门防止潮水退去。最终，从尼乌波尔特到迪克斯梅德的大片地区都淹没在水中，形成一个难以逾越的巨大湖泊，从北至南，长约30公里，宽约5公里。至当月月底时，水淹低地的局面已持续了一周多的时间。

由于隔着这个大湖，德军不可能采取强攻夺下尼乌波尔特靠近海洋的地区，同时剩下的比利时士兵正在那里挖沟筑垒，而且他们还得到英国皇家海军的支持。所以为继续沿海岸线推进，德军不得不调头转向内地，打算从伊普尔开出一条路来，然后再控制前往海岸沿线的道路，结果是第一次伊普尔战役爆发。

第一次伊普尔战役异常惨烈。德国人需要赶在俄国人从在8月底和9月初在坦嫩贝格（坦能堡）和伦贝格（利沃夫）的两场惨败中恢复元气之前，重拾士气，按照《重大备忘录》中的计划完成在西线的部署。由于看到英国远征军和法军当时正处在一个不利的位置，于是德军率先对他们发起了一轮又一轮猛烈的进攻。10月29日时，德军在伊普尔至梅嫩公路上的格鲁威突破了英法军队的防线。德军的这条突破路线以伊普尔为中心，在距离伊普尔5公里开外的区域朝四点钟方向画下了一条轴线。获胜后的德军在一片森林中稍做休整以继续前进。就在这关键时刻，英国远征军伍斯特郡团赶到，与德军展开了一场白刃战并最终取得了胜利，把德军刚撕开的这条裂口又重新缝合。同时，在伊普尔突出部北部的兰赫马尔克，德军也发动了一次大规模进攻。在这次进攻中，德军的进攻部队绝大部分都是后备军团。当时，这些团中后备军士兵刚完成规定的训练，才勉强成为战争后备力量。

遭到德军猛攻的是英国远征军的几个营。这几个营是英国远征军在成立

◎ 1914年10月29至31日，英军苏格兰第2近卫团的士兵们在第一次伊普尔战役期间的格鲁维尔特战斗结束后，押送一名德军战俘前往后方。格鲁维尔特是战斗非常激烈的地方。那里曾一度被德军占领，但就在那个时候，德军向伊普尔的进犯被协约国联军打破了。

之初时组建，营中的士兵，在一战爆发前都是英军常规军中的步兵，受过专门训练。他们每分钟能打出8至10发子弹，而且能保持稳定的命中率，在危急时刻需要进行“一分钟狂射”时，更是能打出15发子弹，而且枪枪命中目标。这样的危急时刻，在1914年10月的兰赫马尔克战场，出现过几次。

战斗打响后，很快德军便伤亡惨重，德军阵地上堆积的尸体足有一人多高。当后续士兵继续向前冲锋时，必须攀爬过去才行。死去的士兵中大多是几乎未受过任何专业训练的大学生志愿兵。后来，德国人以一个非常肃穆的名字为此次攻势命名——“少年之殇”。如今，德国在兰赫马尔克的战争公墓，里面就埋藏着后来从这个战场上找到的这些大学生志愿兵的遗体。这些遗体时刻提醒着我们，这场战役是自一战爆发以来德军损失最为惨重的一场。后来，在伊普尔突出部阵亡的德军士兵，很多都被挖掘出来重新葬在这个战争公墓里，共计约44300人。其实，这44300人也只是个大概，具体数字无法统计，因为在

◎ 一个德军150毫米重型野战榴弹炮连。这张照片应当是在战争爆发前拍摄的，但英国媒体在报道德军攻打列日城和伊普尔突出部的战斗时，经常会用这张照片来说明德军重炮的威力，协约国将士无疑都非常不喜欢德军的这种重炮。

接下来的三年中，战线一直来回转移，飘忽不定，失踪士兵的遗体可能早已湮没在泥淖里或是消失在纷飞的战火中。

在1914年圣诞节前夕，各国军队之间形成了很多非官方的协定，约定在圣诞节这天休战。等到了这天，起初很多将士小心地离开了庇护他们的战壕，接下来开始互赠礼物。当时，英国远征军用玛丽公主（英国国王乔治和王后玛丽的女儿，当时十七岁）募集的资金为每一名士兵购买了一包香烟和一袋糖果作为圣诞礼物，而德军军官用口味较重的烟草将这些物品换了过去。英国远征军正规军中的士兵也用自己手中的朗姆酒换来了德国的烈酒。而远征军士兵最想换来的东西是德国在一战爆发前制作的尖头盔，每个人都想带一个回家。然而，这种行为很快就引起了军队高层的警觉。他们认为如果敌我之间亲如兄弟的话，将不可能有人再想着去战斗。于是圣诞节刚过，猛烈的炮火声再次响起，这时所有人似乎都忘记了休战。

此时，这场战争已经全面升级，于是约翰·弗伦奇爵士在圣诞节当天宣布英国远征军将立即调整建制，扩编为两个集团军，道格拉斯·黑格爵士任第一集团军司令，贺拉斯·史密斯-道林恩爵士任第二集团军司令。同时，这两位指挥官也由中将被提拔为上将，他们的部下也都官升一级。现在看来，当时史密斯-道林恩被提拔应该是他在伦敦的上级向弗伦奇施压所致。

至此一战爆发已满一年（准确来说应该是五个月），所以现在有必要对这一年的战事进行一个总结。以英国远征军为例，他们在8月初启程奔赴法国，而且不久后印度和其他地方也派来了一些士兵加入其中，壮大了这支军队。然而，在接下来的四个多月中，远征军共损失了8.6万人。到年底时，共有84个步兵营投入到了各种战斗之中。每个营一开始都拥有1,000名士兵，其中30人为作战指挥军官，但到12月底时，这些官兵基本不复存在，而且在圣诞节前战争没有结束的可能。当时的士兵花名册显示，这84个步兵营中有65个营剩下100至150人，有9个营剩下不足100人，只有10个营剩下500多人。在8月启程时，远征军有近8万名步兵，但至年底时，只剩下不到2万人。这时，地方部队和后备军，正如基钦纳之前计划的那样，纷纷被派往战场。后者被编入常规军以填补人员空缺，而前者直接奔赴战场。将一支部队从战场撤下，进行人员填补并重新训练士兵，以进行下一项军事行动，这种做法在当时被称为“长膘”。这个词可能和《圣经》中的典故有关，因为里面提到人们在祭祀前会将膘满肠肥的小牛宰掉。

步枪是每一个步兵最重要的随身武器，而且是一战中最常规的武器。

英国远征军所用的步枪是李-恩菲尔德点303口径步枪。这款步枪于1895年问世，后来经过不断改良，逐渐成为一种性能稳定、射击精准而且破坏力强的武器。每个弹匣能装填10发子弹。子弹装填后，弹匣不仅非常轻便，更换也方便，不会对射击速度造成影响。如果一名受过训练的士兵使用这款步枪，射击时既快又准。在第一次伊普尔战役中，那些在战前受过训练的远征军士兵在1分钟之内最快能射出15发子弹，而且枪枪命中。这种“一分钟狂射”的场面让德军以为当时远征军士兵手中握有不少机关枪。

步枪和机关枪的子弹可以互换，这一点非常重要，因为在战斗中这两种武器的弹药需求非常大。

然而，等真正到了战场上，对于所有军队来说，虽然步枪射击精度高，但枪管太长，在进行战壕战时，不方便射击，因而需要某种枪管较短的武器。后来随着战事的发展，这样的武器也应运而生。

这些武器在附录四中有详细介绍。

东线战场

在一战爆发后的几个月中，德国在东线的战略部署更侧重于防守。因为根据“施里芬计划”，德国人认为如果俄国对德国造成威胁，德国尚能支撑几周时间，毕竟俄国战争动员速度相对缓慢。这样一来，他们将有足够的时间先以闪电般的速度征服法国，然后再调集德军主力挥师东进，对俄发起进攻。尽管俄军人数众多，但在德国人看来，德军训练有素，装备精良，届时定能一举攻克俄国。由于知道俄国人能调集多达10支军队，所以在“施里芬计划”中，德国人还对俄国人将可能采取的行动做了一些预测，比如当德军开始由西向东进攻之前，俄军在这段有限的时间内会采取哪些措施。另外，根据“施里芬计划”，德国人在一开始只会部署一支德军保卫东普鲁士，而且他们做的最坏打算就是让这支军队回撤至东普鲁士内，但在是否向东普鲁士增派援军这一问题上他们却一直犹豫不决。不过，后来让德国人吃惊的是俄国人并没有看到德国

◎ 1914年8月，正在向俄德边境进军的俄国步兵。

的《重大备忘录》，而且他们的战争动员速度非常快，远超德国人的预想。接下来，俄军向东普鲁士和德意志帝国境内斯拉夫人居住的地区展开进攻。几天之内，俄国的两支军队就已经一脚跨进了东普鲁士。当时俄的这两支军队，距离北方的俄哥尼斯堡海军基地只有40公里，而且在南面也穿过了华沙。如果再往南推进，俄军将直逼喀尔巴阡山脉，威胁奥匈帝国的第二大城市布达佩斯。

当时，在东普鲁士指挥作战的德军将领是六十六岁的马克斯·冯·普里特维茨将军。虽然他早年对俄军曾取得过一些小规模的胜利，但面对当时的险境他很担心。他猜测俄军会先用一支军队将德军死死咬住，然后再派出另一支绕过德军南部，对德军形成包围。于是，他建议将他率领的德军第八集团军从东普鲁士全线后撤，以跳出俄军的包围圈，更好地保卫德国。然而，东普鲁士是普鲁士的战略要地，德国在东普鲁士驻军会对俄国在哥尼斯堡的重要海军基地造成威胁，所以他的建议与德军高层在这个地区部署的防卫计划格格不入。结果马克斯·冯·普里特维茨被解除军权，接着毛奇任命保罗·冯·兴登堡顶替他的职位。兴登堡当时也年事已高，而且实际上已经退伍。

此时，兴登堡和他的参谋总长埃里希·鲁登道夫并没有被眼前的紧张局势所吓倒。他们对德第八集团军下的第一道命令就是停止撤退。而且在几天之内，兴登堡就批准了普里特维茨的一个参谋提出的一项计划，即在原地留

◎ 正在等候进攻命令的俄军步兵。

◎ 德军赢得坦能堡战役的“大脑”，作战参谋霍夫曼上校。

下一些士兵进行掩护，以拖住北面的俄第一军，同时派出德第八集团军主力猛攻南面的俄第二集团军。后来，德军按此计划行事，打响了坦嫩贝格战役。在这场战役中，俄军投入了150,000人的兵力，结果被俘9.5万人，死伤3万多人，而且受伤的士兵在最后往往也都难逃厄运，俄第二集团军溃不成军。而对于德军来说，他们俘虏的9.5万名俄军士兵大大缓解了当时德国国内缺乏劳力从事农业活动与其他工作的问题。另外，德军还缴获了整整6列火车的军备物资。这些物资中的金属以及其他物品运回德国后都成了无价之宝。要知道，德国当时已经陷入了英国皇家海军的严密封锁之中。后来，俄第二集团军还有一些士兵在继续作战，虽然现在几乎找不到任何关于他们的资料记载，但这些士兵的总数大体可以确定，应该不到1万人。

当时，兴登堡立即对德军进行重新部署，而且听取了马克斯·冯·普里特维茨的参谋设计的一个实施双重打击的计划，即从两翼进攻入侵东普鲁士的俄第二集团军。到9月第二周周末时，经过第一次马苏里亚恩湖战役，这项计划的确取得了效果。俄第二集团军被打得溃不成军，匆忙逃往俄国边境，转而保卫边防堡垒。

虽然兴登堡赢得了所有荣誉，但功劳其实应该归功于马克斯·冯·普里特维茨的参谋，是他绘制了历史上一场具有重要意义的决战的蓝图。最终，德军在三周之内驰骋400多英里，打出了一场以少胜多的胜仗，相继粉碎了俄第二集团军和第一集团军，解除了俄军对东普鲁士的威胁。后来，直到第二次世界大战末时，俄军才重新踏上这片领土。

在某种程度上讲，正是因为兴登堡，所以当时德军的这两个军团才没有继续向西撤退，转而调回头往东进攻。其实，兴登堡当时并不希望接手这两支

◎ 兴登堡将军（最前排右）在坦能堡战役结束后，视察他的部队。

军团，而且他相信即使没有他和鲁登道夫，德军也能将俄军赶出东普鲁士。但马克斯·冯·普里特维茨一开始就悲观地后撤，这让毛奇非常紧张。现在来看，当时如果这两个军团能回到西线战场并被好好使用，那么很可能当时西线的平衡就会被打破，德国人会轻松越过比利时边境，一路横扫，直抵巴黎的西面和南面。但让这两个军团加入攻打俄军的行列，其发挥的作用也比较有限，毕竟当时的俄国还是能扛得住伤亡惨重的代价。然而，一旦将俄国换成了英国，英国根本输不起。

第三章 1915年——试验之年

在1915年初的几周，伦敦的陆军部和英国远征军总部的弗伦奇都在焦急地等待着，等待新兵招募以及对新兵进行装备和训练这几项工作的完成。一旦这些新兵做好准备，英军就将以闪电战撕开德军防线，然后骑兵部队就可以直抵莱茵河。当时，士兵的招募工作进展得非常顺利，一下子涌来了很多人，连陆军部也被弄得措手不及，于是为他们解决食宿问题变成了第一要务。食宿问题解决后，紧接着基钦纳就加紧对这些新兵进行训练，让他们尽快做好准备。

英国在招募和训练新兵的同时也没有放松防守。然而，当“冲向大海”的较量以不分伯仲的结局收场时，包括弗伦奇在内的有些人已经注意到此时战争已全面升级。这时，丘吉尔在伦敦高呼如果继续同德国作战，英国必须另辟蹊径。丘吉尔曾提出这样一个设想：从德国北部的石勒苏益格-荷尔斯泰因州对德国发起攻击，或者说服意大利参战，让其逼近奥匈帝国南部或向土耳其发起进攻，从东南方向接近同盟国。简言之，即从侧翼（从瑞士开始，一直延伸至大海）攻入德国。

然而，英国最后的决定是打通达达尼尔海峡这条水道，然后从海上炮轰土耳其首都伊斯坦布尔，对其形成威胁。一旦伊斯坦布尔投降，就派出一支进攻部队在土耳其西部登陆，进而控制这座城市。这样一来，土耳其必败无疑。

加利波利战役

加利波利半岛位于土耳其西部，处在欧洲大陆的边缘。半岛长50英里，呈舌状，被爱琴海包围。加利波利半岛和东土耳其之间有一条水道，即达达尼尔海峡。达达尼尔海峡不仅长且狭窄，最宽处不足5英里，有些地方甚至不到1英里。这条水道将地中海和爱琴海与马尔马拉海、黑海以及其他水域连接起来，因此经由这条水道可以抵达俄国南部。如果协约国能控制达达尼尔海峡，那么他们就完全有可能将德国、奥匈帝国及一些同盟国包围，并切断他们与外界的联系。

为突破达达尼尔海峡、占领伊斯坦布尔，英法从其他地方调集来了几艘服役时间较长的军舰，在2月份发动了第一次进攻。在这次进攻中，一艘军舰不慎触到水雷，结果引起了英法的恐慌。在3月时，协约国军队又组织了第二

◎ 1914年12月13日，英国“B11”潜艇潜入土耳其海峡，用鱼雷击沉了锚泊的土耳其战列舰“美杜莎”号。“美杜莎”号沉入海中，将近400名船员丧生。

次进攻。与第一次相比，这次进攻取得了较好的效果，不仅重创了土耳其海岸的部分防御力量，协约国军队的一只潜艇还单枪匹马地突破了水雷区，并在伊斯坦布尔的眼皮底下击沉了一艘土耳其军舰。尽管如此，协约国军队还是未能穿越这条水雷密布的水道、突破土耳其强大的海岸防御堡垒的封锁。英法联合作战军队在登陆加利波利半岛失败后，又双双遇到了土耳其布下的一道水雷封锁线。封锁线从海峡北端开始，向南一直延伸到海峡中段。结果英法军队有三艘军舰被炸沉，还有几艘严重受损，于是他们不得不迫取消准备发起的第二次攻击，显然协约国还需要再尝试其他的办法。

后来，伦敦的政要和在加利波利半岛地区指挥作战的将领决定，从半岛外围即爱琴海这一侧实施登陆。当时，据可靠情报显示，如果沿外围展开大规模进攻，土耳其将根本抵挡不住。一旦占领半岛，就能派出陆上作战部队，直取伊斯坦布尔。在这种形势下，英国迅速组建了地中海远征军，并任命将军伊恩·汉密尔顿爵士为远征军司令，而且命他尽快从伦敦赶往埃及亚历山大进行备战。

> 起初，基钦纳将这支地中海远征军命名为“伊斯坦布尔远征军”，但汉密尔顿认为这个名字可能会提前暴露集结这支军队的真实原因，让土耳其有时间进行备战。

在实施这个计划的过程中，固执的英国人从一开始就准备得不周详，然而他们还沾沾自喜地认为这一步棋走得很高明。当时汉密尔顿虽然年事已高（六十二岁），身体也不是很好，但他作战经验丰富，立下了赫赫战功，曾两次被举荐授予维多利亚十字勋章。他曾经历过阿富汗战争、第一次布尔战争、尼罗河远征、缅甸战争、印度及印西北边境各省战争、第二次布尔战争以及日俄战争。单在第二次布尔战争中，他就打过十次战役和十四次小规模战斗。汉密尔顿的胳膊曾受过伤，所以只有一只手能活动自如，后来还因为从马上摔下

◎ 1915年3月11日，英军司令官汉密尔顿将军接到夺取加里波利半岛的命令。

了一次，严重受伤，致使走路都非常困难。尽管如此，他在战场上却是一位公认的英雄，而且英国的高层也认为虽然他当时尚不具备在西线担当统帅的能力，但指挥军队进行野战还是绰绰有余，因此他就成了这支远征军总司令的理想人选。这场远征，虽然与当时英国在法国和比利时正在进行的战争有所不同，但与之前在殖民地进行的类似。

于是，汉密尔顿在埃及集结了这支地中海远征军，打算从这里对土耳其发起攻击。这支远征军的构成如下：

- 英国常规军第二十九师：这个师的绰号是“战无不胜之师”，师长为艾尔默·亨特-韦斯顿少将，士兵由大英帝国在世界各地部署的要塞和前哨中的常规部队士兵构成。

- 英国皇家海军师：这个师由英国皇家海军陆战队和一些水兵构成。因为这场远征并非海战，所以丘吉尔命令这些水兵执行步兵任务。当时，很多人认为丘吉尔此举是在打自己的小算盘，想插手陆战。
- 法国东方远征军团：军团由法属非洲殖民地国家的士兵构成，这些士兵当时准备被派往欧洲战场。
- 澳大利亚和新西兰军团（简称澳新军团）：澳大利亚和新西兰各派一个师组成了这支军团，每个师有1.8万名士兵，士兵都是志愿军，他们正在埃及接受训练，本来打算被编入英国远征军。

远征军中的英军部队和澳新军团分别在加利波利半岛的南部和北部强行登陆，但结果伤亡惨重。对于这场灾难，在这里并不打算详述。协约国军队的失利充分说明如果要战胜德军，只能将战场设在法国和比利时。只有在那里，他们才能赢得最终的胜利。如果进行其他形式的军事威胁或战略部署，都必须

◎ 乘坐登陆艇，在加里波利进行抢滩登陆的协约国远征军士兵。

以此为中心。

尽管遭遇惨败，但几周之后地中海远征军在海上发起了第二次攻击，希望能突破土耳其的封锁，但这次突破于3月18日宣告失败。六周后，远征军于4月25日又对加利波利展开登陆行动。然而，行动还未发起，失利的种子就已被种下。在亚历山大港口，远征军的登陆装备被胡乱地码放在运输船上，所以当他们后来进入加利波利半岛海岸沿线的土耳其大炮射程之内时，他们根本没有时间将这些装备迅速分装到停靠在沿岸的小船上。

在这六周时间里，感觉受到威胁的土耳其人并没有闲着。他们听取了德国顾问利曼·冯·桑德斯的建议，修建了多条公路。一旦任何地点受到攻击，土耳其军队都能通过这些公路火速赶到。此外，这位尽心尽职的顾问不仅对半岛海滩周边的水雷布防进行了设计，还在海滩和海滩附近的小路上拉起了一道道铁丝网，让协约国军队难以逾越。桑德斯还将土耳其军队部署在协约国军队所有可能的登陆点。即使协约国军队在其他地点登陆，他们也能及时赶到。当时，他和土耳其军队将领都意识到半岛上蜿蜒崎岖的小山的山顶是进行攻防的关键，所以他们决定把军队就部署在那里。后来，桑德斯这样写道："英国人给了我们整整四周的喘息机会，这四周足以用来进行一些至关重要的部署"。

◎ 后来出任加里波利土军总司令的德国军事顾问利曼·冯·桑德斯将军。

远征军的这次行动可谓祸福相依。4月25日时，远征军在这个形如长舌的半岛的南端开始大规模登陆。"战无不胜之师"在半岛最南端的海丽丝岬上岸，而且遇上了强大的防御火力。然而，在距海丽丝岬以北几英里远的地方（靠爱琴海这一侧），远征军的另一支部队在登陆时没有遇到任何抵抗。这支部队由2000人组成，原本只是起牵制作用，结果他们倒是一路畅通，直接到了半岛的岸边。然而，之前

◎ 土耳其军正在等候远征军登陆，准备发动进攻将他们撕个粉碎。

◎ 协约国地中海远征军在加里波利半岛最南端海丽丝岬建立的登陆场。

远征军并没有料到这支部队竟会如此顺畅，而“战无不胜之师”在海丽丝岬登陆会如此艰难。当时，这支牵制部队中的一名英国军官率领部队到了一个废弃的村庄附近。这个村庄叫克里希亚，位于山顶之上，是此次远征军海丽丝岬登陆计划中第一天必须攻克的目标。然而，当他们向这个村庄靠近时，发现这里根本没人。因为之前没有接到要占领这个村庄的命令，这名英国军官下令士兵调头，继续寻找自己的目标去了。然而，远征军主力登陆部队直到当天傍晚时才从海滩向克里希亚村推进了4至5英里，但这时土耳其人已经赶到，占据了这

◎ 1915年12月17日，澳新军团士兵向土军阵地发起冲锋。

个村庄。结果，主力登陆部队中没有一个士兵能最终踏进去，而这个村庄在几个小时之前还空空如也，唾手可得。第二天，与克里希亚村只有咫尺之遥的主力登陆部队不得不撤离。

澳新军团在半岛北部登陆，但他们也如羊入虎口。当时，他们的任务是掐住半岛的咽喉，将位于半岛南端的土耳其军队围住，让他们插翅难逃。如果援军赶来，也将其击退，切断半岛南端与外界的连接。然而，土耳其军队决心死守，不惜任何代价对远征军实施打击。在开始登陆的第一天早晨，部署在海滩的土耳其第五十七步兵团就遭到澳新军团重创。当时，战斗异常惨烈，到最后这个步兵团的士兵全部战死。自此以后，土耳其军队中就再也没有第五十七团这个番号了。

从1915年春天到夏季，协约国都一直在竭力打通通往伊斯坦布尔的水道。他们在发动一系列进攻的同时伤亡也非常惨重，而土耳其方面在进行反击时，付出的代价更大。在5月19日，土耳其一支4万人军队依仗自己在人数上的优势对澳新军团展开进攻，结果超过3000人战死，1万人受伤。作为防守方，澳新军团只损失150人，而伤亡人数也只有600人。尽管如此，协约国军队在半岛南端海岸进行的所有尝试都以失败告终，于是他们将主攻方向转向澳新军团的登陆地点。当时协约国军队不仅调集人员支援澳新军团，还发动了一系列进攻。这些进攻一开始还比较顺利，但最后都非常令人失望。当时，土耳其人似乎总能源源不断地赶到半岛山上的制高点，将协约国军队一次次打退。

◎ 接替汉密尔顿将军出任地中海远征军司令的查尔斯·门罗将军。根据基钦纳勋爵的建议，他断然放弃了加里波利战役，将远征军余部从半岛撤离。

就在这个时候，保加利亚与德国站到了一起，也开始对协约国宣战。德国支援土耳其步兵的火炮很快就可以通过保加利亚运抵土耳其。另外，当时塞尔维亚也直接受到德国、保加利亚和土耳其联军的威胁，需要协约国支援。因此，到8月下旬时协约国不得不终结攻击土耳其的计划，放弃在达达尼尔海峡展开水路进攻或对加利波利半岛展开地面进攻，加利波利地区的作战部署或多或少地被搁置起来。后来，协约国军队在塞尔维亚南部的港口城市萨洛尼卡登陆，于是他们将注意力转向地中海沿岸的这处新的战线。在萨洛尼卡登陆的这支协约国军队士兵人数并不多，难以影响巴尔干战场。因此，当时德国有一个时事评论员将协约国占领的塞尔维亚南部称为“史上最大的战俘营”。其实，在这里协约国军队的很多士兵的确是在等死，而且这种状况一直延续到战争结束。直到1918年中期，他们才趁封锁他们的奥地利军队实力渐微时突破出去。

1915年时，协约国突然撤回在加利波利下的赌注。在当年10月，将军查尔斯·门罗爵士取代汉密尔顿，担任地中海远征军总司令。此时，基钦纳将军亲自研究了这支远征军当时遇到的种种困难，之后他向英国陆军部汇报说从加利波利发动攻击不可能成功，甚至完成计划的一小部分也不现实。于是，门罗得到了建议，结束加利波利之战并从半岛撤军。此时，英国、澳大利亚以及新西兰的士兵已有4.4万人在这里战死，9.7万人受伤，另外还有14.5万人死于疾病或因病致残。这场战役的最终胜利之日就是对其进行终结之时。之前汉密尔顿曾说过，如果胜不了土耳其人，结束这场战役可能还会损失一半的兵力。然而，后来门罗完成了将每一名士兵从半岛撤离的壮举。虽然在撤离的过程中受到敌人的威胁，但结果所有人都安然无恙。

在1915年加利波利战役中，有196对兄弟和2组三胞胎阵亡。在这398人中，仅有13人有墓碑，剩下的人的姓名都被刻在了恰那克山、海丽丝岬及隆派恩的纪念碑上。

在196对兄弟中，至少有72对在同一天战死，其中15对死于1915年8月7日这一天。另外，2组三胞胎中也有1组在同一天战死。

新沙佩勒村之战及后来战事之发展

现在让我们再回到西线。从1915年开始协约国开始对军队进行重新部署。英国远征军被调集到一起，在伊普尔突出部沿线驻扎；之前一直位于英国远征军中线附近的法军，此时进一步向南移动；比利时军队则扼守伊普尔突出部北线，与德军相望，在他们中间是被大水淹没的伊瑟河平原。如果继续将伊普尔突出部比作表盘，当时两支力量稍弱的法军位于十二点至两点间的扇形区域外延；两点至三点间的外延由英国远征军和加拿大第一师占据；余下的从三点至突出部南部的外延也由英国军队占领。

虽然协约国意识到他们不可能在当年赢下这场战争，但是仍继续在法国和比利时对德军施压，沿着突出部的防线对德军发起了一系列攻击，旨在逼迫德军放弃当时占据的坚固据点。否则，德军将很有可能会从这些据点对协约国军队发动进攻，继续吞并领土。

协约国军队的这一系列攻击的第一波在3月发起。伊普尔南面18英里处有一个叫新沙佩勒的村庄，这个村庄正好位于伊普尔突出部的最东端。由于在该地区英国远征军部署的兵力较少，所以德军将这个村庄建成了一个坚固的防御据点。后来，英德两军在这里陆续展开交锋，战线进进退退，来回往复。逐渐德军在这里也形成了一个小型突出部，与巨大的伊普尔突出部恰恰相反。虽然英国远征军的防线呈圆弧状，将这个突出部包裹在内，但此时这个小型突出部的存在威胁到了协约国军队的供给线以及后方区域，而这片区域正是位于伊普尔突出部的协约国军队能与德军相持的关键。当时，与在这个村庄的德军对峙的是黑格统帅的远征军第一集团军的两个军团。黑格决心要在这里“掐死”对手，这项任务由第七师和第八师的三个旅以及刚赶到的印度军团戈维尔旅执行。如果他们圆满完成任务，将能为英国远征军在接下来两年中的所有行动奠定基础。按照计划，英印联军将先对德军阵地进行一系列的炮击。接下来，在德军士兵被炮火压制时，他们一举突破德军的第一道和第二道防线。然后，他们再将此战术应用到伊普尔突出部地区，突破德军防线，动摇德国人对比利时的控制。

德军在这个小型突出部北端构筑的防御工事呈四边形，由一系列相对独立的防守战壕和据点组成，战壕两边德军士兵都可以通行。在3月10日凌晨，英国远征军开始行动，发起了一场自开战以来最猛烈的炮击行动。在进攻部队后2英里处，他们齐刷刷地部署了300门火炮。这些火炮对德军阵地的连番轰炸长达35分钟。接下来，英国远征军发动了战壕战时代开始以来的第一次定点进攻。至傍晚时，他们终于“占领制高点”，拿下了德军的战壕。此时，一个大好时机似乎就摆在面前——突破德军战壕防线之后的地区。于是，远征军开始进行准备，计划在次日跨越新沙佩勒村之后的一条小河，穿越森林，继续对德军展开打击。然而，德国人的四边形防御工事并没有完全崩溃。仅在一夜之间，他们不仅迅速挖出了一条新战壕，还部署了机关枪，拉上了铁丝网。因此，远征军不得不从头再来以清除这道防线。

从3月11日到12日，两军整整打了两天。一方面英国远征军不断巩固成果，另一方面德军也在不断巩固防线。直到第三天午夜时分，黑格才下令停止作战，将重点从进攻转到建立防守阵地，抵挡德军越来越猛烈的反击。此时，虽然英国远征军已经控制了新沙佩勒村，但还没有占领德军的四边形防御阵地，因此在接下来的几个月里，双方都在前线阵地修筑了一道道战壕。

这场战役似乎说明了这样一个事实：迫近至德军战壕防线附近不难，但要突破防线实属不易。德国人凭借强大的铁路运输网，总能在关键时刻翻身。另外，英国远征军的补给线和后援部队也常常受到阻碍，因为德军阵地总是在英国远征军的预先炮击中被炸得面目全非。

另外，这场战役似乎还说明：如果对德军防御部队展开进攻则要付出巨大的代价。弗伦奇的特派员在新沙佩勒之战后，列出了远征军的伤亡情况：

- 190名军官、2337名士兵战死；
- 359名军官、8174名士兵受伤；
- 23名军官、1728名士兵失踪。

其实，失踪人员几乎没有人幸存下来。

这份统计还清楚地表明，如果以当时战争中军官和士兵的伤亡比例作为参照，在新沙佩勒之战中军官的伤亡情况非常严重。

另外，远征军的战线并非仅有2英里长。据统计，英国远征军当时每天在每一码长的战线上就有超过1人伤亡。

新沙佩勒之战对英国远征军造成的影响在后来几个月中才真正显现出来。当时为进行长达数小时而不是只有几分钟的炮轰，远征军需要大量威力巨大的火炮。另外，在预先炮击之后，还需要发动大量士兵以巩固炮击效果，尤其是骑兵。后来，这场新沙佩勒之战的策划者又绘制了1916年索姆河战役的蓝图。他们在设计这场战役时，为巩固炮击效果制订了投入更多兵力的计划，而对于战役本身可能具有的瑕疵却不深究。

第二次伊普尔战役与圣朱利安村十字路口

在新沙佩勒之战结束六周后，德国人对伊普尔发起了一场进攻。他们发动此次进攻的目的并不是占领伊普尔，而是希望将战线前移，更靠近这座城市的外围。如果成功，他们就会对城市后方的公路产生更大威胁。这些公路当时是协约国军队的补给线。协约国得到的情报显示，德国人将以此次进攻为契机，试验他们新研制的毒气武器。另外，据英国远征军在新沙佩勒抓获的德军士兵交代，德国人正将一个个巨大的毒气罐运往前线。于是，协约国对德军进行了空中侦察，但结果并没有发现德军正在进行类似行动。因此，当时获取的这些重要情报并没有得到协约国的重视。

4月22日早晨，德军开始发动攻击。当时恰好有一股风从北方吹来，于是德国人抓住这个机会在伊普尔突出部北面施放毒气。如果再次用表盘作比喻，德军的毒气覆盖了从十二点到两点钟间的扇形区域外延。当时一股股绿色的氯气从高地上的德军据点随风铺天盖地而下，席卷了法军第八十七地方师和第四十五（阿尔及利亚）师。面对突如其来的德军新式武器，这两个师毫无准备，顿时阵脚大乱，匆忙后撤。结果，毒气迎面将加拿大军团一支部队的左翼（北部）团团围住。随着德军的不断推进，最后加拿大人也不得不向后撤退。当时，在法军阵地中部有一个叫皮尔克姆的小村庄。当天一开始时，法军前锋线还位于这个村庄前 1英里处。然而，到傍晚时德军先锋部队已越过这个村庄，而且又向前推进了1英里多。后来，德军因为进攻取得了比预计要好的效果，而且胜利来得如此迅速，所以就继续向前推进，结果将物资储备耗尽，慢

◎ 德军在伊普尔首次发动毒气战前期，英军已经得到了情报，可惜没有及时引起重视。图右是一名头戴原始防毒面具的协约国士兵。

◎ 被毒气毒害的英军士兵正在前往他们的第一个急救站。很多人都被毒瞎了，还有不少士兵在经受许多折磨之后，慢慢死去。

慢失去了冲劲。虽然他们那天早晨向伊普尔城外围推进了4英里，但到最后他们不得不在城外2英里处就地挖掘战壕，进行防御。

第二天，协约国军队开始发起反击，试图逼迫德军防线后撤，撤离十二点至三点间的扇形区域外延。反击的先头部队是加拿大军团。因为风向问题，德国人也一直到当天早晨才进行了第二次毒气攻击。这次毒气攻击又迫使加拿大军团仓惶后撤了1英里。后来，当英国远征军诺森伯兰师看到德军暂停毒气攻击以及加拿大人后撤时，就顶住压力立即从伊普尔另一侧向前推进，以填补此时已溃不成军的法国人留下的空缺。

当时，加拿大军团中有些士兵懂得一些基本的化学知识。他们知道尿液中的尿酸和氯会进行剧烈反应，从而结成尿素晶体，所以如果把一块布用尿液浸湿，然后用这块布掩住口鼻就能大大减少毒气中氯对人体的伤害，这样军队就能继续作战。尽管如此，士兵们的肺和眼睛还是受到了严重的损伤，但采用这种方法也为士兵等待救援药品的到来赢得了一定时间。

在4月25日，德军用火炮向正在不断缩小的协约国军队突出部进行了猛攻，结果加拿大军团遭受重创，当天晚上这支军队不得不进行后撤。当时，双方浴血奋战的中心地带在圣朱利安村。现在，在这个村庄中有一座加拿大国家战争纪念碑，上面记录了加拿大军团当时在这次战斗中的伤亡情况：1700人死亡，2500人受伤。这些人加起来大约是这支军队人数的四分之一。

英国远征军中的诺森伯兰师其实是一支地方部队，士兵都来自英国西北部地区。这个师由三个步兵旅组成，其中一个旅是诺森伯兰旅，该旅由四个诺森伯兰郡燧发枪手营组成。另一个旅由四个达勒姆轻步兵营组成。这个师的炮兵、补给列车工作人员、医务人员、信号员以及机械维修技师也都来自英国西北部的地方部队。这个师的第一批人员于4月15日离开了英国，前往法国，而

◎ 1915年4月，第二次伊普尔战役期间，英军在布劳威波特附近的隐蔽所。协约军付出了巨大的伤亡代价，终于抵挡住了德军的攻势。拍摄这张照片的巴克莱中尉害怕自己可能因为私下拍照受到军法审判，在拍下这张照片后不久，就将相机处理掉了。

主力部队的最后一批在4月19日至20日动身。当时，他们大部分都从纽卡斯尔中央车站启程，乘火车抵达南安普敦，接着坐轮渡穿越英吉利海峡抵达法国城市布洛涅，然后再在当地乘火车前往位于伊普尔后方的地点集结。这个师的最后一批人在4月21日早晨5时抵达了目的地。在21日和22日两日，所有人员基本上都在检查装备。4月23日，诺森伯兰郡师派出部分兵力赶去支援正被德军步步紧逼的加拿大军团。这时德军终于停止了前进，但很快第二次伊普尔战役再次爆发。仅仅三周后，4000人的诺森伯兰郡旅在一战中的第一场战斗损失的将士就多达1900人。

随着战争的不断进行，此时伊普尔突出部已经几乎变形。十二点至三点的扇形区域外延已经落到了德军手中，剩下的三面在德军火炮的射程之内。当时，德军为巩固新的阵地，运来了大批火炮、机关枪以及步兵，因此实力大增。

英国远征军当然不愿看到突出部坍塌，打算夺回一些失去的阵地。于是，在4月26日，英国远征军第二集团军V字军团指挥官赫伯特·普卢默中将下令部队对德军发起了两轮反击。然而，德军立即动用毒气，在傍晚时分将普卢默的军队打退。普卢默一直非常珍视士兵的生命。到傍晚时，他意识到要收复阵地必须付出昂贵的代价，所以立即下令结束反击。当天，普卢默损失了1500人，另外，还有 2500人受伤。

诺尔·查瓦希与十字勋章

协约国军队与德军在伊普尔一直打打停停，双方共经历了四次伊普尔战役。英国远征军和法军一直不遗余力地将德军往莱茵河方向赶，而德军也在寻找机会歼灭在伊普尔突出部的英国远征军。4月时，英国远征军往新的防线后撤，同时占据优势的德军一直紧追不舍，于是两军在一个叫霍赫的村庄附近展开了一场猛烈的互攻。霍赫距离伊普尔市中心只有几英里远。当时与德军交战

◎ 伊普尔战役期间，被德军俘虏的一位英国军官和他的部下。

的英国远征军是一支半正规的地方部队——利物浦苏格兰旅。这个旅在1914年8月被派往法国，是最早登陆法国并进行作战的英国远征军部队之一。后来，经过一系列的战斗，这个旅只剩下23名军官和519名士兵。但也就是这些人，在6月16日凌晨，对在霍赫村据点的德军发起了攻击。该据点离伊普尔市中心不到3英里远，位于表盘大约四点钟的位置。由于寡不敌众，两天之后这个旅才突出重围。当一些落伍的士兵重新回归后，经过清点，这个旅的23名军官只剩下2 人。其余的21人或战死、或失踪或负伤。而519名士兵中有379名下落不明。再后来，所有下落不明的人（6月14日当天这个旅就有五分之一的人失踪）几乎也都遇难。这场战斗对于利物浦人来说简直是个沉痛的打击。这个旅是这个城市的精英部队，代表着这个城市市民的大无畏精神。自一战爆发以来，利物浦市民就一直认为他们的部队绝对一流，能和常规军一起并肩作战。但不幸的是，此次战斗后这个旅剩下的人还不到一战开始时人数的两成。

其实，除刚才提到的2名军官之外，还有1名军官在战斗中幸存下来。这个人是英国皇家陆军医疗队的一名中尉，同时也是一名外科军医，名叫诺尔·查瓦希。在战争中，他奋不顾身救治了很多伤员。后来，英国政府为表彰他的英勇行为授予他十字勋章。在霍赫之战结束几周后，查瓦希写了一篇内容详实的报道，并寄回英国。在报道中，他详细描述了来自利物浦的这个旅当时如何因新兵加入而实力得到加强，如何在后来穿越霍赫附近的桑克秋雷森林以及如何对德军发起进攻。当时，很多和部队走散的官兵都进了这片森林，因为这样一来就不会被戴上逃兵的帽子。然而，这片森林同时也是一块危险之地，德军的战壕防线就在森林边缘附近，而且当时德军还正在发起一次次的攻击。这个旅有很多医疗点都设在这片森林中，查瓦希就是这些医疗点的军医之一。当时只要能找到庇护之处，查瓦希就立即开始治病救人。

第二次伊普尔战役的代价

在第二次伊普尔战役中协约国付出的最惨痛代价，无疑是大量人员的伤亡。在这场战役中，英国远征军共投入了7个步兵师和2个骑兵师。当时，在伊普尔突出部，远征军伤亡不断，所以英国调集来了大量新兵填补空缺。最后，投入的兵力共计15万至20万人，结果多达6万人战死，占到35%，而且这还不包括法军和阿尔及利亚军队的伤亡情况。另外，这场战役持续时间几乎长达一个月，战线最长时绵延9英里。如果将法军和阿尔及利亚军队的伤亡情况也计算在内，那么在这一个月中，每一天在每约8码长的战线上就有1名协约国军队士兵战死。

在第二次伊普尔战役中，在突出部作战的是史密斯-道林恩指挥的英国远征军第二集团军。后来，他意味深长地指出应该放弃突出部的大部分地区，而占领防守位置更好的一些地点。于是，弗伦奇终于抓到了一直以来苦苦寻觅的他的把柄。他认为史密斯-道林恩的建议不仅打击了远征军的士气，而且简直是临阵退缩的表现，因而决意利用这个天赐良机，将史密斯-道林恩解职。因为不敢亲自前往，所以弗伦奇就派自己的参谋总长罗伯逊前去代劳。

罗伯逊在士兵中有着“哥儿们”这个绰号，他平时在说话时言辞非常谨慎，有时甚至惜字如金。因为弗伦奇要他委婉地传达解职决定，所以当他一进贺拉斯·史密斯-道林恩的办公室时，就大声说了一句，“拉斯，你现在可以回家了”。说完这句，他就立即走了出去。史密斯-道林恩被解职后，普卢默继任远征军第二集团军司令一职。后来，他一直担任这个职务直到一战结束，但在伊普尔突出部的一段短暂时期除外。在普卢默的军队中，士兵们给他起了几个绰号，管他叫“普卢木”“普卢木头”或“老爸”等。普卢默在上任后的第一个举动就是建议将位于伊普尔突出部前端的部队向后收缩。这个建议与史密斯-道林恩之前提的几乎一样。但结果，他的建议很快就被弗伦奇采纳，而之前史密斯-道林恩因此则被弗伦奇免职。

当新沙佩勒之战和第二次伊普尔战役即将结束时，弗伦奇因为担心远征军在新沙佩勒的失利会使他遭受责难，于是他让《泰晤士报》的记者科洛内尔·雷平顿对英国的政治家们大加指责，指责他们当时没有想方设法向战场运送足够的武器弹药。因此，在第二次伊普尔战役临近结束时，在协约国军队和德军即将停止互相厮杀时，英国自由党政府垮台，取而代之的是一个联合执政政权。大卫·劳合·乔治出任联合政权的军需大臣，负责解决远征军的武器弹药危机问题。联合政权成立后，海军部已得不到保守党的信任，而此时丘吉尔又拒绝加入联合政权，所以丘吉尔不得不离开了海军部。其实，导致他当时必须辞职的主要原因是他在一战爆发几年前脱离了保守党，加入自由党。在1915年晚期时，丘吉尔完全退出了政府，只身投入军队，在西线指挥一支步兵营。直到后来劳合·乔治成为英国首相后，丘吉尔才被他召回，继任军需大臣一职。

阿图瓦战役和香槟战役

同时，法军也在向前推进。近十个月来，法军第十集团军一直在猛攻阿拉斯以北的德军阵地。当时，德军建立了一个深入法军前线约3英里的突出部，而且他们还将突出部前端附近的四五个村庄用作防守据点，在村庄中构筑了相当坚固而且设计精巧的多面防御堡垒，另外还挖掘了四通八达的战壕。这支德军是德第六军，司令是巴伐利亚皇储鲁普雷希特。虽然鲁普雷希特只是名义上的皇家统帅，但他却是一个能力出众而且非常敬业的军人，被人们认为是德军中作风顽强的统帅之一。当时，鲁普雷希特将突出部周围的村庄建成防守据点的目的在于防止法军猛攻，而在1914年底和1915年爆发的三次阿图瓦战役证明他的远见卓识。在这一年多的时间里，法军所获战果寥寥，只向前推进了1英里，同时他们却付出了极为惨痛的代价。比如，仅在第二次阿图瓦战役中，六周之内法军的伤亡人数就多达10万人。在这次战役打响的第一天，法军司令菲利普·贝当的军队就成功直插德军阵地，然而此时后备军远远落在后面，未及时赶到。另外，后备军当时还不能担当冲锋陷阵的大任，所以机会来临时，法军并没有抓住。如果后备军能发动进攻的话，法军的摩洛哥师就能轻而易举地占领维米岭并控制维米岭后的杜埃平原。然而，直到1917年春，加拿大军团才将这处战略高地拿下。

当时，法军物资越来越匮乏，对此霞飞心里也很清楚。经过阿图瓦战役和其他一系列攻势之后，法军急需火炮和弹药。于是霞飞决定将离东线较远的防守要塞凡尔登周围的堡垒、火炮以及炮架转移，以支援在其他地方作战的法军。当时他并没有将自己的这一决定向政府高层汇报。随着时间的推移，从凡尔登运出的士兵和火炮越来越多。其实，早在1909年时霞飞以及其他一些将军就认为法军决不能被沉重的火炮拖累。一旦被拖累，法国的所有军事部署都

◎ 1915年10月，协约国发动卢斯-阿图瓦攻势期间，法国欧希莱米讷附近的霍亨索伦堡垒的“大威利战壕”里，英军苏格兰第1近卫团B连在给手榴弹（又被称为“米尔斯炸弹”）安装引信。在一场争夺霍亨索伦堡垒控制权的战役中，“大威利战壕”的战斗极其惨烈。英军在这场战役用消耗了5000枚手榴弹，但还是没能保住这个堡垒。

将受到影响。因此，直到1911年时法国政府才最终迫使军队组建强大的火炮部队。然而，仅在四年之后，霞飞就将法前线防守要塞的火炮统统运出，他的理由是其他地方正急需这些火炮，而且这些武器在那里能更好地发挥作用。

随着阿图瓦战事的不断发展，到9月时，法军在香槟发起了新一轮需要火炮配合的攻势。攻势的发起点在兰斯以东且位于兰斯和阿尔贡森林之间的一片长达15英里的区域。和以往一样，这次德军又占据了比较有利的地势，而法军则不顾一切，奋勇向前。这场战斗持续了六天，法军取得的战果也就只是将进攻部队锋线的中间部分向前推进了2英里，而边缘部分几乎仍停留在原地。另外，在这六天里法军每天的伤亡数量就多达25000人。最后法军终于偃旗息鼓，并没有威胁到横在他们面前的那条重要的铁路线。这条铁路线与德军的铁路线平行，而且它们之间的距离只有大约4英里。

洛斯的战斗

在法军发动香槟攻势的同时，英国远征军也开始打响了洛斯战役。其实这两场攻势是一个重要军事战略的前奏，协约国打算通过这两场攻势将德军防线撕开两道缺口，然后再一举击败部署在从瑞士至北海这条漫长防线上的德军主力。洛斯位于新沙佩勒以南，朗斯和维米岭之北，地区人口稠密的地区中心。当时，在洛斯驻防的德军非常强大，而且德军的防御工事非常坚固。由于缺乏火炮和弹药，弗伦奇决定使用喷火枪。然而，使用这种武器也面临一个严峻的问题：缺乏燃油。按计划，英国远征军一开始将在3.5英里长的战线上对德军展开正面进攻，然而当战斗打响后，远征军战线竟长达8英里，因此需要耗费大量的燃油。结果，第一天下来因为燃油缺乏远征军并没有取得弗伦奇之前预想的战果。当时，远征军士兵用喷火枪对德军阵地喷射火焰只维持了不到20分钟，持续时间只有喷火枪专家建议的一半。另外，当天风也时有时无，所以在有些阵地上，喷火枪喷射的火焰被风吹进了远征军步兵潜伏的战壕，而这些士兵当时正准备发起冲锋。

由于这些因素，后来远征军在进攻中取得的效果可谓喜忧参半，让他们始料不及。在有些地方，德军的防御阵地被远征军的喷火枪彻底摧垮，就像之前法军在第二次伊普尔战役中遭遇德军第一次使用毒气时那样。然而，在另一些地方，远征军士兵喷火枪喷射的火焰却被风吹进了本方战壕。尽管如此，至第一天傍晚时，远征军还是取得了一些重大胜利，在有些地方将阵线向前推进了几英里，比如洛斯以及位于远征军正面攻击线北部的霍亨索伦堡垒。但远征军最终仍没有威胁到经过加固的德军第二道防线以及这道防线后的一个巨大的矿渣堆。在这个矿渣堆之上，德军架设了一门门火炮。而在矿渣堆内部，装备精良且敢于吃苦的德国采矿公司挖掘出了很多隧道，并沿着这些隧道修筑了一个个混凝土瞭望坑，下方协约国军队的一举一动尽收德军眼底。

在洛斯战役中，双方都不止一次地突破了对方的前几道防御战壕。不过，在突破这些战壕之后，能将战壕牢牢守住并继续向前进攻就难上加难。究其原因，对于远征军来说，并非由于弹药匮乏或者地方部队指挥不当。其实，当时远征军的弹药供给正越来越充足，但数量虽然多了，质量却下去了。虽然当时英国军工业获得了飞速的发展，但难以满足战场的需求。从美国和日本进口来的弹药质量也不高，仅能让政治家们吹嘘一下战局与几个月之前相比已大为改观。另外，沟通不畅（尤其是火炮部队和现场观察员之间）也让情况愈加复杂。在德军方面，他们占据矿渣堆的位置优势，而且拥有发达的铁路网线，所以在英国远征军发起攻势三天后，德军就将远征军打回了原地，重新占领洛斯与霍亨索伦堡垒。

这场惨败之后，远征军总司令弗伦奇终于难逃其咎。当时，英国政府知道在法国指挥作战的远征军将领们都认为弗伦奇是一个不稳定因素，尤其是黑格。后来，黑格利用他与英国国王非同一般的关系，不但向国王打了很多关于弗伦奇的小报告，而且还向国王许下诺言，不论国家对他有何召唤，他都会赴汤蹈火，在所不辞。于是，弗伦奇被解除了远征军总司令之职，转而担任本土军总司令。虽然经历了角色转变，但后来弗伦奇还能不时地参与战事，但所幸的是，他对战局的影响已经变得微乎其微。弗伦奇走后，黑格自然被任命为远征军总司令。尽管后来他在战场上屡屡受挫，而且将他解职的呼声此起彼伏，但远征军总司令这个职位黑格一直坐到了一战结束。不久之后，罗伯逊也从战场回到伦敦。等待他的是英国皇家陆军总参谋部参谋总长这一职位，这个职位犹如陆军的大脑。后来，罗伯逊还被授予陆军元帅军衔。在英国历史上，罗伯逊是唯一一名从军队最底层开始，并经历军中每一级，一直被提拔到具有最高军衔的军人。罗伯逊在担任参谋总长后，一直都在支持黑格。当时，英国政府中有一些政客，他们也打算像黑格之前把弗伦奇拉下去那样把黑格也踹下去。

“卢西塔尼亚”号客轮

1914年12月，英德之间爆发了福克兰群岛海战，之后德国海军水面舰船就结束了对英国商船进行选择性攻击的政策。在福克兰群岛海战中，舰队司令施佩伯爵率领的德军舰队有6艘被击沉，8艘受损，只有2艘在海战中幸免，而且其中一艘几个月后在智利海岸边被团团围住，最后舰长下令将船炸沉。在经历了一战早期的这场水面攻击舰船的失利之后，德国决定使用潜艇（其德语为“Unterseebooten”,意思是潜行于水下的船只，简称“U型船”）。在德国人看来，使用潜艇能起到双重作用，一方面能有效反击英国皇家海军对北海和英吉利海峡的封锁，另一方面又能攻击英国和中立国家的物资运输船（其目的地往往是英国港口城市）。

> 1939年12月，另一艘德国海军水面攻击舰“施佩伯爵”号（以舰队司令施佩的名字命名）在相同水域（与1914年福克兰群岛海战

的战场相比稍北），展开了一场类似福克兰群岛海战的海战——河床海战。在这场海战结束之后，“施佩伯爵”号的舰长也下令将该舰炸沉。

1915年2月，德国宣布在英伦三岛周围任何水域的任何英国船只都被视作作战船只，德军将会在不进行提前警告的情况下立即击沉。虽然德国对此还做出说明——如果是商船，则会给出一定的时间让乘客和船员安全离船，然后再击沉——但这一宣告无疑彻底否定了一直以来各国遵守的“海上约定”。于是，美国对德国此举提出了强烈谴责。当时，很多美国人认为在海上自由往来远比战争更重要，而且很多美国商人非常憎恨德国人的这种做法，此举必将大大妨碍他们在战争中获取利润。在1915年4月底时，德国当时在华盛顿的驻美大使在很多美国报纸上刊登声明，对打算乘坐英国船只进行越洋之旅的美国人

◎ 1915年，德国的1艘UC-1级潜艇和潜艇兵们在德国沿海水域的留影。德国潜艇，也被称为U艇，在整个战争期间，对海洋船运都形成了严重威胁。1915年2月4日，德国声称为了应对协约国海军对德国的封锁，将开始对协约国和中立国船只实施无限制潜艇战。

◎ 英国客轮“卢西塔尼亚”号的最后一张照片，拍摄于1905年5月1日，它离开美国纽约，进行最后一次航行的时候。1915年5月7日，“卢西塔尼亚”号在南爱尔兰皇后镇外海被德国的U-20潜艇击沉，1198名乘客与船员遇难。沉船的消息震惊美国，而且为英国创造了另一种重要的宣传武器。

发出警告。然而，几天之后（5月1日），英国丘纳德公司的皇家邮政“卢西塔尼亚”号仍像往常一样从纽约出发，开始了横跨大西洋的航行，驶向利物浦。当时，约有72名美国人不顾德驻美大使在报纸上的警告，搭上了这艘邮轮。

当时，伦敦的英国海军上将命令两艘驱逐舰在最危险的航段——从爱尔兰海岸线南端一直到利物浦——相继为“卢西塔尼亚”号护航。后来，为实现两艘护航驱逐舰之间的顺利交接，其中一艘驱逐舰的指挥官向利物浦的丘纳德公司致电询问“卢西塔尼亚”号的航线。然而，丘纳德公司拒绝透露航线细节。后来，双方终于达成一致，确定了相对安全的水道，但此时为时已晚。“卢西塔尼亚”号正沿着爱尔兰海岸线南端向东驶去，进入了一个德U型船控制的水域。在5月7日这天，二者不期而遇。于是“卢西塔尼亚”号上的1198名乘客和船员葬身大海，遇难人数共1969人。

“卢西塔尼亚”号被击沉的消息引起了国际社会的愤慨。由于美国当时

◎ “卢西塔尼亚”客轮。

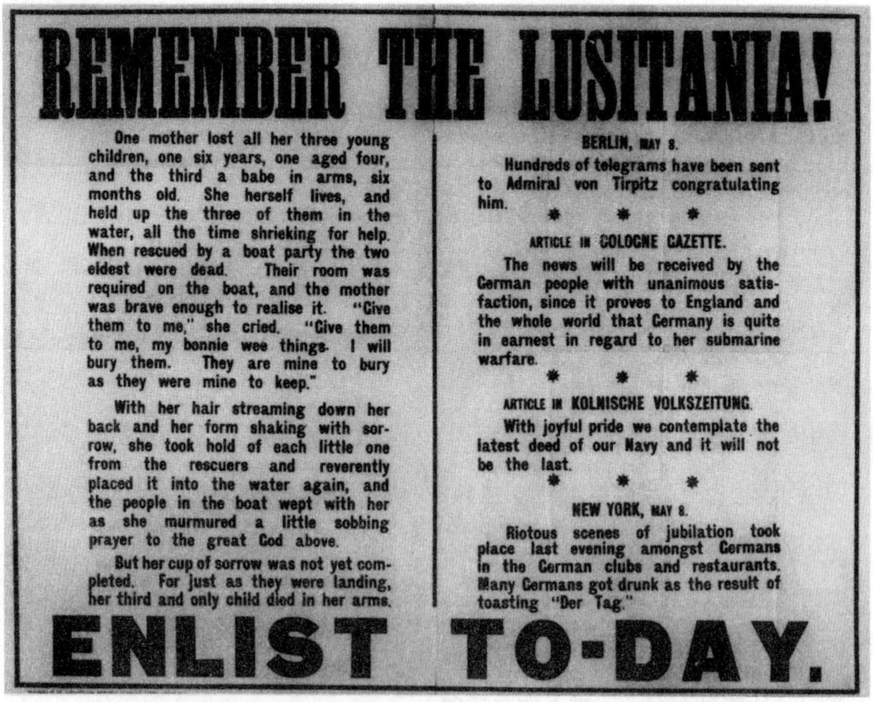

◎ “卢西塔尼亚”事件发生后，英国人制作的征兵宣传海报。上标题“记住‘卢西塔尼亚’号”，下标题“今天就入伍”。

反应异常强烈，德国当即取消了他们的新政策，德国海军也开始重新遵守海上约定。然而，很多主战的美国人借机大肆宣传，呼吁美国参战，对抗同盟国，在他们看来，此次事件简直是天赐良机。

该年之总结

1915年可以称得上是一个试验之年、全新战术之年、新式武器之年，甚至战争新威胁之年。在这一年里，英国人在加利波利，在希腊，在美索不达米亚，都遭受到了土耳其人的重创。在这一年里，法国和大英帝国取得了一定的战果，但也因此付出了难以估量的生命代价和物资代价。如果要在战果和代价之间画个等号，实则不合实际。另外，从12月开始，各国都怀着一种积极的心态开始对1916年的战略进行谋划。届时，计划将更周详，装备将更精良，而且关键是士兵、枪炮和弹药也将更充足。当时，在西线指挥作战的将领都非常认同这种观点：战场必须设在西线，西线才是这出战争大戏的上演之地。一旦移至别处，将会耗费大量的资源，这些资源只有在西线才能发挥最大作用。

在所有与一战有关的资料和观点中，有一个观点一直以来没有得到任何重视：法国在1915年的阿图瓦战役和香槟战役中总共损失30多万人。虽然法国在1914年的战争中损失的人数比1915年稍微少些，但如果将其他作战减员情况考虑在内的话，到1915年12月31日为止，法国将带着损失110万人这样的代价迎接一战的第三年。海明威笔下“迷失的一代”对于当时的法国来说正在变成一个沉痛的现实。

一般认为，在一战中协约国和同盟国双方的死亡人数是1600万，另外，还有2200万人在战争中受伤。附录六介绍了这些数字的具体构成情况，如果您感兴趣，请查阅附录六中的内容。

当年还有一个插曲，这就是美国也被无情地卷入了这场战争。美国人一贯保持中立，但“卢西塔尼亚”号事件激起了这个国家的愤怒。美国总统威尔逊当时不遗余力地想使美国避免陷入任何战争，尤其是欧洲战争。他甚至曾宣布，有时不战比参战更需要勇气。然而，他的很多同胞对此并不赞成，而且有些人还想方设法前去参战。不久，美国新闻记者就意识到了当时很多美国人自发参战的新闻价值，就随之一道前往欧洲。后来，他们大量报道了这些人在欧洲的英勇壮举，这些报道也开始慢慢改变了美国民众的观点。接下来，对于像明尼苏达州和威斯康星州这些有大批德国移民聚居的亲德地区，它们的声音人们越来越充耳不闻，而亲协约国地区的声音越来越响亮，也越来越持久。另外，当时大英帝国为取得大批战争物资原料，对美国提供了大量的财力支持，促使美国工业实现了飞速发展。

第四章　1916年——序曲终结

协约国在1915年圣诞节时就已经制定好了1916年的作战方针。法军和英国远征军将在西线突破德军防线，进而大获全胜。同时俄军将在东线击败德军，并占领奥匈帝国的大片领土，不久奥匈帝国也会大败。协约国预计德军只会缩在防线里等待着自己的厄运降临。然而，制订1916年作战方针的会议上，协约国并没有像当年英国的威灵顿公爵那样去预测大山那边敌人的意图。

当时，英法计划在西线的西端发动联合攻势。当时，法军总司令霞飞将军怀疑英国人不会全力以赴，所以他坚持要求这场攻势必须由法军和英国远征军联合发起，而且他还将攻势的中心定在索姆河地区，具体来说在阿尔贝镇以东。按计划，两军将在仲夏时节发动攻势，这样就有足够的时间进行备战，然后一举击败德军。由于吸取了1915年的教训，英国人和法国人进行了一些新的部署，所以当时英法军队的兵力、火炮、弹药及喷火枪的数量，与以前相比已大为增加。当时，骑兵部队也扩充了军队阵容，并已做好准备。他们决心一旦步兵突破德军防御体系，他们就会乘机跟进，“冲向莱茵河”,同时这也是每一个具有骑兵情结的将领的目标。然而，后来先下手为强的却是德军。

凡尔登战役——绞肉机

1916年2月21日早晨7时，凡尔登地区的德军用火炮向北方发射了一枚炮弹，炮弹飞跃数英里后，落在凡尔登主教宅邸的庭院中爆炸。当天，德军发射了储藏在弹药库中的250万枚炮弹（这些弹药刚被运来），而落在凡尔登主教宅邸庭院的就是第一枚，这枚炮弹也标志着德军“Gericht行动”的开始。

“Gericht”一词在德语中意为“审判”，旧指“杀戮之地”。当时，埃里希·冯·法金汉将军取代了毛奇，担任德军参谋总长。一战结束后，法金汉在其回忆录中写道，当时他之所以计划攻击并占领那些极具象征意义的地点，比如凡尔登主教宅邸，是因为打算诱使法国人不惜任何代价进行抵抗。这样一来，德军也不需要突破法军防线，只需制造威胁就足矣。的确，当时德国人的目的并不是想侵占法国的领土，而是“将法国人的血放干”。法金汉认为如果能击败法国，德国必将最终赢得这场大战。另外，他还认为英国当时只是将法国看作手中的武器。虽然这场洲际大战并没有牵涉到英国太多的利益，但英国人绝不会孤军作战。

◎ 接替毛奇出任德军总参谋长的法金汉（图左）一手策划了“Gericht 行动”。在凡尔登战役未能取得预期效果后，法金汉被解职后，被派往东线战场。

凡尔登就是法金汉实现计划的理想之地。在1792年爆发革命战争时这座城市曾向普鲁士投降。后来，在普法战争中巴黎沦陷后，凡尔登也是最后一个屈服的法国堡垒城市。在一战前，法国人曾公开宣称凡尔登的防御工事坚不可摧，能抵挡住任何攻击。因此，法金汉确信法国人绝对不会让这座城市在一百多年中第三次落入德国人之手。然而，凡尔登在当时其实并不完全是一个战略要地，无非是一个通往法国东北部开阔地带的狭窄通道。只有占领这片开阔地带，才能对巴黎形成威胁。但就是因为凡尔登的这种交通不畅的状况，所以德国人可以随心所欲地对该市发动攻击。他们知道法国人不可能在那里组织反击和对德国人占领的领土构成威胁。另外，德军已经从三面，即西、北、东，将凡尔登团团围住，使这座城市像当年的伊普尔一样，处于一个突出部的危险位置。还有一点对德军进攻凡尔登极为有利。当时围困凡尔登的德军是第五集团军，这支军队的统帅正是德皇之子，皇储弗里德里希 · 威廉。所以当时法金汉自然不会放弃这个能向他名义上的统帅示好的机会。一旦赢得胜利，皇储将能进一步稳固政权。

那么，凡尔登到底是怎样的一座城市？其实，凡尔登是位于法国边境附近的一个小城，也是默兹河与一条重要道路的交会点。这条道路在古代曾连接罗马帝国的高卢首都（现在在巴黎境内）和边关要塞梅茨。因此，在18、19世纪之前，凡尔登就已经是一个非常重要的要塞。但直到19世纪晚期，凡尔登才迎来全盛时期。法国人将这座城市建成了一个要塞。城市周围有20座堡垒以及40个小型防御工事，每一座堡垒或工事都能与临近的形成呼应。堡垒中都架设了火炮，能从远处瓦解敌军的进攻部队。同时，每一个小型工事都设计了机关枪扫射点，能对临近的堡垒和工事提供保护，而且所有扫射点加在一起又构成了一道密集交错的火力防御网，以防止近距离进攻。另外，防御区中还有纵横交错的战壕，混凝土掩体，各种储藏室与运送物资弹药的轻轨轨道和电车轨道。后来，随着技术的不断进步，凡尔登地区的防御实力也得到了进一步提升。原先由石匠修建的堡垒后来又加上了一层混凝土保护罩。当最后一门火炮被架设好之后，这个地区就进入随时待命的状态。当时，法国的各大报纸都连篇累牍地对此进行了报道，描述凡尔登地区简直坚不可摧。直到一战开始之前，该地区一直都被认为是德军所有可能的入侵路线中最难以逾越的一道屏障。

1916年时，凡尔登要塞存在一个致命弱点——这座城市与法国其他地方联系不畅。默兹河流经凡尔登的中心城区，将这座城市一分为二后又向北流去。像法国其他很多城市一样，凡尔登境内河流的各个支流一直不能通航，包括默兹河在内。在很久以前，人们开凿了一条与默兹河相平行但可以通航的运河。这条运河从凡尔登以南30公里处的圣米耶尔南面开始，向北一直延伸到比利时和荷兰。然而，对于负责凡尔登防卫的法军而言，不幸的是到1914年底时德军在该地区修建的据点已经能俯视默兹河和这条运河，而且俯视范围还达到了凡尔登城的东南部。1915年时，德军又在圣米耶尔建立了一个突出部，此时突出部前端的势力范围已经将凡尔登覆盖在内，甚至包括默兹河和运河。默兹河流经凡尔登之后，向北又穿过了一座座大山，最后消失在德军前线阵地和后方防守区域之中。凡尔登城的防御堡垒和工事就建在这些山上。因此，默兹河将圣米耶尔突出部一分为二成了两个潜在的战场。当时，默兹河和运河在凡尔登地区的两端都处在德国人的封锁之下，法国人想借这两条水道向凡尔登要塞运送军队和给养根本行不通。

除了两条水道之外，还有两条铁路线在凡尔登交会。这两条铁路线都是单轨铁路，而且都通向南方地区。其中一条从圣米耶尔开始就紧临一路向北流去的默兹河和运河。然而，一旦德军越过默兹河、运河以及这条铁路时，这条铁路对法国人来说也就失去了战略意义。所以法国人只剩下另外一条铁路线可以运输物资，弥补公路运输的不足。这条铁路线在凡尔登以北一分为三，然后这三条线向北面和东面继续延伸，但铁路所到之处都已在德军的控制之下。凡尔登地区也有公路，但在这边陲角落，几乎所有公路都是由白垩粉加石头夯实筑成，并非用碎石铺就，所以这场迫在眉睫的大战一旦爆发，任何公路都不可能用作主干道。算来算去，当地也就只有一条用碎石铺就的路还可以称得上是真正的路。不过，这条路沿着默兹河通向圣米耶尔，通向德军阵地，也在德军的俯视之下。如果德国人在1915年越过圣米耶尔处的默兹河，法军在整个凡尔登地区的交通就只能依靠一条单轨铁路和这条碎石路了。

当时，法金汉计划对凡尔登地区发动一场大规模攻势，其目的并不仅仅是以较小的伤亡代价消灭更多的防守法军。接下来，这位德军参谋总长发起了这场“审判行动”，打算一举拿下凡尔登，然后再以此地为跳板发动一场更大规模的攻势，横扫力量薄弱的法军，并从东面攻占巴黎。为此，德军做了充分的准备，他们修筑了数条铁路支线，并运来了实施“审判行动”所需的物资；架设好火炮，修建了很多弹药库，并在弹药库中存储了250万枚炮弹，炮弹总重几乎达到了5万吨；为进攻部队修建了掩体、医院和其他设施；另外，他们还拿出了各种军旗与军乐器材。此时，德军进攻部队的士兵们似乎已经看到了凡尔登覆灭的命运，看到了不久之后他们就将在这个城市的街道上进行胜利游行的场景。

德军的备战并没有逃过凡尔登法军的眼睛。当时，法军中上至凡尔登地区司令赫尔将军，下至普通士兵都在向霞飞呼吁，要求他调拨火炮、机关枪以及兵力支援凡尔登。但可惜的是，此时霞飞的注意力完全集中在夏季即将发起的英法联合攻势上。当凡尔登法军向他提出增加物资供应的要求时，他反倒认为该地区只是一个“安静的角落”，可以调出一些兵力、火炮和机关枪另做他

◎ 1916年2月，德军在备战凡尔登战役期间，准备的一门重炮。

用。所以德军对凡尔登的威胁，霞飞一直估计不足。但一旦他重视起来，他自己的计划也将受到影响。随着德军备战工作的不断深入，位于德军圣米耶尔突出部附近的凡尔登法军意识到战斗在何时打响只是个时间问题。由于深知自己力量薄弱，法军意识到必须占据高处，这样才不会被德军一览无余。同时，他们也做好了拼死抵抗的准备。

德军在发动“审判行动”第一天就为法国成就了一个意外的英雄——埃米尔·德里昂。德里昂是促使法国上层从一开始对凡尔登地区防御漫不经心转向全力保卫这座城市的一个关键人物。德里昂是法军中的一名军官，但经常不服从命令，而且桀骜难驯。他的妻子是布朗热将军的女儿。布朗热是法军的一名高级将领，在19世纪后期他一直怀揣成为下一个拿破仑的梦想。1905年，德里昂因为法国上层一直没有对北部边境地区加强防守，一气之下离开了军队，后来当选法国北部城市南锡的议员。

成为议员后，德里昂四处大声疾呼，批评法国当局对现代战争缺乏准备，要求政府制订收复阿尔萨斯和洛林的规划，并呼吁法国人要重新建立民族自豪感，呼吁政府要重夺欧洲政治领导权。一战爆发时，他已五十九岁，尽管如此，他还是重新回到了军队，在凡尔登守军总部担任参谋长一职。不久，他就被调到了一支骁勇善战的野战部队并得到了提拔。到1915年时，他已是一名中校，指挥两个轻步兵营中大约1200人的后备追击兵，并驻扎在凡尔登突出部最北端考雷森林一带。当时，他身处法国前线这异常安静的一隅，环顾四周后，看到的是一派玩忽职守、心不在焉的场景。对此，他在过去十年间就一直在不遗余力地揭发和斥责。于是，他动用了所有政治关系向高层警告德军很可能会对法东北部的凡尔登地区发起进攻而且高层们并没有做好准备。到1915年底时，他依仗自己有着强大的人际关系网公开指责霞飞的指挥能力。然而，霞飞这个在一战初期解除过超过75名司令、军长、师长职位的人，也动不了这个既上了年纪、又出言不逊的低级军官。后来，德里昂利用待在考雷森林的一年时间，完善了自己负责防御的阵地。当时，他并不幻想自己的部队能抵挡住强大的德军，因此修筑了一系列可以互相呼应的据点和指挥点。一旦发动进攻，德军将遭遇一个又一个障碍。虽说德军势不可挡，但这些障碍可以暂时延缓德军的推进速度，为后方并没有做足准备的其他法军争取时间。

2月21日早晨天气晴朗，但仍有霜冻。也就是在这天早晨，德军开始炮轰凡尔登，而且德国人之前为此进行的准备没有白费。德军的1200多门大炮将数以万计的炮弹轰向默兹河右岸（东面）地区。因为缺乏物资，所以当时德皇储鲁普雷希特并没有对左岸（西面）地区同时发动攻击。如果法金汉果真想拿下凡尔登并继续扩大战果，德军必须攻击左岸地区以保护自己的右翼。然而，法金汉当时比较保守，并没有对该地区的防守法军展开大规模行动。当德军开始进攻时，远在100多英里之外的法军都能感觉到脚下的地面在颤抖，而且在突出部东面，位于阵地后方的法军指挥将领立即向前线士官、排长下达了全员进入战斗状态的指令。接着，他们将这些指令传达到在突出部周围待命的每一个士兵。然而，不久后法军前线就阵脚大乱，嘈杂声和猛烈的炮火声不绝于耳，

◎ 1916年2月21日，德军在凡尔登战役的炮火准备阶段，动用了1200门各种口径的火炮炮轰法军阵地，图中可见炮火打击造成的巨型烟雾。

◎ 在使用火焰喷射器的德军。

场面几乎失控。

尽管如此，德里昂和他的轻装部队却在耐心地等待着德军到来。德军在“审判行动”第一天就动用了10000吨弹药，重击了法军前线的混凝土防御据点和战壕。在第一天下午4时，德军将炮击范围扩大至考雷森林中的法军据点以及森林后方的地区。后来，德军第十八军的一支由2万人组成的先头部队，冲过战场上弥漫的硝烟，越过被炸倒在地的一根根树木，出现在德里昂部队的面前。这些德军都受过专门训练，所以他们在进攻时阵形并没有保持整齐划一，而是左边一群，右边一堆，另外还时不时地寻找掩护。为炸毁法军据点，他们身上还别着手榴弹，肩上扛着迫击炮。在这次战斗中，德军还第一次大规模使用了火焰喷射器。虽然在很早以前战场上就出现了火攻这一战术，但研制出火焰喷射器并在现代战争战场上首次使用这种武器的人却是德国人。德里昂的士兵第一次见到这种家伙时，也确实被吓得够呛，所以这种武器一开始让德军士气大涨。然而，随着德里昂的士兵慢慢克服了对这种武器的恐惧，德军的火焰喷火器手反倒成了他们手中的步枪和机关枪的活靶子。德军的火焰喷火器手要身背10升汽油，所以移动速度较慢，很容易被锁定，而且也没有什么战友愿与他们并肩，尤其是在面对子弹时。另外，火焰喷射器的火力覆盖范围只有25至30码，所以德军的这种武器在当时并没有真正发挥太大的作用。随着战斗的不断深入，它的价值才体现出来。手榴弹够不着的地堡和掩体，却都在火焰喷射器的攻击范围之内。

德里昂的部队和德军在森林里从第一天晚上一直打到了第二天。德里昂的部队虽然只有区区1200人，防守位置也不佳，而且缺乏火炮支援，但他们还是挡住了气势汹汹的德军，并拖住了他们。然而，他们最后终于面临被包围的险境。此时，援军也上不来，补给也成问题。到第二天（2月22日）下午时，德里昂的部队在连续作战长达30小时后，终于弹尽粮绝。于是，他们搬来石头，砸向德军，仍然在顽强地抵抗着。后来，德里昂将所有剩下的人召集到一起，打算撤出这片已被炸为焦土的森林。但在带领士兵撤退的过程中，德里昂不幸前额中弹。只说了声“哦！上帝啊！”就牺牲了。

> 德里昂的1200名士兵，只有118人走出森林，剩下的全部战死，而且连他们的尸体最后也没能找到。后来，德国人在德里昂倒下的地方将他埋了起来，并通过瑞士告诉了德里昂的家人他们已将他妥善安葬，还在墓碑上清楚地刻下了他的名字。虽然这场战争当时已经夺去了数以百万计人的生命，但德里昂的英勇抵抗行为深深地感动了德国人。对于他的不幸，德国人也表示出了相当的尊重。

直到此时，法国才意识到了凡尔登的重要性。但德国人已经放出话来，他们会一举攻占这座城市并对法国发动一场大规模攻势。当时，霞飞和他的将领们发现法国政府和人民之所以并不反对他们弃这座要塞城市于不顾，主要是因为他们根本不知道这项决策。然而，不论法国的整体防御战略将会受到何种影响，这座城市绝不能失守，当时它已经成为法国誓死抵抗并最终赢得战争的这种决心的一个象征。此时，法德两军将领都决心在这座城市赢得胜利。任何一方一旦失败，就绝对不会得到本方高层的任何理解或是同情。

法国人在恢复元气击退德军之前，他们遭受到了一战开战以来最惨痛的一次打击——杜奥蒙要塞失守。杜奥蒙要塞是一个由坚固混凝土浇筑的堡垒，占地5英亩，不仅位于凡尔登防御工事的制高点，而且直接威胁当时德国占领的阿尔萨斯和洛林两省。这座要塞位于凡尔登防御体系中坚不可摧的核心位置，能容纳1000多人，可以通过要塞的圆顶向外发射中程火炮。要塞的圆顶是钢制结构，呈蘑菇状突起，突起部分与要塞顶部平行。要塞顶部由混凝土筑成，而且混凝土上方还覆盖着厚厚的土层。除中程火炮之外，堡垒中还配备了能够进行自卫的轻型火炮和机关枪。另外，在其周围还建有一些小型工事、据

◎ 德军步兵进攻法军95团1营和3营守卫的杜奥蒙村附近的阵地，法军还加强了一个轻步兵营和阿尔及利亚散兵游勇。大约4000名法军和德军士兵在这次进攻中丧生。具有讽刺意味的是，号称坚不可摧的杜奥蒙堡几乎未经一战就落入德军手中。

◎ 1916年2月25日，德军士兵爬过杜奥蒙堡周围的栅栏，发现这个堡垒形同被法军弃守。

点和战壕，战壕中有步兵把守。然而，就是这样一个完美无缺的要塞，当时曾洞口大开。而且随着战事的发展，渐渐沦为一处避难所，里面驻扎着一个年老的军士长和大约50名经验不足的后备军士兵。在两军交战的第四天（2月25日）下午，德军中一个叫孔泽的中士因为不明白为什么这座要塞当时一直没有发射什么火力，所以就和两名士兵来到了它的附近。孔泽当时是德军中一个特别行动队的成员之一，其任务是清除杜奥蒙要塞附近的障碍，为德军发动下一轮攻击做好准备。当孔泽与他的两名士兵爬进了要塞外围已经干涸的防御战壕之后，他们发现要塞有一个入口并没有设防，于是就决定爬进去，一探究竟。在接下来的几分钟里，这几个德国人和要塞内部的法国人，在黑漆漆的地下通道中，玩起了一场匪夷所思的捉迷藏游戏。其间，要塞外炮声四起，但在要塞内的孔泽信手打开了一间餐厅，结果发现法军守兵端坐在板凳上，正在上一堂关于个人卫生的强制性培训课程。于是，他立即将门锁上，继续到要塞内部其他地方打探。接着，他有惊无险地躲过了一队经过的法军炮兵并进了一个军官的厨房。在里面，他居然发现了一盘已经做好但还没来得及吃的菜。于是，他安坐了下来，享受了这顿意想不到的大餐，然后就又溜了出去。当时，德军中有人注意到孔泽进了要塞。当他这么闲逛一通出来后，紧接着又有三名军官相继来到了要塞跟前，而且每一名军官都带有一些人手。于是，这一小簇德国人很快就占领了这座要塞，而且没费一枪一弹。

当德国人宣布轻取了杜奥蒙要塞这个“凡尔登防御体系中坚不可摧的标杆”之后，在德国国内，人们敲响了教堂的钟声，将那天视作节日来庆祝。当时，甚至德皇都亲临前线检阅部队，而且德军旗帜和军乐队也越来越逼近法军。在凡尔登举行胜利游行似乎就在德国人眼前。

在孔泽中士出来后进入要塞的那两名德军军官，后来都被授予了德国最高军功章——蓝玛斯克勋章，但当时孔泽并没有得到相同的待遇。于是，战争结束后孔泽向其前任指挥官抱怨此事，认为这非常不公平。结果，他后来也被授予了蓝玛斯克勋章。对于一名普通士兵，这个嘉奖应该算是非常丰厚。在一战爆发前孔泽是一名警察，而在一战结束后，他因为受到嘉奖被提拔为警务副督查。

当时，法国放出消息，称他们正向凡尔登运送大量物资。而德军继续对该地区连番发起进攻，虽然结果均以失败收场且伤亡惨重，但法国人一直宣扬的“凡尔登防御工事坚不可摧”的神话宣告破灭。接着，法国又进一步发布消息，声称法军反击部队不仅已经抵达凡尔登，而且越过了该地的要塞，其言下之意在于该地区已被成功收复。然而，事实并非如此。直到三个月后，法军才占领了凡尔登的部分地区，而且占领的时间也就持续了一天。八个月之后，他们才真正收复这座城市。在法国发布上述消息的当天，杜奥蒙要塞失守。于是，霞飞又一次下令进行人员调整，将之前向他讨要凡尔登防守物资的赫尔将军解职，启用了一名新人。

霞飞要启用的新人是亨利·菲利浦·贝当将军。但当命令传达下去以后，迟迟不见贝当报到。原来他并没有急于上任，仍在训练部队，为接下来将在北部地区进行的英法联合攻势做准备。当时，霞飞派了一个参谋长前去寻找贝当，他一开始并没有找到。后来，这个参谋长从一些闲言碎语中了解到当时贝当的所在之处，于是开车直奔巴黎，最后终于在巴黎一军队招待所的房间中找到了他。当时在卧室门外，这位将军，这位凡尔登新指挥官的靴子正和一双粉红色的拖鞋并排放在一起。

贝当上任后处理的第一个问题就是运输问题。当时，通往凡尔登的公路中只剩一条还相对安全，然而由于车流量过多，而且这条路偶尔还遭到德军炮轰，再加上法国人组织不善，导致这条路一直不堪重负。于是，贝当委任凡尔登地区机械化运输队指挥官理查德上校负责管理这条公路。贝当在赋予他特权的同时也命令他承担很重要的职责。当时，理查德跑遍了整个法国，将所有能用的卡车都征用过来。一战刚开始时，法军运输队只有140辆卡车，而此时仅凡尔登地区就多达3500辆。各种车辆，各种车况的车辆都被调集到这条唯一能称之为公路的路上。这条公路连接巴勒迪克和凡尔登，当时被分成了六段，并参照铁路线对之进行管理。公路的每一段都设有维修站和停车场。另外，公路沿途还驻扎有一个个的先锋队和年龄稍大的后备军士兵。这些人备好石头、设备和工具，随时准备对路面进行维修。当时，德军炮火不断，而且公路上车流量较大，再加上恶劣天气侵袭，所以公路路面时常受损。尽管有人维护，这条公路的路况还是每况愈下，面临着完全瘫痪的危险，尤其是到了2月底路面结冰时。此时，一旦运输卡车抛锚，就立即被推到路边，交给维修部队，毕竟时间紧迫，不容耽搁。当时，每隔18秒就有一辆车通过检查点，白天黑夜都是如此，这种状况一直持续到凡尔登战役结束。这条公路上车水马龙，与此同时，道路两旁是行进的士兵队伍，一侧是向北奔赴战场，另一侧是向南正准备去休

息，等下一轮再上险阵。当时，一名名叫莫里斯·巴雷斯的记者兼政治家看到了这幅繁忙的场景，而且运输车队的车灯在晚间汇成了一道道耀眼的光芒给了他很大启发，于是他借用典故，给这条公路取名为“圣路”。自此以后，这个名称就一直被沿用下来。

在凡尔登战役爆发前，凡尔登守军将领的上级曾建议修建一条铁路通往该地区以加强防御，但最后被这些将领拒绝。此时，贝当不得不改变这种状况。于是，他命令整整一个师的士兵（由12个营组成）着手开始沿“圣路”修建一条标准轨距铁路。如果铁路及时完工，将大大分担公路运输的压力。

在杜奥蒙要塞沦陷之后，两军双方在突出部全线展开了一场惨烈的拉锯战。几天之后，法金汉就认识到德皇储鲁普雷希特当时一再强调的问题非常有道理：不能寄希望于通过只进攻河岸的一边就能将另一边轻松拿下。于是，法金汉立即调整战略战术，计划攻占凡尔登，而不是只做做样子。接下来，德军将战场延伸至10英里长，纵深达8英里，将突出部完全包裹在内。另外，德军又修筑了很多据点，每一个据点都负责保护所在区域的战壕和土木防御工事。最后，在突出部内部又形成了一个新的世界。在这个世界里，每一个人已经不

◎ “神圣之路”是唯一能够向凡尔登前线运送兵员和物资的补给道路。

◎ 在凡尔登战役期间，杜奥蒙堡附近的弗洛里村战况尤为激烈，先后十七次易主。战斗结束以后，整个村子几乎连一砖一木都没有剩下。

再是一个个体。在这个世界里，火炮是攻防过程中最有利的武器。在这个世界里，人人都担心随时会被火炮轰得粉身碎骨。因此，此时这场战役的恐怖氛围与日俱增。

对于所有的士兵来说，被火炮轰得粉身碎骨听起来远比被步枪或机关枪击毙要更加恐怖。

在一战所有战役中，凡尔登战役可能是最血腥的。参战士兵当时的经历和战场的毁坏程度都能说明这一点。没有参加过这场战役的士兵，从战后的战场上走过时，他们那饱经沧桑的脸上竟然也露出了惊恐的表情。三十多年以后，当当时的士兵都成了退伍老兵时，他们只用一句话概括了这场战役的经历——“我曾去过那里”。谁都明白这个“那里”到底是哪里。参加过这场战役的士兵谁也不愿提及当时在凡尔登的情景，甚至包括向自己的战友。如果他们曾在那里战斗过，他们就会知道。如果没有，想也想不出来。对于没有亲历过这场战役的人来说，凡尔登仿佛被遮上了一层面纱，用眼去看也看不穿，动

◎ 德军向沃克斯堡发动进攻以前，德皇威廉二世与皇储父子在对一支部队进行检阅。

◎ 在凡尔登战役期间激战数月之久的沃克斯堡。

脑筋去想也想不透。于是，人们渐渐地知道并且认识到经历过这场战役的和没有经历过的人之间存在不同。有一位军官曾这样描述道，他当时在离开凡尔登之前，身着军装去了离住处不远的一个餐馆。当他进门时，发现餐馆里顿时安静下来，而且一直保持着肃静。这家餐馆就餐的人知道他“曾去过那里”。

这场战役打了一个又一个月，当时贝当遇到了很多棘手的问题，其中最突出的莫过于士兵们已精疲力竭。于是，他下令采用一种比较新颖的战术——“轮转战术”，让士兵轮番上阵，其指导思想是每一名士兵都担负与他人相同的责任。当时，在凡尔登的法军士兵中几乎四分之三的人完成了一个作战轮转，而有些人甚至达到三至四轮。因为这种战术，当时法国所有城市乡镇中都有人前往凡尔登，拿起武器和来自其他地方的同胞并肩作战，因而这场战役也逐渐演变成了一场“全民战争”。每个人都以不同的方式参与其中。当时，贝当用一句言简意赅的话向所有法国人发出呼号——“我们必将干掉他们”。的确，士兵们也明白他宣传的战术思想，于是一个个都挺身而出。

这时，德军改变了战略，打算攻占凡尔登，并将总部设在法军在该地区大本营下的隧道内。于是，在5月时法军又遭遇了一场危机。突出部东面有一座叫沃克斯的要塞，这座要塞与杜奥蒙要塞相距不远，也是该地区协同防御网的组成部分。当时，德军已下定决心要攻下这座堡垒，但法国人却做出了一个

◎ 沃克斯堡的一挺法军机枪正在向德军开火。

◎ 一名德军士兵在沃克斯堡周边的浅壕沟里严阵以待，在他一旁是一具法军士兵的遗骸。德军激战整整两个月，才以阵亡5000人的代价拿下沃克斯堡。

出人意料的举动，任命一名自愿报名的军官——雷纳尔——担任要塞的防御指挥。雷纳尔早年在各种战斗中曾三次英勇负伤，而且多次被授予勋章。此时，他的部队由第一百四十二步兵团以及其他一些营连中奉命前来的士兵组成。在5月30日夜，雷纳尔率领这些士兵进入到沃克斯要塞中，并开始组织抵抗。因为手中的弹药和给养很充足，他们觉得在援军赶来为他们解围之前能遏制住咄咄逼近的德军。然而，德军几乎以迅雷不及掩耳的速度就攻到了堡垒上方。接着，他们想尽一切办法想把雷纳尔的部队从里面赶出来，甚至用上了毒气。4小时之后，雷纳尔发现要塞中的水箱里存水几乎耗尽，而且水箱小得让人难以想象。这时，他下令部队中的老弱病残以及再也不能承受德军轮番炮轰的人立即撤出要塞。当这些人撤出后，雷纳尔和剩下的人开始做准备，决心与要塞共存亡。之前当雷纳尔率部队进入要塞时，士兵中有人带了四只信鸽。后来，每隔一段时间，他们就分别将这些信鸽一一放出去，请求支援。在6月4日，当那些老弱病残士兵从要塞中撤出时，仍在要塞中坚守的士兵放了最后一只鸽子，这只鸽子名叫“勇士”。到那天晚上，堡垒中水箱里的存水几乎见底，而两天后终于一滴不剩。这时，士兵们不得不伸出舌头，去舔要塞内壁凝结的和渗出的一滴滴水珠。当天夜里，德军停止了进攻。在6月7日早晨时，雷纳尔和仅存的一些士兵终于走出要塞，不幸沦为德军俘虏。接着，德皇储鲁普雷希特让人把雷纳尔带到了德军作战指挥部，并亲手将雷纳尔一直带在身边的佩剑递给了他，让他自行了断。当雷纳尔殉国后，法国政府为表彰他的英雄壮举，立即宣布追授他军团荣誉勋章。另外，当时最后被放出的那只信鸽也被追授了英勇十字勋章。当时，它从要塞飞出来之后，在抵达目的地时也不幸死去。

沃克斯要塞被德军攻占之后，战场上的血腥斗争仍在继续。此时，法军士兵也不再以平常的眼光审视自己，都认为自己是一群特别的人——“凡尔登人”——不分彼此，誓死捍卫法国的传统和精神。此时，圣路上依旧车水马龙。初次前往凡尔登的士兵们精神饱满，唱着嘹亮的军歌，大步向前。然而，当他们踏上圣路的征途时，迎面遇到了一群群归来的士兵。这些人刚从突出部的轮转战斗中被换下来，所幸都还活着，但他们的身上散发出难闻的气味，胡子也长时间没有剃，一个个不仅面容憔悴而且眼神中闪烁着万分恐惧的神情，仿佛来自另一个世界。另外，时不时还有一辆辆救护车从这些人中间呼啸而过。救护车里载着各种各样的伤员，有的是被子弹击中，有的被毒气所熏，有的被火烧过，有的因被炮弹碎片击中或离炮弹落点太近而致残或失去四肢。刚从战场上退下来的老兵和刚到这里的新人在这条路上就这样错身而过。很少有人敢走上前去问问这些老兵战场究竟如何惨烈，毕竟了解的和不了解的人之间有着一道巨大的鸿沟。然而，当时真有一个新兵问了，问了一个伤势较重的士兵。后来，这个新兵描述道，当时那个人一句话都没有说，眼神动也没动，只慢慢抬起胳膊，对着背后的地平线挥了一下。再后来，被问起的那个士兵写道，直到那时他才真正领会了“绞肉机”的含义。这部残酷的机器将法国和这个国家的军人都绞成了肉泥。当时，法国报纸和报纸的读者将凡尔登比作“默兹河边的磨坊”，然而军人用了“绞肉机”这个词。在军人们看来，这个词不仅更简单，而且更能凸显当时战场的残酷。

此时，贝当明白法军只能采取固守，要比德军更能挺住。他知道如果对凡尔登突出部展开进攻，其代价与之前在其他地方发动攻势的代价一样巨大。到时法军需要一些时间来恢复元气，待元气恢复后才能准备进行反击。但就在这时，又一位新人浮出了水面——罗贝尔·尼维勒将军。当时尼维勒与其助手查尔斯·曼金制订了一项收复失地并击退德军的计划。同时，他们认为不能将贝当解职，而是对之进行提拔，担任前线总司令，而尼维勒自己则可以替代贝当担当凡尔登大战的法军指挥官。后来，霞飞听从了他们的建议。于是，贝当在凡尔登继续指挥了几周后便获得提拔，离开了凡尔登战场。但是在他离开后，以及在后来的三十年里，这场持续时间长达八个月的战役与他还是有着千丝万缕的联系。然而，替代贝当之后，尼维勒在指挥时只是一再地重复他的那句“我有秘招”。如果说他当时真有什么秘招的话，那么这个秘招几乎令法军在接下来的几个月中（1916年底至1917年初）全军覆没。

面临一系列问题的尼维勒下定下决心，必须制定新战术，必须赢得新胜利，必须收复杜奥蒙要塞和沃克斯要塞，必须击退德军。在1917年7月初时，有一段时间德军侦察队竟然潜伏到离凡尔登很近的地区，甚至有些侦察兵都站上了通向凡尔登城区的最后一道防线苏维尔要塞的顶部。后来这些侦察兵说，他们站在那里时，看见了熠熠生辉的太阳，在太阳底下，默兹河正静静地从凡尔登城正中流过。德军侦察兵的这次行动让尼维勒认识到了事态的危急，于是他立即下达了一道“当日命令”。在这道命令的结尾处，他高呼道：“他们绝过不去。”当时，法国人并不知道德国人这次短暂占领苏维尔要塞顶部的行动竟是他们对凡尔登发动攻势以来的最后收获。此时，协约国军队在索姆河地区开始大规模集结兵力。这一举动令法金汉越来越不安起来。于是，在6月24日法金汉下达了多道指令。因为就在前一天，协约国军队在索姆河地区实施了一场大规模炮击。而且，从那时起，运往凡尔登的弹药越来越少，法军支援部队的规模也越来越小。当时，在德军中有一名叫冯·库诺贝斯多夫的将军。此人在一战爆发前是德皇储鲁普雷希特的军事导师，一战爆发后又成了他的参谋总长。此时，库诺贝斯多夫仍坚信德军能攻下凡尔登。但至仲夏时节时，几乎只有他仍然陶醉在这一幻想之中。尽管德皇一再要求皇储鲁普雷希特将库诺贝斯多夫解职，但他不忍打发他的这个导师，打发他的这个左膀右臂。此时，德皇远在波茨坦，对凡尔登的战事不甚了解，但最终他认识到德军在该地区其实败局已定，而且库诺贝斯多夫当时的一意孤行葬送了数以万计德军士兵的生命，这个责任他根本承担不起。于是，库诺贝斯多夫在1917年秋被派往东线，任东线某军团司令。在临走之前，他差点没下达最后一道命令——将准备用于凡尔登胜利游行的德军旗帜送回德国。此时，这些旗帜已根本用不着了。

这时，尼维勒和曼金开始计划如何好好利用剩下的残枪剩炮，如何利用德军控制力渐衰的这一大好时机。经过一系列的激战，到10月底时法军终于收复了杜奥蒙要塞。然而，后来经过统计，法军为此战付出了伤亡10万人的代价，但后来在夺回沃克斯要塞时，伤亡人数则相对较少。但战至此时，两军均

◎ 正在开炮的法军220毫米迫击炮。

已精疲力竭。于是，在12月15日，双方仿佛达成协议似的，结束了凡尔登战役，并在凡尔登周围形成了一条对峙线。这条对峙线恰好位于德军发动攻势时的阵地与发动攻势后深入到法军阵地最远地带的正中间。

虽然没有攻下凡尔登，但德国人的真正计划——以更小的代价消灭更多的法国人——却获得了成功。这场战役双方可以说是打了个平手。法国死伤及被俘38万人，德国是32万人。这38万名法国人中有约四分之一战死，四分之一被俘并沦为阶下囚，还有一半受伤。造成这样的结果当时有很多因素，比如法军的医疗救治条件简陋，德军的毒气和火炮杀伤力太强以及因伤口感染很多伤员不能回到战场继续作战等。当时，法军中有一名非常有激情的军官。这名军官在一战前就因为非常崇拜贝当的战场指挥才能要求加入贝当当时率领的第三十三团。在凡尔登战役中这名军官不幸身负重伤，最后连他的战友也放弃对他进行救治。接下来，他又沦为德军俘虏并一直在德国的各个医院辗转，直至一战结束。这名军官就是后来著名的夏尔·戴高乐。戴高乐一直深感愧疚，因为在国家需要他的时候，他却不能奔赴战场。后来，他与贝当再次相遇，只不过场面尴尬至极。

在凡尔登战役结束后，霞飞的一些重要军事决策权被收回。虽然被提拔为法军陆军元帅，但他也只能负责一些仪式上的事务。直到1918年，他才被任命为最高战争委员会法方代表。最高战争委员会是协约国在1917年底成立的一个机构。当时，法国、英国、意大利与美国都在各自的战场作战。由于这些国家间的政治关系比较微妙，而且后勤运输也比较复杂，所以该委员会应运而生，其职责是进行监督和协调。此时，法军总司令已由福煦担任。

凡尔登空战

德法两国不仅在凡尔登的地面战场上进行你来我往的拉锯战，在空中也是如此。在这场战役中，双方都投入空中力量在凡尔登地区上方对对方进行小规模的观察和勘测，但偶尔也会展开一对一的对决，这在人类战争史上都还是第一次。当时，由于两国在战场上都不能长期占据优势，所以都加快了新武器的研发速度，并不断改变空中较量的战略战术，这种战略战术的改变几乎是一周一变。在空中战场，双方在凡尔登战役的不同阶段也都取得过相应的制空权。一旦一方取得制空权，就能将对方的侦察飞机从本方区域赶走，记录对方军队的部署位置以及观察本方炮弹在对方区域的落点。如果落点有偏差，就将信息及时反馈给本方炮兵部队，以进行调整。如果一方空中取得优势的话，则本方在地面战场同样受益。因此，在凡尔登战役中之所以有很多阵地几经易手就是因为制空权改变的结果。

当时，虽然法国的飞机制造业起步较晚，但法国人也造出了很多种飞机。然而，由于飞机制造工厂和设计厂商彼此独立，导致法国在飞机的研发和制造上出现很严重的资源浪费。相比之下，德国却是有条不紊。他们非常专注，而且非常注意集中资源，因此在这种新型武器被研制出来之后，德国在相当长的一段时间内在空中占尽优势。另外，凡尔登战役开始后，双方都在不遗余力地塑造自己的“王牌飞行员”。法国方面是勒内 · 丰克和乔治 · 居内梅，而德国方面是有“红男爵”之称的曼弗雷德 · 冯 · 里希特霍芬。对于这些王牌

◎ 里希特霍芬驾驶的大红色DR-1三翼战斗机，这架飞机令协约国将士胆战心惊，让它的主人获得了“红男爵”的绰号。

飞行员，普通飞行员一直非常崇拜。有一次，德军王牌飞行员冯·波尔克在空战中不幸遇难，法军中很多飞行中队的飞行员都飞到波尔克所在德军中队的机场上方，将一个个花环投掷下去，以表达哀思之情。在战争初期，双方这种似乎既为敌又为友的矛盾关系一直贯穿每一场空战的始终。彼此都对对方在空战中表现出的临危不惧和宁死不屈极为尊重。

另外，在美国加入一战之前，一支美军飞行队——“拉斐特飞行小队”——就在凡尔登实现了首次亮相。一群富有的美国年轻人组建了这支飞行队。他们驾着自己的飞机和各种职业特技飞行员一道加入到了凡尔登的空战中。这些特技飞行员之前的工作极其危险，经常在很多乡村市镇举办的飞行展览中驾机表演。这些地方一般非常落后，当地人估计也就在几年前才见过摩托车这样的东西，更不用说飞机了。虽然这支飞行队的飞行员们当时拒绝被编入法国空军，但他们还是给法国提供了宝贵的空中支援，尤其是当德国人在空中占尽技术优势和战术优势的那段时期。后来，这支飞行队引起了美国人极大的关注。当时，美国的各大报纸纷纷以同情的口吻而且以很大的篇幅报道了凡尔登的局势。可以说，拉斐特飞行小队，像之前被德军U型潜艇击沉的“卢西塔尼亚”号那样，为美国在1917年加入一战，在美国国内创造了强烈的舆论氛围。

◎ 第一次世界大战期间的德军王牌飞行员曼弗雷德·阿尔布雷切特·弗雷赫·冯·里希特霍芬，以他的名字命名的飞行中队与他一样闻名遐迩。他一生共击落80架敌机，1918年4月21日阵亡。

凡尔登战役仅仅持续了几个月的时间，但当时飞机的时速由最初的50码迅速被提高到了150码。另外，与刚开始相比飞机的飞行高度也让人难以想象，而且爬升速度更快。不过，这并非归功于飞机速度的提升或是及时返回基地进行燃油补给。尽管如此，当时飞机在爬升到很高的高度时，还是不能维持稳定的飞行状态，其原因在于在对地面堡垒或工事进行俯冲轰炸之前飞机需要爬升到最高点，而机上搭载的弹药往往重达1.5吨以上。

当时，在各种飞机中发展速度最快的是战斗机。在一战爆发前，一个名叫安东尼·福克的荷兰工程师带着他发明的“射击协调装置”来到德国。这种装置的构造是在飞机中驾驶员座舱架处设一挺机关枪，而机关枪能从飞机螺旋桨中心位置发射子弹。子弹的发射与螺旋桨的转动实现协调同步，因此射出的子弹就不会击中螺旋桨桨叶。这样一来，飞机不仅能携带重型武器，而且还意味着如果飞行员非常勇敢的话，就能在飞行中站立在座椅上，用膝盖控制飞行，进行弹药装填。如果子弹卡壳的话，也可以通过这种方式解决。这种装置曾让德国人在空战中长期占据上风。但后来有一次协约国军队俘获了一架搭载有这种装置的飞机，因此他们很快就复制了这种装置。

不仅如此，各种专门飞机也纷纷被研制出来，比如安装有基本通信装置和摩斯密码灯的飞机和护卫机，以及能搭载燃烧火箭弹专门用来对付德军侦察气球和齐柏林飞艇的飞机。另外，还出现了轰炸机。这些轰炸机已能携带大量炸弹，而不是钢镖。在一战前黑格曾预言，飞机只不过是一种消遣玩意，决不能用于战场。但凡尔登空战恰恰颠覆了他的这个观点。

日德兰海战——一场胜利的失败

当雷纳尔正率领他的部队进入沃克斯要塞时，英国皇家海军舰队与德国公海舰队也开始了一场大战。当时，德方舰队离开了其在北海的主要锚地，来到丹麦日德兰半岛附近的不来梅哈芬港，其目的是挑战英国皇家海军舰队对北海的控制权，突破英国对德国的封锁并扼住英国远征军在英吉利海峡的供给线。当时，英国收集到的各种情报显示，德军的这次行动将会造成极大威胁，于是英国皇家海军舰队上将约翰·杰利科爵士率领舰队前去迎敌。结果，在接下来的5月31日和6月1日这两天爆发了一场近代最大规模的海战。而德国公海舰队的司令是莱茵哈特·舍尔上将。虽然他率领着99艘军舰，但是根本没有料到由151艘军舰组成的英国皇家海军舰队正朝他扑来。

现在统计日德兰海战中的军舰数量已没有太大的意义，重要的是当时出现了一种新型战列舰——“无畏”号。这种战列舰，其实在1906年时就已经在英国皇家海军中服役，而且后来这种战列舰迅速淘汰了主力舰、大型舰、战舰等诸多舰种。当时，这种战列舰的速度最快，而且首先开始装备统一口径的重型火炮，同时还配备了一些大型火炮以攻击其他主力舰，以及一些小型火炮以攻击能发射鱼雷的小型驱逐舰。“无畏”号上有五座炮塔，每座炮塔上架设有两个12英寸口径的大炮，在海战中往往能战无不胜，而且其攻击距离之远往往令鱼雷也望洋兴叹。当时人们都认为在未来战争中获胜的关键在于某一方具有的“无畏”号战列舰的数量。约翰·杰利科爵士的舰队中有28艘这样的战舰，在舍尔这边只有16艘。当时除“无畏”号战列舰之外，还出现了一种极具现代特征的主力舰——战列巡洋舰。与“无畏”号相比，这种巡洋舰用牺牲尺寸、防御力以及一些火力的代价换来了更快的速度。在英国皇家海军舰队中，战列巡洋舰编队自认为他们是速度最快、攻坚能力最强的精英，其任务就是长途奔

◎ 1916年5月，英国皇家海军舰队向日德兰半岛外海前进，迎战德国公海舰队。这张照片在战争期间的英国被制作成一张广受欢迎的、题为《杰利科冲向日德兰》的明信片。

袭，然后迅速撤退。在英国皇家海军舰队中，大卫·贝蒂爵士就统领着三支战列巡洋舰编队，共计9艘战舰。当时，贝蒂既是英国皇家海军舰队的副司令，也是一骁勇善战之人。他的这个特点恰如战列巡洋舰编队在英国皇家海军舰队中所扮演的角色。相比之下，德国的战列巡洋舰编队规模较小，而且只有5艘战舰。这支编队由舍尔的副指挥弗兰茨·希佩尔统帅。

英国皇家海军舰队原来有10艘战列巡洋舰，但当时澳大利亚皇家海军“澳大利亚”号因为与英国皇家海军“新西兰”号发生相撞不得不停在码头进行维修。

当天一开始，英国皇家海军舰队战列巡洋舰编队遇到了一些问题。由于设计缺陷导致其中一艘战列巡洋舰的主弹药库发生爆炸。对此，贝蒂则不以为然。他在向英国皇家海军旗舰“猛狮”号的船长通报时这样说道：“查特菲尔德，我们的铁血舰队今天没问题。”

在持续两天的日德兰海战中，英德两支舰队的主力并没有进行近距离搏斗。在5月31日傍晚，英国皇家海军舰队抓住机会将德国公海舰队向不来梅哈芬港锚地撤退的路线封死而且处于一个较有利的位置。当时，他们背对夕阳，而德军舰队面对的是越来越暗的天际。然而，接下来由于英国皇家海军舰队在通信方面出现问题，致使德军舰队从其后方溜走。此时，对于是否追击杰利科犹豫不决。他相信德国海军一定在通往基地的路上布下了水雷，而且他也知道如果接近德军舰队基地必然会受到德军潜艇的威胁。最后，他只能让德军舰队逃之夭夭。

乍一看日德兰海战在一战中并不是一场关键性战役，而且对于英国皇家海军来说也算不上是一场胜利。在这场海战中，德军舰队失去了11艘战舰，其排水总量为6.2万吨，而英军舰队失去了14艘战舰，排水总量为11万吨。另外，两军的伤亡人数是3000对6800。虽然战后双方都声称取得了大胜，但是如果将这场海战放到一战这个大背景下，那么真正的赢家则不言而喻。此战之后，德军公海舰队就退至母港基地而且再也没有出来过，直至一战结束。

1919年时，作为去德国军国主义化行动的一部分，德军公海舰队被要求驶往苏格兰北部奥克尼群岛的斯卡帕湾接受监管。结果到了此地之后，德国人为使这支他们一直引以为傲的舰队不受侮辱，炸沉了所有战舰。

布鲁西洛夫攻势和伊松佐河战役

像在讲述1915年加利波利战役时一样，为了帮您了解一战在1916年的全貌，现在我们再暂时将西线战场搁置一边，了解一下东线战场此时的进展。在1915年早期时，霞飞就请求俄国能对法国进行支援，但结果俄国在东线那纳拉奇湖地区遭遇惨败。现如今这里已属于立陶宛。在这场战役中，俄国从两支军

© 日德兰海战期间，英国轻巡洋舰“切斯特”号侧舷被德军炮弹洞穿的大洞，这张照片是1916年6月，“切斯特”号返回格林姆斯比港后拍摄的。“切斯特”号在海战中一共中了7弹，29名水兵阵亡，49人受伤，伤员中多人因伤致残。德国公海舰队在海战中取得了战术性胜利，但此后再也没有出过母港，让英国皇家舰队成功控制了北海制海权。

队中共抽调35万人攻击人数较少的德军第十集团军。结果俄军死伤约10万人，而德军只有2万人。在6月时，俄军发动了另一场攻势，同样这次也是应霞飞的请求，但对手是奥匈帝国。这场战役的前线从喀尔巴阡山脉北端几乎延伸到华沙，长达200英里。俄国投入的兵力更是多达63万人，而奥匈帝国也多达47万人，但是奥匈帝国的军队中有一支由德军组成。从6月4日一开始，俄军就取得了一系列重大胜利。至6月中旬时，法金汉已开始将派至凡尔登的德军援军调往索姆河地区以缓解该地区受到的威胁，但很快他就不得不再从中调集一些兵力以帮助此时位于东线的同盟国。然而，德军很快就认识到奥匈帝国正将德国拖垮这个残酷的现实。正如一位将军所言："和我们拴在一起的是一具尸体。"

◎ 一战时的俄国名将勃鲁西洛夫，他在1916年6月4日，组织4个俄国集团军在超过200英里的战线发动进攻，一开始非常成功。

这场攻势规模之大让人难以想象，在某些地方两军交战的战场长达70英里。关于此次战役的伤亡，俄国并没有像其他国家那样进行仔细统计，但我们相信如果把所有投入的兵力算在内，俄军的伤亡数字是50万人，而奥匈帝国则接近100万人，其中包括40万人被俘，而且这些俘虏后来在俄国也几乎死亡殆尽。经过这场惨败之后，奥匈帝国的实力大为削弱，这时德国决定增派兵力帮助奥匈帝国对抗意大利，而俄国也开始支持罗马尼亚。罗马尼亚直到1915年布鲁西洛夫攻势之后才加入一战，站到了协约国这边。

除了大量人员伤亡，布鲁西洛夫攻势造成的第二个结果就是法金汉下台。取而代之的是之前在东线战场取得不少胜利的两位将军，兴登堡和鲁登道夫。当时，德国原打算让兴登堡担任第一参谋总长，鲁登道夫担任第二参谋总

◎ 俄军部队胜利进入一座他们占领的城镇。

◎ 德军在伊松佐河战役期间，使用火焰喷射器战斗。

长，但是后者拒绝接受第二的头衔，所以最后被任命为第一军需总监。不论两人最终选择了何种头衔，后来德军一直由他们统帅，直至一战结束。

意大利直到1915年时才加入一战，但他们并没有像很多人战前预测的那样加入同盟国，而是与协约国集团站到了一起。当时，他们加入的目的是缓解法国受到的压力，为此他们发动了五次攻势，即第五次至第九次伊松佐河战役。通过这些攻势，意大利希望跨过伊松佐河，驱使奥匈帝国放弃白云石山，离开意大利北部。虽然意大利最后并没有取得任何显著战果，而且伤亡10万人，但当时的确大大缓解了凡尔登地区受到的压力。伊松佐河战役共有十二次，持续时间长达三年，意大利军队共伤亡30万人。

索姆河战役

在1915年末的计划会上，英法同意他们在下一年将以索姆河为轴心展开联合行动，集合英国远征军和索姆河地区法军的火力。然而，随着法军在凡尔登战役中岌岌可危，一贯对盟友持怀疑态度的霞飞认为英国其实另有所图——让法国和德国自相残杀，然后再从中谋利。此时，霞飞虽然仍然同意和英国一起共同发起这场夏季攻势，但开始一点一点地更改当初的协定。

5月22日时，黑格派人给霞飞的参谋送去了一封信。在这封信上他询问霞飞何时发动索姆河攻势。当时，他自己列了几个备选时间，7月1日、7月15日、8月1日以及往后的某个时间。另外，那周周末他还和霞飞会了面，问他在这场攻势中法国将会发挥怎样的作用。会面四天后，霞飞向黑格提出要求将发起攻势的时间从夏季中期提前到7月1日前。如果时间不提前，凡尔登遭受的压力将不能及时减轻，那样法国将支撑不了多久。另外，霞飞只答应派出二十个师参与这场行动。然而，就在预计发动攻势三周前的6月6日这天，霞飞又一次改变了主意。他提出英军必须担任进攻主力，法军所能派出的军队只有埃米

◎ 英国远征军司令黑格上将与福煦上将和法军总司令霞飞元帅一同离开霞飞的总司令部。他们刚刚对在索姆河开辟第二条战线的问题进行了讨论。

勒·法约尔率领的第六集团军，他给出的理由是法军此时仍然在凡尔登鏖战。当时，法第六集团军有十三个师，但很快就只剩十二个。这个师在索姆河战役中扮演的角色，按照霞飞的话，只是“帮助英国人”。另外，霞飞还提出在这场攻势中英国必须不惜任何代价诱使德国投入大量兵力。如果这个目标不能实现，那么德国将会一举歼灭凡尔登的法军，并最终赢得一战胜利。他的这些要求、请求和命令当时以不同形式被火速送达到黑格处，并对黑格产生了很大影响。于是，黑格在最短时间内竭尽所能帮助法国。6月1日时，他向伦敦写了一封信，表达同意发起攻势的意愿，时间和地点由法国决定。他说，“目标就是减轻凡尔登的压力”。虽然信上没有提及其他的目标或者计划，但黑格一再强调“英军一定会只身奋战”。他在写下这句话时心里仍在担心法国对索姆河地区可能不会全力以赴，所以就提出了自己的另一个想法，把攻势从索姆河地区往北推向一些名副其实的战略要地，他认为在那里英军更能取得突破。这时，霞飞又开始怀疑起英国人来，结果黑格不得不做出让步。就这样，黑格一步步地同意了这场攻势的时间、地点以及攻击目标完全由法国人定夺。参加这场战役的英国远征军基本都是没有任何作战经验的士兵，而他们要面对的是久经沙场的德军士兵，而且德军在过去十八个月中在这里构筑了世界上最坚固的一些据点。黑格很清楚此时法国在凡尔登已经陷入被动，如果英国远征军不发动一场大规模攻势对德军加以牵制，那么法国很快就会投降。法国一旦投降，协约国也将在一战中战败。6月15日，黑格对他的军团司令们下达了一道命令，不仅重申当时缓解凡尔登压力是第一要务，而且还委派了另一个任务——“将敌人置于死地”。第二天，黑格又与霞飞进行了会面。这次霞飞又提出将攻势发起点前移10英里至巴波姆地区。面对法国提出的越来越多的限制，当天晚上黑格在日记中这样写道：“如果一切顺利的话，我们就从巴波姆开始。”然而，这场攻势最终成了一场消耗战。

不过，既然已经答应参战，此时黑格倒愿往乐观处想，或许在解除德军对凡尔登的威胁之后英国远征军可以寻得机会从局面日益紧张的法国突破出去，甚至赢得最终的胜利。当时，黑格的情报总长是约翰·查特里斯准将。查特里斯这人比较乐观，即使天空中乌云密布他也总能看见一丝曙光，同时黑格也是希望参谋能报喜不报忧的这样一个人。结果，英国远征军总部的参谋们对当时德军的伤亡情况以及对德军前线进行炮击产生的效果进行了最乐观的估计和分析。另外，当布鲁西洛夫在东线战场取得胜利的消息传来时，英国远征军在西线战场发动一场规模相当的攻势这样的期望与日俱增。

此时，德国人在做些什么呢？由于处在安静的一隅而且盘踞在一道道长长的山脊之上，他们充分利用过去一年的时间加强防守。山脊下有九个村庄，分别是戈默库尔、塞尔、昂克尔河以北的博蒙阿梅尔、蒂耶普瓦勒、奥维莱尔、拉布瓦塞勒、弗里库尔以及弗里库尔南方的马梅特和蒙托邦。这九座村庄位于这片山脊的主峰之前，而且山脊中山谷蜿蜒曲折，也一直通到主峰。整个德军的防线就以这些村庄为基础。此时，德国人根本不需要再深入法国半步。他们已经控制了法国北部平原的铁矿和煤矿。即使一战在此时结束，他们也能坐享大片领土。这时着急的是法国人，他们急需将德国人逼退，收复丧失的领地。因此当法军和英国远征军在考虑如何发动攻势时，德军关心的却是如何构筑据点，并将这些据点作为自己日后边境线上的静态防守点。他们以这些村庄为基础，沿防线修建了一系列坚固的堡垒。堡垒本身其实也是据点，每个堡垒都配备了能封锁附近堡垒前方区域的机关枪。山脊上虽然干燥，但地下水位较高，所以德军的战壕和防空洞中并不缺水。另外，他们还将村舍里的地窖改建为一个个大型地下避难所，用以安置士兵。这些避难所深达40英尺，里面不仅干燥而且安全，另外还通上了电，铺设了水管。每一个避难所都有很多进口和出口，确保德军士兵在遭遇炮击时能及时躲避，而在敌人步兵发动进攻时又能迅速前往战壕。

德军的战壕防线一般有三道。第一道防线是射击战壕，这里部署的士兵数量较少，一般作为前哨。一旦敌军发起攻击，后方的士兵就可以冲至这些战壕，对敌人实施打击。与这些战壕相隔一段距离的是主战壕。主战壕附近筑有大量的防御工事，主力防御部队就驻扎在这些防御工事之中。另外，这些防御工事还会配备像机关枪和迫击炮等局域防御武器。最后一道是预留防线，这条防线的功能是保护前方的两道防线。另外，一旦敌军在前两道防线站住脚，本方军队就能在这道防线打起深度防御战。第一道防线射击战壕前通常会布满密密麻麻的铁丝网，但在这三道防线之间一般不会设置什么障碍。这些防线现在我们仍能看到。昂克尔河和索姆河平原上的山脊仍存有一些当时的村庄和堡垒，它们周围就有这些战壕。

德国人有时间，有场地，也有资源来修建这个防御体系并将其作用发挥至极，而且他们一直没有停下脚步，在其后方100码处又修建了同样的一个防御体系，在有些战略要地，甚至修建了第三道、第四道战壕。因此，如果英国远征军希望取得突破，他们就必须先越过筑有堡垒和其他防御工事的三道战壕体系，在攻至德军后方区域之前可能还需再越过三道甚至六道、九道这样的战壕体系。只有深入到德军后方，英国远征军的骑兵才能发挥优势。

此时，将军亨利·罗林森爵士非常清楚他面前这项任务的艰巨性。罗林森在一战爆发时是一个师长，1915年时被提拔为司令。但后来他因为不断质疑上级的计划和命令而遭到解职，离开了西线战场，被派至加利波利。在加利波利他指挥了著名的门罗大撤退。由于在加利波利的突出表现，他在1915年底被召回，重新回到西线担任司令。远征军在接下来的这场战役中能否取胜在很大程度上取决于他运筹帷幄的能力。然而，不幸的是，他很快就遇到了第一个麻烦：远征军的所有部队当时都缺乏能担任战场指挥官的高级将领，尤其是受过训练而且经验丰富的作战参谋。如果想取得预想的效果，这些参谋必不可少。在营队层面，缺乏经验丰富的军官也是一个普遍问题。在新兵营中，所有军官几乎都是在一战爆发后被提拔上来的，准尉、中士、下士也是如此，因为英国远征军从成立之初到此时一直伤亡惨重。对于任何依赖区域协调的作战计划而言，缺乏有经验的军官以及各级士兵会造成很大问题。另外，罗林森还遇上了另一个问题：战场情报传递。当时一旦步兵冲出战壕，罗林森往往就失去了对战场的直接控制，而且他的下一步作战计划只能依赖由营长、旅长、师长或者司令提供的一些有限的信息。接下来，他下达的命令再沿路返回，传递至各个军队。因此，在进行作战安排时需要制定一个巨大的时间表，所有行动的具体时间必须严格按照时间表执行，比如在战前何时开始炮击，在战斗中何时派出步兵，在战斗后期何时下令骑兵突破封锁并冲入德军后方区域。每一个人的行动是否成功都依赖其他人是否能圆满并按时完成任务。

由于清楚地认识到当时军队所处的困境，罗林森打算缩小此次攻势的规模。他的计划虽然不及黑格要求的那么高，但是也达到了黑格在6月1日那封信中对法国人做出的承诺。当时，黑格希望罗林森能将步子迈得再大一点，而且尽管缓解法国在凡尔登受到的压力仍是当时最重要的任务，但黑格认为此时是突破德军封锁的最佳时机。一旦突破成功，英国远征军将横扫德军。就在实施预先炮击的前一周，黑格和罗林森仍然在争论此次攻势的目的和目标。由于士兵经验不足而且法国越来越临阵退缩，罗林森当时仍然坚持缩小攻势规模。然而，黑格在心中描画的是一幅更大的蓝图。因此，黑格提出的要求让罗林森难以接受。当时，黑格说在攻势的第一阶段，英国远征军要攻克从塞尔至蒂耶普瓦勒、从波洛耶尔山至蒙托邦这两片区域的德军防线。如果能取得胜利，接下来，他们将进攻位于这些目标后方的那道南北走向的山脊，然后“我们的骑兵将会直插敌军防线后方的开阔地带”。当时，黑格还说：“在实现第一阶段的目标后，可能我们就会发现继续往东推进并不明智。”这句话犹如一张出狱卡那样，到时一旦远征军果真成功，他就会摆脱索姆河攻势并重新回到法兰德斯的伊普尔附近展开攻势。他一直热衷在这片战场上作战。除了主攻计划之外，黑格还设计了一场牵制行动。戈默库尔村位于主战场以北几英里处。这个村庄与索姆河地区的其他村庄一样都建有坚固的据点。这些据点位于德军前线之前，俯视着下方的一道道英军战壕，因此戈默库尔村成了黑格牵制行动的理想目标。另外，这个村庄与主战场非常接近，如果英国远征军在发起主攻的同时对这里也发动攻击，就能吸引德军。

当时，英国远征军在阵地后方新建了很多公路，这些公路远在德军火炮的射程范围之外，而且位于本方进攻区域之后。他们还铺设了两条标准轨距铁路，这两条铁路有17个末端，其中两个专门用于医疗救援。为满足局部地区需要，他们还修建了一个“德科维尔式”预制窄轨铁路网。水管也被接到了前线，为防止德军炮弹将这些水管炸裂，他们用精钢对其进行了包裹。他们修建的临时营房能容纳40万人，包括步兵、炮兵、骑兵、先锋部队、工兵营以及所有其他兵种。在任何一间营房，一个士兵的休息区域都能达到24英寸宽，因此这些营房在数量上绰绰有余。英国远征军的战前准备还包括修建能存储200万枚炮弹的弹药库，还有军械库、战俘营以及为成千上万的马匹提供草料的仓库。另外，罗林森对医疗救援也非常关注。他知道进攻一旦发起伤亡就不可避免。根据多年积累的经验，他清楚与在欧洲大陆战无不胜的德军作战必将是一场血雨腥风的较量。从前线的急救点至医疗站，往后至死伤救护站，再往后至后方医院，甚至直至英国本土，整个战时医疗救援体系都必须做好准备，接受考验。当时，罗林森要求，而且一再要求，必须配备专门的火车来运送伤员。

此外，他还要求为重伤员配备急救火车，为轻伤士兵配备更多的一般火车。他还下令士兵按照一些专门图纸在驳船上组装一些带轮担架，这些担架可以将物资从港口运至远征军的阵地。让人诧异的是，罗林森当时甚至下令在远征军阵地后方挖掘了很多大型坟墓。

坑道兵们数周以来也一直在挖掘坑道，这些坑道从英军战壕后方开始延伸至战场无人地带直至一些德军重点布防的据点下方。在每一条坑道的末端，他们都挖出了一个用于埋设高爆炸药的小室，这些炸药只等远征军步兵开始向德军阵地发起进攻时就立即被引爆。

对德军防线和火炮阵地进行狂轰滥炸是这场攻势的前奏。按照计划，英国远征军将从6月24日起进行持续五天五夜的预先炮击。然而，由于当时天气状况不佳，所以罗林森将进行炮击的时间往后推迟了两天，在6月26日进行。另外，他还下令炮兵必须节约弹药，将最后两天的炮击延长为四天。虽然被耽误两天，但是1500门火炮在七天之内共发射了170万枚炮弹，在长达12英里的战线上每天每一码被炮弹击中的次数多达11次。虽然被耽误两天，但所有人都信心满满。比如，在步兵发动攻击的前夜，罗林森抽出时间亲自参加了由其第四军部下举办的伊顿公学校友晚餐。就在这即将发起进攻的紧急关头，仍有167名军官参加了这次晚餐。另外，当时黑格也视察了一些即将参与进攻的部队的指挥部，而且他还在日记中做了如下记录：

从未做过如此充分的准备，士兵从未如此训练有素，铁丝网均被剪断，弹药充足……由于上帝的庇护，我对明天充满信心。现在士兵们斗志昂扬，有几人曾说他们从未有过这样彻底的战争动员，所以对接下来的行动胸有成竹。铁丝网从未被剪得如此漂亮，炮兵从未做过如此充分的准备。

然而，此时的黑格可能并没有意识到天空中乌云对火炮阵地侦察员的影响。当时，这些侦察员正乘坐着英国皇家陆军飞行队的飞机在空中执行锁定德

◎ 1916年6月28日，英军伍斯特第4团的士兵们在走向位于法国索姆省阿舒的战壕的路上，为了拍照，挥舞着他们新领到的钢盔。

◎ 1916年7月1日，法国索姆省拉布瓦塞勒，在步兵冲锋前不久，英军炮兵炮击德军战壕引起的浓烟。

◎ 1916年7月，法国索姆省弗里库尔，英军炮兵阵地在炮轰德军阵地期间，堆积如山的18磅炮弹弹壳。

军火炮阵地的任务。结果，远征军在6月24日的预先炮击中计划摧毁德军117个火炮阵地最后只有47个被成功锁定，于是远征军不得不通过向目标发射炮弹的这种常规方式来确定其准确方位。后来，天气状况一直不好，远征军也一度落在时间表的后面。

战斗第一天

博蒙阿梅尔村前方有一处重要的德军据点——霍索恩堡垒。7月1日（星期六）早晨7时20分英国远征军引爆了堡垒下方的一条大型坑道。当时，英国战地摄影师拍摄到了爆炸发生的场景，其中一幅照片后来成为一战中最著名的照片之一。远征军当时在这条坑道中埋下了18吨高爆硝铵炸药。爆炸发生时，1公里范围内的泥土、士兵的躯体以及各种武器都被掀到空中。德国人早就知道远征军发起进攻的地点和大致时间，此时他们则知道了具体时间。8分钟后，又有16条坑道相继被远征军引爆。这些坑道隐藏在长达14英里的德军前线下方，正好位于一个个据点之下。其中有一个大型坑道叫洛赫纳加坑道。这条坑道处于远征军计划发起进攻的轴心地带下方，也是到目前为此用于战争的最大坑道。当时，远征军提前在里面埋下了26吨重的高爆硝铵炸药。现在这条坑道仍然还在，位于拉布瓦塞勒，在阿尔贝至巴波姆之间的公路旁。当时，在一个个坑道被引爆后，硝烟散去的地方只留下一个个巨型大坑，最大的深达50英尺，直径长达220英尺。后来，远征军炮兵在预先炮击结束时向德军前线发射了最后一轮炮弹。而后，他们将火炮向前推进，并对准了下一轮目标——德军战壕。

◎ 1916年7月1日上午7点20分，英军在法国索姆省博蒙阿梅尔霍索恩堡垒德军前沿阵地下方引爆18吨高爆炸药时的情景。英国陆军战地摄影记者欧内斯特·布鲁克斯中尉的照片如实记录了这一极具冲击力的场景。

◎ 1916年7月1日7点30分，英军和法军步兵冲向德军战壕。德军机枪对冲锋的协约国步兵造成了毁灭性的打击，协约国的进攻在许多地区都失败了。这一天英军伤亡将近60000人，创下了一战历史上的单日最高纪录。

7时30分时，2000名远征军军官准时吹响了进攻号角，于是人类史上规模最大、场面最壮观的一场跑步比赛开始了。在长达12英里的战线上，由48个营共计6.5万名士兵组成的远征军攻击先锋一起冲出战壕，索姆河战役此时进入了步兵攻击阶段。然而，仅在1小时之内远征军就伤亡3万人，其中1万人战死，其余受伤。这场号称英国历史上计划最周详、准备最充分而且将士最胸有成竹的大战仅在开始后几分钟之内就变成了一场巨大的灾难。如今九十多年过去了，那些曾经经历过此次战役的幸存者也都一一逝去，但人们仍在不断讨论，讨论当时是怎么了、为什么以及最重要的是谁造成了这场灾难。

当天，远征军又投入了9万人的兵力继续发起攻击，结果又死伤3万人，其中的细节我们暂时放置一边，先回顾一下发起冲锋后20分钟之内的情形，以及造成这种结果和期望大相径庭的原因。

对于那天早晨降临在英国及其附属国头上的这场灾难似乎有下面这几个主要原因：

1．德国人往往选择在有利地势挖掘战壕，而不是靠近敌方阵地的位置。因此，当时几乎每一名远征军士兵在冲锋时都要爬坡。有些地方他们可能只需要爬上几十码远，而在另一些地方可能要爬上足足半英里，而且所爬的可能更多是毫无遮挡的山坡。从山坡向下望去将一览无余。

2. 德国人的防御工事异常坚固，让远征军始料不及。

3. 在很多地方，远征军先锋部队必须走在铺满白垩粉的路上。几周前的雨水加上之前的预先炮击，此时这些道路又湿又黏。

4. 在这场攻势爆发前，远征军因为希望用大炮粉碎敌人的进攻，并攻击驻扎在地面上一些简易掩体中的德军，所以炮弹选择了榴散弹，并储备了大量弹药。然而，没有人想到要切断铁丝网。这些铁丝网常常有50甚至100码长。另外，还要摧毁深藏在地下的德军掩体。对于这些掩体和铁丝网，被远征军寄予厚望的榴散弹发挥不了作用。1915年由于炮弹的质量问题和数量不足导致英国阿斯奎特政府下台，而此时远征军的炮弹问题仍然没有得到解决。

5. 远征军炮兵和步兵联络不畅，甚至有时在危急关头失去联系。当时，远征军的进攻计划经常被调整，而且下达至部队的速度也比较慢，所以炮兵经常不能及时了解步兵的需求，即使有时及时接到通知，但以当时的武器装备或技术炮兵难以满足。另外，英国皇家陆军航空队在战斗打响的前几天因为天气原因未能进行有效侦察，这也直接导致了很多德军防守阵地在远征军的预先炮击中安然无恙。

6. 远征军中几乎没有什么军官之前会意识到他们将进行一场形如赛跑的战争。我们都知道黑格的计划是打一场有备之战，并且一旦战斗开始就用火炮猛攻。另外，罗林森也曾这样对他的部队指挥官说过，“炮轰之后，寸草不生”。结果，当时很多下层军官也都抱以同样的想法，都将希望寄托在炮击上。

7. 远征军在制订作战计划时并没有重视如何越过无人地带并攻入德军战壕，而过分强调一旦占领德军战壕该如何防御德军反击。结果，不少远征军步兵在发起冲锋时除了携带自己的武器、给养和装备之外，身上还背负着防止德军反击的各种工具以及设备，甚至那些可能会攻克德军战壕的士兵也是如此。据称，当时所有攻击德军防线的远征军步兵平均要负重60磅。这些步兵与现代的步兵相比一般身高较矮，而且身体单薄，但是在这场战役中他们要背负相当于体重三分之一甚至更多的装备，有些士兵是背负着这些几乎是超负荷的装备爬上了山顶，但很多证据表明，这样的实例并不多，只是个别情况。

8. 最后，在所有参加此次进攻的士兵中几乎没有人能认识到他们每一个人所做的都是远征军全盘计划的一部分。虽然所有人都缺乏训练和作战经验，但是他们不能只为自己考虑，而且要严格按照时间表展开行动。

后来，很多远征军士兵慢慢意识到了他们正在进行的是一场跑步比赛，然而他们并不知道在比赛中还会遇到一个意想不到的对手——德军机关枪手。这些机关枪手虽然被部署在地下，但是一旦情况紧急，他们就会浮出地面或者出现在战壕中。所以在有些时间里，远征军的这场比赛也就有了这样的一个名称——“冲向战壕前的护墙”。假如远征军步兵能赶在德军士兵之前冲至这些护墙，他们就能在这场激烈的跑步比赛中获胜，防止德军占领并控制战壕。假如德军士兵赶在了前头，尤其是机关枪手，他们就能在战壕中架起机关枪，结果可想而知。

如果将这些因素汇集到一起，就能发现远征军作战计划中的致命缺陷。

◎ 一波又一波英军士兵冲出自己的战壕，在冲锋时很快就被德军机枪毫不留情地放倒。

这些计划都假想德军在失去战壕后会发起反击，而这个假想又总是以另一个假想作为前提，即远征军能成功占领德军战壕。对于相反的结果——未能成功占领德军战壕——他们根本没有制订任何计划，更不用说如果有些地方取得成功但另些地方遭受失败时该采取何种应对措施。

现在让我们再把时钟拨回到那天早晨7时30分，了解一下冲锋号角吹响过之后发生的情况。当时，远征军投入了6万人的兵力，这些士兵如何冲出战壕，如何发现前方铁丝网遍布，如何发现德军机关枪尚存，只言片语根本不能概括全貌，所以我们在这里只挑选了部分战场以及当时的某次战斗进行描述。如果从北向南排列，它们是塞尔、博蒙阿梅尔、蒂耶普瓦勒、施瓦本堡垒、拉布瓦塞勒和马梅特。这些战场以及战斗现在参观者都能看到，都能体会得到。

塞尔的战斗

塞尔村位于远征军主攻部队前线以北，因此恰好与远征军部署在戈默库尔的师相对，中间只有1至2英里远。当时，夺取这个村的任务交给了将军休伯特·高夫爵士率领的第三十一师，而且如果他们成功后还要巩固阵地，加强防守，对部队的侧翼形成保护，因为这个师要继续深入德军防线。一旦成功这片地区将成为这个师的一个支点。

第三十一师的故事以及他们在索姆河战役中的遭遇可能像在任何一本关于英军一战历史的书中描述的那样悲惨，这些描述哪怕只有一个章节，只有一个段落。为了了解他们当时的悲惨遭遇，我们需要先浏览这个师的组成部队，这些部队的名字经常被提及：

第四集团军：由将军亨利·罗林森爵士指挥
第八军团：由加利波利战役后被提拔的中将艾尔默·亨特-韦斯顿爵士指挥
第三十一师：由少将罗伯特·万利斯·奥高恩指挥

（续表）

第九十二旅： 赫尔商人营，东约克郡团第十营 赫尔个体户营，东约克郡团第十一营 赫尔运动员营，东约克郡团第十二营 赫尔有识之士营，东约克郡团第十三营
第九十三旅： 利兹同乡营，西约克郡团第十五营 第一布拉德福德同乡营，西约克郡团第十六营 第二布拉德福德同乡营，西约克郡团第十八营 达勒姆同乡营，达勒姆郡轻步兵团第十八营
第九十四旅： 阿克林顿同乡营，东兰开夏郡团第十一营 谢菲尔德市营，约克郡与兰开夏郡团第十二营 第一巴恩斯利同乡营，约克郡与兰开夏郡团第十三营 第二巴恩斯利同乡营，约克郡与兰开夏郡团第十四营
先锋部队： 哈利法克斯同乡营，国王约克郡轻步兵团第十二营

这十三个营的士兵共计1.3万人，都是在一战早期自愿加入志愿军，几乎都来自曼彻斯特西北部一块长40英里宽25英里的地区，或者来自曼彻斯特以东的小城赫尔。这些营自组建以来，士兵们就决心要一起战斗。当时，第三十一师刚从埃及返回，在那里他们曾做过短暂驻扎，守卫苏伊士运河，防止运河落入他人之手，所以士兵们并非毫无作战经验。然而，对于他们当时所面对的任务而言，这些经验可能也无济于事。

在塞尔之战中，远征军的任务是在20分钟之内攻克德军四道战壕，接下来的20分钟巩固阵地并进行暂时休整，再接下来的20分钟夺取塞尔村，最后的10分钟要拿下位于村庄边缘的果园和林地。后来，夺取这个村庄的任务交到了第九十四旅手上。当时，休伯特·里斯准将在这场战役爆发两周前刚被任命为这个旅的旅长，因此他根本没有时间熟悉地形或是了解他的士兵，但他完全清楚自己的职责。因为觉得作战时间表完全不切实际，他与司令进行了一场激烈的争辩，在当时还没有几个将士敢这么做。另外，第九十四旅当时处于战线最北端，正好靠近塞尔和戈默库尔之间的地区。这片地区之前并未遭到远征军的炮击或攻击，所以第九十四旅很可能会遭受重大打击，尤其可能来自北面，即其左侧。

里斯不幸的是当时遇到了亨特-韦斯顿这个司令。在军官中，韦斯顿被称为“小牛”，但是士兵也给他起了一个绰号，叫“辣手摧花”。韦斯顿这个人与一战中那些傲慢、愚蠢和固执的将军形象完全一致。另外，他那高大的身影、矫健的步伐以及满嘴胡子更让他惟妙惟肖。附录一中有关于他的简介。

当时，里斯要求再多给10分钟时间，对此亨特-韦斯顿勉强答应，因为拿下果园是这个旅最后阶段的目标。后来，里斯率领他的士兵在80分钟之内终于攻克了德军的四道战壕，夺取了塞尔村，并拿下了300码之外的那片林地和一些果园。但是所有人似乎都没有料想到部队左侧可能会受到德军威胁。

当那天早晨7时30分冲锋号角吹响时，英国远征军立刻遭受当头一棒。德军迅速占领了高地，并积极准备进行防御。远征军左侧区域，即进攻戈默库尔的师和主攻部队之间，因为之前没有遭到远征军炮击和攻击，所以德军在这里的阵地完好无损。这时，德军士兵端起机关枪向远征军士兵开始进行扫射，而此时他们正沿着满是泥泞的山坡冲向德军战壕和塞尔村。远征军第九十四旅的第一轮攻击由来自阿克林顿同乡营的720名士兵发起。当时，他们像往常一样留下了一些人手对本方阵地以及无人的战壕进行防御。这些留守人员会在战斗

◎ 少数幸存的英军士兵怀着渺茫的希望，在德军的铁丝网之间寻找空隙，但尽管遭受7天的重炮射击，铁丝网依然完好无损。

◎ 他们最终也死了。德军的交叉火力线最终让这一带鸡犬不留。

结束后，抬着担架冲向战场，抢救伤员，因此一旦部队遭受重创，他们就是日后部队进行重组的基础。此时，阿克林顿同乡营的进攻部队距德军第一道战壕只有50至75码远。甚至一小部分士兵已经与哈利法克斯同乡营的一个先锋突破至德军的第一道战壕，但他们后来再也没有活着回来。据档案显示，这720名阿克林顿同乡营士兵，有584名伤亡或失踪。

同样的命运也几乎降临到第九十三和第九十四旅所有七个攻击营的身上，另外还包括先锋部队哈利法克斯同乡营。在进攻发起之前的几天，哈利法克斯同乡营就已经就位，而这七个攻击营当时虽未就位，但也在为战斗做准备。当时，这几个营由于之前遭受打击正面临人员不足的困境，所以后来哈利法克斯同乡营中的很多士兵被调集过来。在战役打响的第一天，这几支部队的伤亡人数超过了3600人，平均每个营伤亡450人，接近平时人数的一半，但如果按照当时的实际数量来算接近六成。就像之前曾提及过的，这些人向德军阵地推进的距离最多不到50码。

很快索姆河战役中的噩耗被传至英国各个地方。当时，阿克林顿的人最为伤心。当地各大报纸都公布了伤亡人员名单，而且还附上了一些士兵的照片。为了悼念阵亡将士，阿克林顿每一条街道上每一家的百叶窗都被拉了下

◎ 1916年7月3日，一个新兵营——东约克郡团第10营（赫尔商人营）正在走向法国索姆省杜朗附近的一条战壕。索姆河战役是英国新军参加的首次重要攻势战役，也是损失代价最大的一次战役。许多参战的新兵营被全歼，对他们在国内所属的社区造成了长远的影响。

来。阿克林顿只是一个小镇，镇上的人有的在同一家工厂工作，有的彼此结为连理，有的在一起打球，有的在同一间教堂做祈祷。小镇上的每一个人至少都认识一两位在当天阵亡的将士，有的人认识的则更多。一战中英国远征军内很多部队与阿克林顿同乡营有着同样遭遇，但他们的遭遇最有代表性。

在远征军第一天的众多目标中，塞尔村离远征军的战壕最近，但直到1917年2月24日这个村庄才落入了他们手中。当时，德军为回撤至在塞尔村后方几英里处刚建好的兴登堡防线，最终放弃了这片阵地。第二天，曼彻斯特团的士兵占领了这个村庄，其间没有遇到任何抵抗。在村里的废墟中，他们发现了一些阿克林顿同乡营和哈利法克斯先锋营士兵的军装、装备以及尚未被埋葬的遗体。此时，这些士兵的遗物和遗体已经在这里长眠了八个月，长眠在他们当时攻到的最远处。

博蒙阿梅尔的战斗

德军在博蒙阿梅尔村构筑的阵地是基于两个天然屏障，其中一个屏障是村庄前的一个小山坡，另一个是村庄南面的一道天然的深沟——Y型沟。德军在这个小山坡上建立了一个坚固据点，并将那道位于有利位置的深沟用作隧道，命其名为“史布洛涅”。这道深沟可以躲过所有远征军的火炮的打击，所以能够藏纳大量士兵。一旦该地区的战壕受到攻击，躲在深沟中的士兵就能前往增援。

前面已经提到远征军在7时20分（并非人们常说的7时28分）引爆了霍索恩堡垒地下的坑道，在博蒙阿梅尔这里，德军有足够的时间从深沟中冲出，及时进入战壕以抵抗英国远征军在爆破霍索恩堡垒后可能会随之发起的攻击。远征军炮兵在7时20分停止对位于霍索恩堡垒和博蒙阿梅尔村那道深沟之间的德军战壕进行炮击，究其原因可能是由于远征军内部对于何时引爆坑道存在争议，毕竟引爆坑道的时间直到在开始预先炮击前几天才被确定下来。

亨特-韦斯顿将夺下博蒙阿梅尔这处战略要地的重任交给了他自己之前在加利波利曾亲自指挥过的“战无不胜之师”第二十九师。当时在加利波利时，亨特-韦斯顿由于某种原因被解职，并返回英国，之后亨利·比弗·德莱尔少将取代了他的师长之职。第二十九师组建于1915年，师中的部队来自于分布世界各地的英国附属国和殖民地中的英军驻军。虽然这些部队几乎都是常规部队，但其中有一些在战前刚刚组建，而且当这个师驻扎在加利波利并由亨利-韦斯顿担任师长的几个月中，也吸纳了一些其他士兵。

当时Y型沟正对着位于第三十一师右前方阵地的第八十七旅的四个营，这四个营的部队有一个来自爱尔兰，一个来自威尔士，另外两个来自苏格兰。其中两个营将参与第一轮攻击，另外两个将参与第二轮。位于他们后方的是第

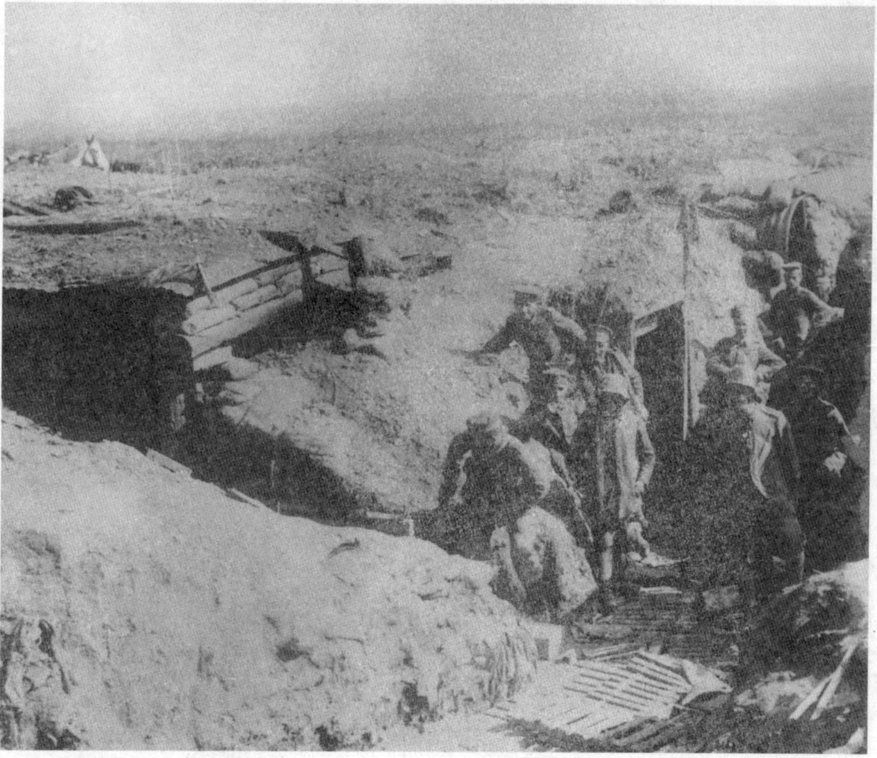

◎ 德军在索姆河前线的防御工事。

◎ 1916年7月1日，法国索姆省博蒙阿梅尔，配备步枪和铁丝钳的英军士兵在战壕里等候出击命令。

八十八旅的三个营——埃塞克斯郡团第一营、汉普郡团第二营和纽芬兰团第一营。这三个营将在当天早晨的晚些时间发起第三次和第四次攻击。

此时，霍索恩堡垒已经被炸毁，但是几十码之外的Y型沟仍安然无恙。德军主力已经在这道深沟中躲藏了一周。虽然他们总是睡不着而且完全清楚即将到来的危险，但是他们当时尚未受到任何威胁，而且手中握有足以威胁他人的武器。霍索恩堡垒一经被炸毁，德军就迅速从深沟中冲出，占据了前方的战壕。当他们看见在眼前旷野中英国远征军第八十七旅的南威尔士边境团和英国皇家恩斯尼基伦燧发枪手团的士兵正步步逼近，于是在Y型沟的边上架起机关枪，开始扫射。瞬间，南威尔士边境团的士兵伤亡惨重。而英国皇家恩斯尼基伦燧发枪手团在进攻中并没有将战线拉开，而是进行小范围群体作战，结果他们终于攻至Y型沟，与里面的德军主力相遇。

英德两军在战壕中的激战一直持续到8时05分。此时，远征军的第二轮攻击开始了。第二轮攻击的主攻部队是边境团和国王苏格兰边境团，这两支部队并肩向前推进。但后来一个接一个的进攻命令让他们无所适从，结果这两个团都没有推进至德军阵地前。

此时，在后方指挥部中的比弗·德莱尔因为缺乏足够的情报致使他想当然地认为一切都在按计划进行。接下来，他命令第八十八旅出击。然而，当时这个旅中最精锐的部队——埃塞克斯郡团的一个营——寸步难行，他们前方的战壕中以及战壕与铁丝网中间的区域堆满了死伤的战友。他们在前一天就已经抵达位于本方战壕后的阵地，按照计划他们在当天7时30分之后必须冲至本方前线并占据运输战壕，做好准备在9时冲向无人地带。

此时，在Y型沟前的无人地带已见不到任何部队向前推进。纽芬兰团的士兵知道前面的部队可能已经陷入危险，急需救援。但当时由于德军开始发射火炮进行反击，由于一个个伤员被抬回，由于士兵们想在炮火横飞的战场快速推进，所以场面极为混乱，纽芬兰团的士兵被堵在了运输战壕中。但是想到战友们正处在生死攸关的时刻，于是他们离开了运输战壕的庇护，并开始快速越过

◎ 1916年11月，法国索姆省博蒙阿梅尔，一具已经腐烂的德军士兵尸体，他就在自己的隐蔽所入口附近被杀。

远征军战壕间的空旷地带向前突击。一开始只是一小部分人，接着越来越多，最后整个纽芬兰团的士兵全体冲出。此时，在战场上冲锋的只有他们，然而很快他们就遇到了德军的机关枪，部队侧面和正面都受到了攻击，最后他们还没有抵达要求的攻击发起点就伤亡惨重。关于这个团在当时的具体伤亡数字一直有很多争论，但据可靠资料显示，当天有700人发起了冲锋，结果在晚上清点人数时只有68人回答了“到”。246人死亡，386人受伤，而且所有军官要么战死，要么负伤。

英国远征军直到1916年11月13日才占领Y型沟。五天之后，黑格下令结束了索姆河战役。在这场战役中，远征军在北方向前推进的速度比计划要慢。博蒙阿梅尔是计划在第一天第一轮进攻中将要夺取的目标，但是直到四个半月之后才将其拿下。

在一战中，纽芬兰团坚持要求被编入英国远征军。当时纽芬兰并非属于加拿大，而是英国的一个直辖殖民地，所以这个团希望维持他们非加拿大人的身份。

后来，纽芬兰团经过重组后又继续作战。1917年时，他们更名为英国皇家纽芬兰团，当时获此殊荣的只有三个团，而他们是第一个也是唯一的一个英国附属国军队。直到1949年时，纽芬兰才成为加拿大的一个省，而加拿大的建立是由于1867年签署的《英属北美法案》。现在，加拿大将7月1日设为“加拿大日”。在纽芬兰，7月1日这天早晨也被设为“纪念日”，以纪念1916年7月1日即索姆河战役发起当天牺牲的纽芬兰团的士兵们。

施瓦本堡垒的战斗

蒂耶普瓦勒山脊从博蒙阿梅尔南面的昂克尔河处开始向上隆起，往南穿过蒂耶普瓦勒村后向远处延伸，是一个天然的防守据点。不仅如此，德国人还在这里的首道防线后方修建了一座巨大而且复杂的防御堡垒——施瓦本堡垒。这座堡垒位于蒂耶普瓦勒山脊的一个山坡之上。这个山坡从山脊伸出，一直延伸至远征军战壕所在的地区。当时，攻克这个庞大的障碍交由第三十六（阿尔斯特）师完成。在一战爆发前，为抵抗英国议会可能在阿尔斯特各地实行脱离都柏林以自治，反对独立的阿尔斯特政治家们招募了一支准军事化的阿尔斯特志愿军。后来，英国议会向反对独立的政治家爱德华·卡森爵士保证在一战期间不会在阿尔斯特实行地方自治，卡森也对此表示接受。再往后，一战的爆发点燃了所有阿尔斯特志愿军的爱国热情，于是他们纷纷自愿参战。第三十六（阿尔斯特）师的所有将士都是由这些人组成，他们并没有受过任何正式的军事训练。这个师的正式番号一直保留着“阿尔斯特”这几个字，其中就暗含着

◎ 1916年8月，法国索姆河前线，约翰·克拉克中士（左）和他的士兵们在蒂耶普瓦勒森林附近的浅战壕坑洞里休息。克拉克中士本人在这个月的最后一天阵亡。

当时的这段历史情结。

在7时30分发起攻击后，第三十六师一开始进展比较顺利，而且英国皇家爱尔兰步兵团和英国皇家恩尼斯基伦燧发枪手团突破了德军首道战壕。然而，随着德军不断在施瓦本堡垒周围巩固防守，这两个团的进攻顿时停滞，士兵伤亡也大幅上升。虽然他们起初取得了一些胜利，但后来两个团的士兵分布在堡垒两侧，结果都失去了联系。同样不幸的是第三十六师的士兵竟然遭到了本方炮火的误伤，很多人因此丧生。此时，德军堡垒后方很多据点中的大炮和机关枪开始加强火力，阻挡住了远征军后续援兵前进的步伐，同时德军援兵也纷纷赶到，因此第三十六师在堡垒两边也都未能继续取得任何突破。当天傍晚时，第三十六师得到了必须撤退的命令，所以他们没能将已经取得的胜利加以巩固。

第三十六师像很多进攻德军阵地的其他远征军部队一样在施瓦本堡垒付出了沉重的代价。这个师原有1.3万名步兵，此役中，有5000多人伤亡，伤亡人数几乎达到50%。

蒂耶普瓦勒的战斗

蒂耶普瓦勒村是一个城堡式村庄，位于蒂耶普瓦勒山脊的另一个山坡之上，也是一个天然的防守据点。有史以来，这里就是一处聚居点。一战爆发后，这个村庄就一直战乱不断，村庄中的废墟以及地窖成了修建据点的理想基础。如果想向蒂耶普瓦勒山脊东北方向挺进，就必须攻克这个据点。

> 当时，英国远征军中有很多同乡营在此处作战。比如，兰开夏郡燧发枪手团的三个索尔福德同乡营；高地轻步兵团的格拉斯哥电车司机营、格拉斯哥少年军营和格拉斯哥商人营；诺森伯兰郡燧发枪手团的纽卡斯尔商人营和纽卡斯尔铁路同乡营。

德军不仅在这个山坡和蒂耶普瓦勒村修筑了坚固的地面防御工事，而且该地区前方以及两侧都有德军据点，大大加强了该地区的总体防御能力。另外，施瓦本堡垒就在北方几百码之外，堡垒中的机关枪能对这个村庄的前方区域形成封锁。南面不远处是德军的莱比锡突出部。这个突出部也是一个重兵把守的防线，而且也位于一座小山坡上。这座山坡向右延伸至远征军战壕防线附近。远征军的第一道战壕就沿着这个山坡修筑而成，形成一个马蹄铁形。在此处，英国远征军的进攻计划相当简单——对蒂耶普瓦勒村展开正面进攻，与此同时从两路攻击莱比锡突出部的两翼。

后来，远征军对蒂耶普瓦勒村的进攻以失败告终，而且让人更加惋惜的是，由于在发起进攻当天的早些时候有一小部分远征军士兵攻入了这个村庄，远征军炮兵在当天余下的时间里都没有将炮口对准这个据点，结果德国人抓住了这个机会。逃过远征军炮火袭击的他们在这里对远征军进攻部队造成了很大的打击。尽管如此，远征军还是攻占了莱比锡突出部，但同样也付出了巨大代价，但他们如果打算扩大战果就必须从敌人手中将蒂耶普瓦勒村抢过来。

当天晚上，里克罗夫特少将在他的日记总结中写道，兰开夏郡燧发枪手团第十九营，即第三索尔福德同乡营，在对莱比锡突出部发动攻击时并没有冲出自己的战壕。后来，他们得到一个不可违抗的命令：必须在此时发起冲锋。结果，在第二天进攻莱比锡突出部时，这个营中有超过四分之三的士兵伤亡，而且剩下的后来也都几乎战死。当天，这个营所在的师的伤亡人数也多达3,949人。

蒂耶普瓦勒村之所以是一处战略要地并不仅仅是对于蒂耶普瓦勒山脊而言，而且事关整个索姆河战场。虽然这个村庄是英国远征军在索姆河战役发起后1小时之内必须攻占的目标，但直到三个月之后，即9月26日，它才落入远征军的手中。另外，格拉斯哥青年军营从索姆河战役第一天起一直到11月末都一直在该地区作战，后来由于伤亡严重，他们曾多次补充新兵。

拉布瓦塞勒的战斗

D929公路始建于古罗马时期，是一条南北走向的直路，现在连接着阿尔贝和索姆河大区。当时，这条公路在索姆河战役策划者心中有着非常重要的位置。这条公路位于远征军阵地的正中间。一旦这场战役打响，远征军就会沿着这条公路向前推进，直至巴波姆村。巴波姆离远征军前线有3英里远，坐落于一道山脊的顶端，德军在该地区的最后一道防线就在这道山脊之上。为了攻克巴波姆，必须先拿下拉布瓦塞勒村，然后夺取波济耶尔岭。波济耶尔岭与位于其前方的D929公路成直角，而且和巴波姆所在的这道山脊平行。因此，拉布瓦塞勒、波济耶尔岭、巴波姆岭自然成了远征军必须拿下的三个目标。他们决定分别在第一天早晨的第一轮进攻，第一天上午的第二轮进攻以及当天下午的后续步兵进攻中相继攻克这三个阵地。一旦越过巴波姆，这个村庄后方的开阔地带就在召唤着远征军骑兵，接着骑兵就能冲至防守力量薄弱的德军运输线和物资存放点。

远征军进攻部队前方的中心地带位于阿尔贝以北1至2英里处，D929公路与很多德军战壕在此处交会，拉布瓦塞勒村就位于这片区域，在D929公路南侧。与往常一样，德军根据地形和掌握的资源，在拉布瓦塞勒村旁的一座小山丘上修筑了防御工事，他们也自然充分利用了这个村庄的房屋和地窖。拉布瓦塞勒村与这座山丘分别处在与D929公路平行的两个山谷中，一个叫香肠谷，一个叫土豆泥谷。香肠谷位于公路和村庄南面，这个名称还源于英国远征军。当时，他们偶然能看见位于山谷两边的德军阵地上方有香肠形状的德军侦察飞艇飞过。于是，远征军根据英国的一道传统菜肴“香肠土豆泥”将位于公路北面的山谷命名为土豆泥谷。这个村庄与这座山丘与德军防线仍有一段距离，它们与防线连在一起构成了一个400码×300码的直角区域。拉布瓦塞勒村的据点俯视着村庄前方两军前线之间的无人地带。这片地带面积相当大，有的地方甚至宽约几百码，而且非常空旷。然而，在这个村庄和这条公路旁，尚有一些区域是德军防守火力的“死角”。在这些区域仍存有之前法军挖下的一些战壕，这些战壕一直延伸至这片死角的边缘。死角中无人地带只有50码宽，而且最接近德国人的地方经常会遭到狙击、迫击炮轰炸或其他形式的打击。在这里如果不发动大规模进攻，远征军的伤亡将会成倍增加。因此，这些战壕还有一个非常讽刺的名称——“光荣坑”——意指阵亡和光荣只是转念之间的事。

远征军如果打算在该地区收获任何战果，那么拉布瓦塞勒村中的德军据点必须攻克。实施坑道爆破，就是攻克之道。在发起进攻前的几个月中，远征军在这里挖下了两条坑道，一条位于公路北侧，即Y型坑道，另一条位于公路南侧，在那座山丘之下，即洛赫纳加坑道。远征军在挖掘时，为了防止被德国人察觉，他们选择在离本方防线还有一段距离的后方进行。在Y型坑道中，他们埋下了18吨重的高爆硝铵炸药。而洛赫纳加坑道非常复杂，在坑道尽头有两间小室，他们在其中一间埋下了15吨高爆硝铵炸药，另一间埋下了11吨。

硝铵炸药是由TNT、硝酸铵和铝粉混合而成，其爆炸威力几乎与纯TNT相当。TNT是一种烈性炸药，在20世纪塑胶炸药普及之前是制造大多数炸药的主要成分。凝胶炸药发明于1875年，是第一种塑胶炸药，但在一战中使用并不普遍。

攻击这处重要据点的任务交由远征军新军第三十四师完成。第三十四师有四个泰恩塞德苏格兰营人（隶属于第一零二旅）以及四个泰恩塞德爱尔兰人

◎ 1916年9月26日，法国索姆省蒂耶普瓦勒，一名筋疲力尽的士兵正在前沿阵地的战壕里睡觉。

营（隶属于第一零三旅）。这几个营都来自诺森伯兰郡燧发枪手团。这个师的第一零一旅，由两个爱丁堡营组成——来自萨福克的剑桥营和格里姆斯比兄弟营。另外，先锋营也是来自诺森伯兰郡燧发枪手团。

远征军攻占拉布瓦塞勒村的计划同样比较简单。一个泰恩塞德苏格兰人营和两个泰恩塞德爱尔兰人营分别从公路主路两侧对拉布瓦塞勒村和山丘发起攻击。其余的人将从支路突破德军防守区域，接下来再穿过香肠谷中的无人地带，最后攻克位于山谷两边山头的德军堡垒。远征军从本方前线推进至德军前线必须跋涉半英里。与此同时，其余的泰恩塞德爱尔兰人营也将冲出战壕，奔赴1英里之外的德军阵地。进攻部队在发起第一轮攻击后将继续朝波济耶尔岭挺进，并将之拿下，为下午进攻巴波姆做好准备。当时，有“黑色支票”之称的爱德华·英格威尔·威廉姆斯少将决定他的第三十四师将会毕其功于一役，完成这个目标。于是，他命令部队的所有后备军也都参与这场进攻并做好准备迎接可能的巨大伤亡。

当时，远征军认为一旦引爆坑道中的炸药，将会炸飞成千上万吨的泥土，这些泥土落到地面可能需要2分钟左右。因此，远征军在7时28分将Y型坑道和洛赫纳加坑道引爆，一同被引爆的还有他们之前沿攻击线路下方挖掘的坑道。2分钟后，军官们吹响了进攻的号角，于是第三十四师的近1万名士兵蜂拥而出。在发起进攻之前，侦察队员和突击士兵就已经指出，虽然远征军炮兵已对德军防线进行了长达一周的炮击，但德军防线中的铁丝网基本没有受到任何损坏。然而，威廉姆斯的参谋们却自信地认为德军的铁丝网已被炸得七零八落，此次进攻他们的部队完全能够获胜。当步兵发起冲锋后，炮兵部队也将阵地前移，将炮口对准德军前线后的下一道防线。

远征军的这场进攻结果成了一场灾难。虽然德军遭到炮击，遭到坑道爆破，但是绝大多数德军士兵当时都躲在村庄和山丘下方的掩体之中。后来，他们迅速在战壕前的护墙上架起了机关枪。当远征军士兵从本方战壕中冲出时，在坑道爆炸中飞起来的各种碎片和残骸早已落至地面，坑道上方的德军战壕已

◎ 1916年7月，法国索姆省拉布瓦塞勒，占领了一座德军战壕的英军柴郡团A连士兵。图右上的一位哨兵在站岗，他的战友们正在入睡。

经消失，取而代之的是一个个巨大的爆破坑，但爆破坑周围形成了高高的隆起。于是，德军士兵也在这里架设了机关枪。从这里德军能俯视前方远征军第三十四师的所有士兵，这些士兵有的离他们非常近，有的还有1至2英里远。当时，有一些纽卡斯尔士兵冲到了德军战壕，其中一小部分人甚至攻至拉布瓦塞勒村后波济耶尔岭之上的孔塔尔迈松镇，然而，第三十四师的十三个攻击营基本寸步难行。每个攻击营当时派出的士兵平均有700至800人，但结果伤亡多达500人。威廉姆斯是一个为了取得胜利宁愿付出巨大伤亡代价的这样一个人，而且他要求他的旅长们也必须这样做。结果，在索姆河战役的第一天，英国远征军中威廉姆斯的第三十四师伤亡最为惨重，也没有完成任何任务。当天有18个师执行进攻任务，伤亡士兵中有一成来自第三十四师，而且这些人几乎都是在战役开始仅仅1小时之内就遭遇不幸。

直到1917年2月远征军才最终进入巴波姆，按照计划他们应该在索姆河战

◎ 1916年7月1日，英军在拉布瓦塞勒的洛赫纳加实施坑道爆破形成的爆炸坑。战争结束以后，这个爆炸坑在1921年被当作一个战争纪念景点保存下来。

役第一天就完成这项任务。当时，德军为退至兴登堡防线，他们像放弃塞尔和其他索姆河战场一样，也放弃了巴波姆这个村庄。虽然在1918年早期这个村庄又重新落入德军之手，但最后还是被协约国军队所攻克。

> 拉布瓦塞勒的洛赫纳加爆破坑现在被保存了下来。通过这个一战坑道战的缩影，人们能体会到当时实施坑道爆破的威力，这种威力不仅能摧毁地面上的堡垒，还能炸出一个巨大的坑洞。

马梅特的战斗

英德两军交战战线的左侧呈南北走向，但战线在往右侧过渡时转向东面，形成一个直角形区域。在这片中枢区域中有两座村庄，一座是马梅特，一座是弗里库尔。马梅特位于一个山坡的坡顶，周围有一道新月形的山谷。如果不拿下马梅特，就不可能沿着山谷两边往上攻。但糟糕的是，按照计划远征军在发起全线进攻的同时必须沿着山谷两边往上攻击德军据点。

当时，远征军第七师正对着马梅特和弗里库尔。他们必须相继穿过这两座村庄，然后沿着弗里库尔村的边缘继续进攻，直至拿下这座村庄后的一片森林，所以他们的进攻路线是先由北往南攻，接下来转向东面，然后再转向南面。此时，德文郡第九营也正好位于这片区域。其实，他们很早以前就已经被部署在这里，从战壕中士兵们就能清楚地看到这片战场的全貌。第七师爆破团指挥官马丁上尉仔细地研究了德军的布防情况，因为他必须确保他的爆破手在实施爆破时能清楚地知道行进路线以及爆破目标，否则在投掷炸药时会非常盲目。另外，他还发现马梅特村公墓中的十字路口有一些混凝土防御工事，而且德军在工事中设有一个机关枪扫射点。随着研究的不断深入，马丁认为如果第七师按照计划发动进攻，这个机关枪扫射点将会给士兵造成极大威胁。后来，他经上级批准离开战地，接着把很多地图带回了自己的营房，并亲自动手按照该地区的地形制作了一个沙盘。当他从每个角度对这个沙盘进行观察时，他对自己之前的推测确定无疑。

当7时30分冲锋号角吹响时，德文郡第九营的士兵像其他部队的士兵一样，从战壕中冲了出去。然而，此时埋伏在十字路口的德军机关枪已经就位，于是很多士兵不得不立即掉头返回至刚刚冲出的战壕，结果死伤惨重。后来，掩埋小组把在战壕周围阵亡的士兵的遗体也都运了过来，一起暂时埋在战壕中，他们一直辛苦地工作到当天傍晚。德文郡人有一个传统，每次在战斗结束之后会派一名幸存的士兵将一块纪念板放置在阵亡士兵的墓前。在当天战斗结束之后，士兵放置的这块纪念板上写着这样一句话："德文郡人曾坚守战壕，而且永远坚守下去。"如果您去索姆河战场参观，如果您站在德文郡士兵的公墓前，到时您一定会心酸不已。山边的两排公墓一定会让您想起当时的血腥场面，想起在冲锋号角吹响后一个个往德军枪口上扑的士兵。如果您从山谷前的战壕走到公墓的十字架前，您一定会深深地体会到当时德文郡的士兵在遭受德军机关枪扫射时的悲惨场面。后来，在当天接近中午时，这个德军机关枪火力点才被其他远征军部队拿下。这时，德文郡第八营和位于其右侧的戈登高地团再次发动攻击，最后他们终于与其他部队一道攻占了这个村庄。当天这个战场的结果可以说是一场胜利。

德文郡营随军牧师欧内斯特·克罗斯在阵亡士兵坟墓上写下的悼文比平时写下的感情更加真挚："最后我们共收集了163具德文郡士兵的遗体，并把他们安葬在曼塞尔森林之中。当天下午两点左右风雨大作，我们的安葬工作因此也受到了影响。在6点时，我在将军、福斯、米尔恩以及其他六十人的面前诵读了悼词，最后我还说了一句：'愿上帝保佑我们能取得胜利。'当时，安葬士兵非常辛苦，填埋战壕也非常缓慢。我让一名担当先锋的中士从英国皇家工兵部队借来了红丹，在一块木板上写下了这些字——'163名德文郡烈士之墓，逝于1916年7月1日'。后来，我在两排坟墓前插上了十二个十字架，在其间徘徊良久，不忍离去。"

当时，第十八师负责攻击马梅特以南的德军防线，但直到几个月之后他们才在这里取得胜利。第十八师的师长是艾弗·马克西少将，他并不像一战中很多"蠢驴"将军。早在当年3月时，他就已经意识到他部队所在的战场应该

◎ 1916年7月，马梅特附近一座被协约国炮火严重破坏的德军战壕。图右下角是已经残缺不全的两具德军士兵尸体。

◎ 1916年7月，在马梅特之战中负伤的英军士兵。

被纳入1916年的这场庞大攻势之中，而且他还为此做了充分准备。当时，为获取更多德军防线的情报，他多次命令士兵侦察战场前的无人地带。随着德军阵地的布防越来越清晰，他下令在本方前线后的旷野上制作了一个德军防线模型。他认为远征军的预先炮击并不能将德军彻底击溃，这一点他在制订进攻计划时都做了充分考虑。另外，他还为炮兵和步兵设计了与众不同的战术，尤其是针对后者。他要求步兵在发起攻击时必须采取抱团推进的方式。比如，有些士兵向前冲锋时，其他人要提供火力掩护，而且彼此之间不断变换角色，这样能维持部队的进攻势头，而且当掩护士兵在靠近德军防御工事时必须增强掩护火力。其实，这种战术形成于滑铁卢战役时期，后来在英国各种殖民战争中又不断发展，最后至19世纪90年代爆发的南非战争和20世纪初才臻于完善。当时，只有少数将军相信刚加入远征军的志愿军能为1916年的索姆河攻势做好准备，而马克西就是其中之一。

马克西的睿智之处还包括他认识到必须让军队尽可能地接近德军防线。为此他开始修缮当时已被弃置不用的一些坑道，这些坑道曾由俄国人修建，位于其他地方，直插德军防线下方。在发起进攻时，如果在这些坑道里实施爆破，坑道上方就会被炸开一道缺口，到时进攻部队就能将这些缺口用作战壕对德军发起攻击。这样一来士兵的冲锋距离将大大缩减，伤亡也会减少。除了要面对德军在马梅特村的防御工事之外，马克西的第十八师还要面对当时两个非常著名的德军据点。这两个据点位于马梅特所在小山的山顶。后来，坑道挖掘部队在这两个据点下方挖出了两条坑道，这两条坑道规模虽小，但非常具有威胁性。后来，当远征军发起进攻时，引爆了坑道，摧毁了这两个重要据点。

> 最近BBC电视台的“时代瞭望”节目将当时马梅特之战的成功归因于远征军使用了李文斯抛射炮。虽然这种令人恐怖的武器能发射燃烧弹，但是在实际使用过程中它的有效射程只有约75码远，因此可以作为一种小型局部战术武器，但仅此而已。

除了一贯准备充分以及采用各种出奇制胜的战术之外，马克西对自己的指挥才能非常自信。在战场上他能随机应变，而不是严格遵守时间表。当时，位于第十八师右侧的第三十师和法国将军法约尔部队的左翼也取得了成功。但由于地区军团司令担心继续扩大战果会非常危险以及当时军团左翼在进攻中失败，所以上述的这几支部队最后并没有继续往前推进。

马克西指挥的这场战斗被公认是远征军在1916年最完美的一场胜利。1917年时，他已经荣升为司令，其部队参加的战斗就包括伊普尔战役。一战结束时，他又被提拔为英军训练总指挥。后来，他还指出1918年的停战协定没有任何意义，只为德国重整军备并再一次征服世界提供了时间。

首日的战果

按照计划，远征军在索姆河战役第一天将取得一场干净利落的胜利，席卷多达九道德军战壕，接着骑兵部队将冲入秩序大乱的德军后方以及总指挥部。然而，最后除了在战线右侧取得了胜利，在其他地方均一无所获。在筹划这场战役时，黑格本人也比较犹豫。一方面他完全清楚协约国只有并肩作战才能取得胜利，另一方面他也知道如果在西线发动攻势，需要法国人协助。因此，这就是他当时把发动这场战役的时间、地点交由法国人决定的原因。他知道这场战役英国可能会付出巨大代价，而且他也清楚罗林森当时准备将人员大批撤离，防止出现伤亡，但是后来黑格再也没有遭遇到任何阻力。他还曾说过，要不是索姆河战役一开始取得了成功，他当时就会结束这场战役。所以问题来了，他为什么认为索姆河首日是一场成功？难道伤亡6万人，占领的地区也有限，而且在大部分战场都没有对德军造成沉重打击能算成功吗？其实，黑格当时并不知道，也不可能知道当天战场上的局面。那么，当天英国远征军在情报方面到底出了什么问题？对于这个疑问，要从以下三方面来回答。

情报传递

自7月1日7时30分开始，远征军将领和战役决策人员就将这场战役交到了军队中的中校和军官身上，这些人在带领士兵冲出去后很可能会面对伤亡的威胁。在战斗中，他们中大部分都在忙于完成自己的任务，所以将情报从前线传回的工作进行得十分缓慢，甚至有的地方情报根本传递不了。英国远征军步兵团中有一些专门负责传递情报的士兵，在当时派这些人将进攻部队的情报传回是最保险的方式，但这些人的伤亡情况非常惨重。随着进攻部队不断深入，他们进入了之前遭受他们预先炮击的德军阵地。这里因为被炮弹轮番轰炸，再加上几天前下的一场雨，所以道路难以通行。另外，此时德国人仍然控制着大部分战场。如果在没有掩护的情况下，要通过两军对垒中间的这片区域将情报送回，很容易受到德军机关枪手的攻击。因此在这种情况下，很多旅和师的后方指挥部对于战场上的局面缺乏了解也不难理解，甚至在很多地区攻击部队几乎没有将任何关键信息送至后方指挥官手中。

情报分析

当时，当将领们向士兵介绍完战斗目标并下达开始攻击的命令后，黑格紧张的心终于舒缓下来。他认为自己已经竭尽全力，剩下的交由上帝来解决。罗林森之前也曾这样写道：德军前线不可能经受得住长达一周如暴风骤雨般炮火的攻击。另外，远征军中一些中层指挥官在下达当日命令时也一再强调胜利就在眼前。黑格是个勇敢之人，敢于将真理这块石头扔进眼前这块平静的池塘中。情报部门的军官也是常人，他们中没有谁想激怒这些志在取胜的指挥官们。结果，他们在第一天分析情报时便开始睁一只眼闭一只眼，于是伤亡人数被放在了他们报告的最后，而且控制在要求的最低范围之内。置于报告最前面

◎ 索姆河战役第一天，被一颗就在身边爆炸的炮弹杀死的英军士兵。

◎ 救护车到索姆河前线运送伤员。

的则是占领德军阵地的消息。

在分析情报的过程中，情报分析员的职责是进行清晰、严密的解读。对情报的任何误读或扭曲都会引起情报部门军官的愤怒，但此时人性的一个缺点成了一个潜在的危险因素。情报官员在梳理大量报告之后应该基于事实做出分析而不是主观愿望，这样事实才能被一块一块地拼凑在一起。然而，当时他们仍然没有将事实确定。这其中可能存在认识不统一这样的因素，但他们当时并没有将这个问题指出。另外，维多利亚时代晚期的那种分层训练方式以及官员中的英国国教徒式的生活方式都重视个人完全自信以及自上而下式的指挥体系。所以当情报部门军官发现如果有任何情报与上级的决议相悖时，他们便会直接否定情报，对此我们也不要太过惊讶。如果将情报员送回的互相矛盾的情报向上汇报则又大大影响它们能起的作用。因此在当时情报部门上交的汇报中信息非常有限，根本不利于决策者对将来战事发展进行决策。

情报上报

每天当情报部门完成对情报的收集和分析之后，它们最终会被送给黑格的情报总长查特里斯，然后由他本人向黑格进行汇报。在战场上，对远征军发号施令的虽然是罗林森，但最终决定权仍然在黑格手中。从不少历史书上我们也知道黑格因为当时过分干涉罗林森而饱受人们的指责。在一战开始之前，查特里斯就一直跟随黑格。在黑格担任奥尔德肖特训练营总指挥时，他就是黑格的军事助理秘书，后来又成为黑格部队情报部门的重要一员。当时，查特里斯就有一个绰号叫“大管家”。在他晚年时，他的主要收入就是靠写一些关于黑格的回忆录。在这些回忆录中，他曾写道他在担任情报总长期间负责掌管黑格的情报工作，而且为了不引起他的不悦常常对他报喜不报忧。现在我们根本不知道在1916年7月1日那天晚上查特里斯是如何将当天远征军的伤亡情况向黑格汇报的，但结果我们都知道，这场战役并没有被取消，而且一直持续长达140天，远征军共发起了十二轮进攻。

7月2日及后来之发展

索姆河战役发生在一战中期，而且也是年中的一个月份，是一场相对独立的战役。但是我们还是将它与同年爆发的凡尔登战役、勃鲁西诺夫攻势、伊松佐河攻势放在一起，毕竟这些战役都不是在一天就结束了战斗。当这场战役结束时，人们当时并不像我们现在这样认为这场战役的首日是一场灾难。尽管如此，第一天取得的战果比较有限，这一点所有人都不可否认。然而，对于黑格来说在当天晚上就下令结束这场战役未免太过仓促，而且他也曾计划如果第一天不能取得成功就放弃这场战役。然而，毕竟黑格曾向法国人许下承诺，所以战斗不可能终止。所幸的是，随着战役的不断进行，远征军的将军们终于看到了现实的残酷，而且他们迅速从中汲取了教训，尤其是罗林森。当时仅在两周之内，他就以在十三天前花费巨大代价夺取的阵地为起点，策划并发起了一场大规模夜袭战。一般来说，夜袭战的组织和实施都非常困难，但是他7月14日的夜袭战取得了胜利。同时，这也显示出当时远征军士兵的进步非常大，甚至超出了远征军将领在7月1日之前对他们的期望。在这次夜袭中，远征军攻占了隆格瓦勒村。从此远征军在德尔维拉森林南部有了一个重要的立足点。

弗罗梅勒的战斗

最近人们将注意力纷纷转向在索姆河战役爆发前英国远征军进行的一场战斗。当初他们发起这场战斗的目的是将德国人的注意力从索姆河战场引开，但结果德国人从索姆河前线调集来了大量后备军。索姆河战场以北40英里处有一个叫弗罗梅勒的小村庄，这个村庄处在一块山坡之上，山坡之后就是德军防线。占据这块山坡能封锁周围三面的低地。在这个村庄，德军当时已经做足了防御准备，将它建成了一个微型要塞。远征军在7月19日18时对这里进行了短暂的猛烈炮击，接下来远征军第六十一师和澳大利亚第五师开始发起进攻。当时，这两支部队刚抵达法国还不足两周，而且士兵也都缺乏作战经验。结果这两个师在这第一场行动中双双遭受重创，澳大利亚第五师伤亡5533人，第六十一师1500人。这场战斗是澳大利亚军事史上在一天中伤亡人数最多的一次。第二天，远征军总司令部发布了一个公报，公报上写道："昨天傍晚，我们在阿尔芒蒂耶尔以南沿2英里长的战线采取了多次重要行动，最后俘虏了140名德军士兵。行动中，有澳大利亚士兵参与。"战地司令理查德·霍金当时在他的报告中这样写道："这场战斗虽以失败告终，但我们两个师都获益匪浅。"

英国官方对弗罗梅勒之战的态度引起了很多澳大利亚士兵深深的不满，在澳大利亚国内也是如此。一战结束之后，英国战争命名委员会认为弗罗梅勒之战并不具备冠以"战役"的条件。此次事件之后，澳大利亚人开始将霍金称为"屠夫霍金"。对此，现在有一位作家给出了自己的评价，他认为澳大利亚人之所以给霍金起这个绰号，可能是因为他们对他喜爱有加。然而，人们并不认同他的这个说法，尤其在澳大利亚。

这场战斗结束后，德国人将所有协约国军队士兵的遗体埋在了三个巨大的墓穴中。几年之后，帝国战争公墓委员会将这些士兵的遗体挖了出来，然后安葬在了附近的一些公墓中。在这场战斗爆发的九十年后，有一位名叫兰比斯·思格尔索斯的澳大利亚业余历史学家提出，帝国战争公墓委员会当时漏掉了另一处墓穴，而且他还拿出了大量详细的调查证据证明这处墓穴的所在方位。

2010年时，英联邦战争公墓委员会在时隔五十年之后修建了第一个全新的战争公墓——弗罗梅勒（野鸡森林）军事公墓。当时，威尔士王子和澳大利亚总督亲临现场为新公墓的落成致辞。后来发现的那个大型墓穴中挖出的士兵遗骸也被安葬在了这个公墓中，其中有203人被确认是澳大利亚人。在对第一批75具遗骸完成DNA检验后，所有遗骸都得到了确认，但是要确定具体身份尚需时日。

德尔维拉森林的战斗

这片森林又称“恶魔之林”，位于蒙托邦村后方一道山脊的东南端，德军的主要防线就设在这里。像很多村庄一样，德军也将这片树木繁茂而且占据有利地势的森林作为他们的防守据点。英国远征军在7月13日通过夜袭占据了森林南部的一小块区域，并依此作为暂时的立足点。

1915年11月时，有一支南非步兵旅抵达法国。他们经过一段时间的训练后在7月2日抵达索姆河地区，准备参加在该地区的一系列行动，当时他们被部

◎ 协约国军在索姆河森林战场中的一处战壕。

署在远征军防线的东南端。后来，他们在该地区臭名昭著的伯纳斐森林和特罗纳森林参加了一系列行动，死伤537人。

获得7月13日夜袭战的胜利之后，远征军的下一个目标就是攻占仍然由德国人控制的德尔维拉森林。这片森林最宽处长达500码，纵深稍短。因为森林面积不小，所以一个旅也不足以将其占领。尽管如此，这个任务后来还是落到了这支南非旅的头上。于是7月15日一早，这个旅的3153名士兵从他们之前占领的森林南部的一小块区域开始向森林发起攻击。

这支南非旅和德军在森林中一直鏖战了七日。德军在反击时用火炮几乎将森林中的每一棵树都炸倒在地，而且每一根树干也几乎都被炸碎，所以此时在森林中前进异常艰难。另外，向此地派出援军或运送给养也是举步维艰，后来这支南非旅几乎弹尽粮绝。当时，他们坚守森林的唯一办法就是等到德军渗透力量接近他们躲藏的弹坑或是树后时，用刺刀与之拼命。

援军直到八天后才赶来，这时南非士兵们终于可以撤退，但此时只有142人走出了这个森林。这些人与这个旅当时并未参加此次战斗的其他士兵加在一起也就只有780人，而这支部队在六个月之前在法国登陆时共有5628名将士。

南非旅因为在德尔维拉森林中的英勇表现共获得了六十四枚英勇勋章，包括四枚维多利亚十字勋章。这四枚勋章中有三枚是因为他们在德尔维拉森林之战前进行的一场长达五天的行动，另一枚则因为他们一周后对德尔维拉森林发动的攻击。

波济耶尔岭的战斗

这座山岭横跨阿尔贝至巴波姆的公路，与之几乎形成直角。德军在这座高耸的山岭前修筑了第一道防线，并将此山岭作为天然的第二道防线。德军当

◎ 1916年11月，法国索姆省波济耶尔附近，莫凯农场里残留的德军防御据点遗迹。

时像在很多村庄中一样，在第一道防线前也修筑了很多防御工事，但在第二道防线并非如此。如果英国远征军打算攻占该地区，那么必须要占领这座山岭。但是如果它一直被敌人占据，从两边发起进攻可能也只是徒劳。如果能在该地区取得突破，那么将会有更大的收获，德军的第三道防线此时也只是在计划之中。当时，在7月1日拿下这座山岭就是罗林森的计划之一。

然而，直至7月中旬，罗林森的第四集团军仍尚未开始行动，结果高夫的后备军接过了这个任务。经过非常仓促的计划和准备，刚抵达索姆河地区才两天的澳新第一军团于7月23日向波济耶尔村发起攻击。当时，这个村庄离澳新第一军团的战壕只有200码远，所以几小时之内村庄就被攻陷。然而，往山岭顶端进攻却花去了澳新第一军团四天时间。四天后他们的伤亡人数已达到3500人，其中大部分都是澳大利亚人。在发起第一次进攻两周后，这座山岭终于落入了澳大利亚人的手中。然而，仅仅占领这座山岭还不够，如果要守住它，必

© 1916年9月15日，法国索姆省弗莱尔库尔瑟莱特，英军坦克投入战斗的第一张正式官方照片。索姆河战役进行两个月后，英军配置了这种新式武器：坦克。尽管参战的大多数坦克都在战场抛锚，或者没能到达目的地，但其作战潜力已经充分体现。

须摧毁德军在蒙奎农场附近的据点。这些据点就在这座山岭的另一面，靠近蒂耶普瓦勒村。于是高夫命令澳新第一军团再接再厉。后来，他们继续向前猛攻，像一把尖刀插入了这片地区，而且最终取得了胜利。此时，远征军其他部队都被他们远远甩在身后。接下来，他们便在这里巩固阵地，但同时也吸引了德军的注意力。经过三周激战，这个军团的伤亡人数不断增加。五周后，已达到2.3万人，而蒙奎农场和蒂耶普瓦勒又回到了德军手中。

> 波济耶尔村所在的地区在整个索姆河战场中是战斗最为血腥的地方。现在在阿尔贝至巴波姆的公路旁就有一个公墓，公墓中的纪念墙上刻下了14600名士兵的名字。这些士兵有的当时在这里阵亡，有的失踪，有的其遗体也不能被确认。如果您去索姆河战场参观，很可能会路过另一个公墓。这个公墓有2758座坟墓，其中1380座坟墓中的遗骸不能确定身份。其实，在波济耶尔村周围就有很多遗体仍未发现。

弗莱尔-库尔瑟莱特的战斗

此时，索姆河战役已经进入到了第三个月，但是在北部战场按计划第一天必须夺取的目标至今尚未完成。为了打破这种僵局，远征军动用了一种新式武器——坦克。至九月中旬时，远征军声称他们已集结了约50辆坦克。在9月15日早晨，远征军两个师共计10万名攻击步兵冲出了战壕。当时，这些坦克中有三分之一并没有抵达进攻发起点，还有三分之一没有突破过去，结果只有15辆坦克真正参与了此次进攻。虽然它们数量不多，但是在战场上的作用非常明显。在很多地方，德军的防御力量顿时被瓦解。当时，英国皇家陆军航空队的一个侦察飞行员曾这样说道：“有一辆坦克正在弗莱尔的大街上晃悠，后面跟着兴高采烈的英国士兵。”

索姆河战役收官

随着夏季一天天过去，英国远征军发起了一场又一场的战役，旨在夺取一个又一个阵地。最初这些阵地的名字只是被他们一提而过，而且原以为在索姆河战役的第一天早晨开始就会被顺利拿下。其实，远征军索姆河战役首日7月1日发起的攻击只是阿尔贝战斗，那么这场规模空前的索姆河战役到底包括多少这样的战斗呢？

索姆河战役的最后一场是10月1日发起的昂克尔河战斗，这是远征军为攻取蒂耶普瓦勒和其他俯瞰昂克尔河的高地而进行的最后一搏。像索姆河战役中

◎ 索姆河战役期间，由于战地医疗所容量有限，很多重伤员不得不被安置在空地上，很多人因为寒冷和缺乏药品而丧生。

很多后续战斗一样，攻克这片地区的重任交由高夫的后备军完成。此时的高夫已经是一位能随机应变的将领，再加上战前准备充分，所以昂克尔河战斗取得了理想的效果。黑格就是带着这场胜利参加了在当月月底举办的协约国计划会。此时，黑格并没有结束索姆河战役的打算，所以高夫也没有停下脚步，结果在索姆河战役的最后四天远征军又遭受了一场惨败，伤亡人数虽然不及7月1日这天多，但的确是一场惨败。

随着时间由10月转入11月，冬季在此时突然降临，地面上到处都是泥泞的黏土和白垩粉，士兵们一旦离开公路就寸步难行。此时，黑格的手中已拿到了可以称之为胜利的一些资本，可以带到凡尔赛的和谈会议上，因此在11月18日，持续了140天的索姆河战役正式结束。

法国人与索姆河战役

很多历史简写本中都很少提及法国在1916年夏季和秋季参加了索姆河战役。当时，他们位于英国远征军东面，横跨索姆河，并将小城佩罗讷作为他们进攻的中心目标。参与索姆河战役的法军由五个师组成，而且战线较短，但是这五个师中的士兵都有丰富的作战经验，身上的装备也比较精良，再加上火炮布阵非常专业，所以他们在发动第一次攻击时气势如虹。当时，甚至他们的司令马里·埃米勒·法约尔根本不愿交出自己的帅旗。法约尔的第六集团军仅仅以这几个师的兵力，就对长达8英里的战线展开进攻，这一点与英国远征军相比也毫不逊色，远征军的战线也就12英里长。在索姆河战役结束时，法军占领的阵地也几乎和远征军占领的相当。我们从这些信息中甚至可以推断当时法军是为了和左侧的远征军形成联系才停下了进攻脚步。

> 不少人也客观地指出，当时英国远征军面对的是最强大的德国

◎ 法军援兵在开赴索姆河前线的路上。

防御力量，因为在索姆河以北地区，很多功能类似据点的村庄构成了德军防线的心脏。而相比之下，法军遭到的抵抗就少得多。虽然如此，法国人在索姆河战役（法国人称之为1916年第二次战役）中取得的胜利是他们在一战爆发后三年中取得的为数不多的几场重大胜利之一。

索姆河战役盖棺定论

直到如今，人们也一直在争论索姆河战役是否是一场胜利。然而，不可否认的是仅在这场战役的第一天，英国远征军就付出了历史上最沉痛的代价。其实，常常所谓的“第一天”也就指的是第一天上午。最后英国官方公布的数字是伤亡57540人，或者与这一数字接近。但人们往往只记得一个大概，比如在所有参与当天进攻的士兵中有2万人死亡，4万人受伤，伤亡人数占四成，而且随着战斗的不断进行，后来又伤亡36万人。

在这场持续时间超过五个月的战役中，德军的伤亡人数与英国远征军不相上下，43.7万人对42万人。但是，如果我们将法军伤亡的20万人计算在内的话，而且如果这场战役的目标是打击德军士兵的话，那么这场战役的结果的确事与愿违。另外，这几个数字还反映了另一个事实：虽然法军的伤亡人数约有20万人，但是与法军作战的德军伤亡人数也基本与其相当，这说明德军只以伤亡22万人的代价换来了远征军伤亡42万人。当时，黑格发动索姆河战役最主要原因是答应法国一定会缓解凡尔登受到的压力，如果果真如此的话，这场战役的目的也就达到了，因为当时法金汉很快就停止对凡尔登派出援军。但是如果黑格的目的是以这场战役作为发动一场大规模突破行动的前奏，将德国赶出法国，那么这场战役的确可以算作失败。然而，现在人们一直争论不休的，是1916年爆发的这两场互相呼应的战役——凡尔登战役和索姆河战役——是否最终导致了德军在1918年的彻底溃败，是否索姆河战役可以被称为一场伟大的联合胜利。

◎ 索姆河战役结束后，战场上除了死尸、满地狼藉、刺鼻的恶臭和无尽的烂泥之外，别无其他。

◎ 德军战俘被运送到后方。地狱般的索姆河战役对他们来说，已经结束了。

诺尔·查瓦希与十字勋章和维多利亚十字勋章

在1915年利物浦苏格兰人营在伊普尔遭遇失败后，他们为进行重组暂时退出了战场。1916年8月1日，他们终于回归，出现在索姆河前线东端，即战场右侧。此时，利物浦苏格兰人营的军医查瓦希相信如果士兵们看到他，一定会大受鼓舞。他也愿分担他们的痛苦，因为按照他自己的话来说，他就是“一普普通通的老百姓”。其实，他当时也很痛苦。因为牙齿发炎，他去找在战前结识的一位牙医为他治疗。后来，这位牙医在为他拔牙时不慎把牙齿弄断，弄断后那半截牙齿就一直没被拔出来。另外，查瓦希的背部当时也有一些弹片，这也让他非常痛苦。

利物浦苏格兰人营隶属于英国远征军第五十五师。当时这个师正计划在8月9日攻打马梅特东面的森林和德军据点，以及德尔维拉森林下方的地区。英国人给德尔维拉森林起的“恶魔之林”这个名字已人尽皆知。此时，查瓦希到了他在前线的一贯阵地——医疗点。利物浦苏格兰人营在发起进攻之前，由于失误后来遇到了一些挫折。虽然这个营集结了四次，而且对格莱蒙特村这个目标发动了四次进攻，但是他们还是倒在了战场上的铁丝网前。最终这个营有17名军官以及96名各级士兵或战死，或失踪，另外还有167人受伤。

当时，有人看见查瓦希当天夜里出现在无人地带。只见他手中拿着手电筒，正在寻找伤员和士兵遗体上的军籍号码牌，后来又安排担架员将伤员抬回本方战壕。但不幸的是，他再次受伤，一个弹片击中了他的大腿。不过所幸的是伤情并不严重，一个月之后也就出院并返回了部队。在10月时，陆军次大臣德比伯爵在给他的老朋友利物浦主教写的信中向他透露他的儿子查瓦希将会被授予维多利亚十字勋章。为了救死扶伤，查瓦希一直以来都敢于冒着生命危险，此时他的这种大无畏精神终于得到了承认。

沃尔特·塔尔

当时，在查瓦希的医疗点以北不足1英里处，还有一个人堪称一战中的英雄——沃尔特·塔尔。在很多英雄的故事中，塔尔的故事可能最令人激动不已。他是一个巴贝多人的儿子，但是从九岁起就成了孤儿，后来被贝斯纳尔格林卫理公会孤儿院抚养长大。因为足球技术精湛塔尔被托特纳姆热刺队签下，并参加了这支球队在当时联赛的第一场比赛。后来，他被转会到北安普敦城队这个当时英格兰顶尖的足球俱乐部。在这支球队的一队，他的出场次数多达100次。塔尔是英国足球史上第二个黑人专业球员。但是一战爆发后他就自愿加入了当时英国远征军刚组建的一个新营——米德尔塞克斯团第十七运动员营。接下来，在一年之内他就从二等兵被提拔为准下士，然后是下士，再接着是中士。塔尔在索姆河战役中幸存下来，1917年时被派往意大利，在1918年又回到了索姆河战场前线。他总共经历过六场关键战役，比如1916年索姆河战役，1918年第二次索姆河战役以及1917年帕斯尚尔战役。但是所有这些经历都不及一件事更重要——1917年他被任命为军官。当时，塔尔是英军中唯一一名黑人军官。

一直以来，人们都认为《武装部队军纪条例》严重影响了国王委员会对“黑人以及其他有色人种”士兵的嘉奖。但是这种说法在2010年11月12日在该委员会给《泰晤士报》写的信中被驳回，国王委员会指出他们从来没有如此执行过，尤其对于像塔尔这样天生就是一名优秀军官的人。

和平的触角

在大西洋的对岸，一直主张和平的美国总统威尔逊此时又担当起了调停者的角色，同时奥地利的新皇帝卡尔也向法国求和，但这两人都未获成功。各国都在怀疑美国的动机，尤其是德国。当时，美国的工业继续飞速发展而且金融实力不断增强，所以德国认为美国定会倒向英国，而不是他们声称的将以一种中立的姿态来进行调停。此时，奥地利连一个朋友也没有，他们以送出领土为条件换来与法国停战，但后来被发现这些领土竟然包括德国领土，所以当时奥地利既不能向法国履行承诺，也不能说服德国相信他们并没有违背诺言。

◎ 德军士兵在木牌上书写“别激动”的德语字样。

◎ 英国人更绝，直接在一座废墟前竖起了一块写着“此旅馆出售”的木牌。

第五章　1917年——等待之年

1916年，对于英国人来说是在索姆河战场的试验之年，对于法国人来说是在凡尔登战场的考验之年。而1917年则让另一些战场的名字——维米岭和帕斯尚尔——一直在人们耳边回响，尤其是加拿大人、澳大利亚人以及新西兰人。然而，这一年的一系列大事件却是以贵妇小径之战为开始，以美国人到来为结束。

贵妇小径的战斗

兰斯西北方向距巴黎市中心不到80英里的地方有一座绵延的山脊，这里绿树成荫。当年法国国王路易十五曾沿着这座山脊为他的女儿们修筑了一条休闲小径，人称“贵妇小径”。这里易守难攻，可能是整个西线战场最险要之处。自1914年晚期战壕危机爆发后，德军就占领了这座山脊。后来他们投入了大量时间在山上修筑了一系列的据点、战壕和掩体。这些防御工事俯视着下方大片区域以及前方的埃纳河。

尼维勒将军在取得凡尔登胜利后，于1916年最后的一天再次获得提拔，被任命为法军总司令。这对于一个三年前只是上校并即将退休的人来说的确是莫大的骄傲。但此时他仍然重复着他在凡尔登说过的那句话，“我有秘招”。

后来，尼维勒选择对贵妇小径的德军阵地发动攻击，其真正原因现在也不明朗。这里并不是协约国在1916年12月召开计划会时确定的攻击地点。当时在这次会议上，霞飞还是法军总司令。但在接下来的一些天后，霞飞遭到解职而尼维勒实现了升迁，取代了他的位置。尼维勒认为这归功于他很有想法，于是便觉得没有必要遵照计划会的安排行事。尼维勒之所以选择贵妇小径作为攻击目标最有可能的原因是，这里的德军防线处于其突出部的末端。当时这个德军突出部规模巨大，其北端位于索姆河战场以北的阿拉斯。尼维勒希望英国远征军在沿着这个形状宛如口袋的突出部的北侧向前推进时，法军能沿着突出部南侧向前推进。到达德军后方时，两军再形成合力，届时德军突出部的所有物资、所有人员都会被他们擒获。但对于这个雄心勃勃的计划，当时黑格及尼维勒的副手贝当都表示反对，而且法国政府新陆军部长保罗·潘勒韦也对尼维勒的提议表示怀疑。然而，尼维勒以辞职相威胁，轻而易举地降服了军政要员，他心里清楚一旦自己辞职政府就会坐不住了。当时尼维勒设计进攻套路，现在看来，非常一般。先用7000门火炮进行一阵猛攻，接下来下令1百多万人一齐进攻。不过每支部队的进攻方式可能有别，包括进攻部队的冲锋营。尼维勒确信这场攻势会取得成功，但如果在发起进攻48小时之后不能取得重大突破，他会立即叫停。后来，当他即将采取行动时，德军也知道了他的这个秘招——第二次埃纳河战役。原来尼维勒平时和政治家以及记者交流时非常不谨慎，而且更糟糕的是，在这个计划的准备阶段一名法军军官在一次侦察行动中被杀，当时这名军官的身上竟携带着整个计划框架的副本。接下来，这些材料被完好无损地送至德军高级指挥部。经过研究，德国人认为材料真实有效。于是，德国人做好准备，准备迎接这让人梦寐以求的攻击。

4月16日，法军开始发动进攻，但这第一天对于法国人来说简直是灾难。虽然当时的记载并不一致，但现在人们普遍认为法军在当天伤亡及失踪9.7万人，这个数字比英国远征军在索姆河战役第一天损失的人还要多六成。在接下来的五天中，法军每天伤亡约6000人。至5月3日时，法军已招架不住，而且军队内部出现不和。当时，有一个营在奔赴前线的路上遇到一个前来检阅的将军，随即这个营的所有士兵都冲着这个将军学羊叫。有些军队宁愿防守，也不愿再继续进攻。平日里不受欢迎的军官这时也可能遭了殃。当时，法国军政要员们担心起来，怕士兵会自行解散，直接回家，让法国陷入比在普法战争期间还要悲惨的境地。最终，尼维勒的这场号称在1917年结束一战的攻势在5月9日停止。之后，尼维勒就被解职并被打发回家。

尼维勒的法军总司令只坐了不到五个月，而且他在凡尔登以及贵妇小径下方的埃纳河这两处战场的指挥，使法国在不到两年内损失的兵力，比拿破仑在二十年中损失的还要多。

这时，贝当一边抱怨着“他们只在着急的时候才想到我”，一边走马上任，取代尼维勒担任法军总司令，着手解决当时法军面临的危机。他不仅在军队中强制推行一些涉及后撤、作战以及纪律等方面的改革，而且还下定决心只有在军队做好准备之后才会对德军展开进攻。另外，贝当还让自己手握的权杖发挥最大的作用。当时，军事法庭对很多参与兵变的将士判了死刑。虽然官方档案显示最后只有约一半的人被执行死刑，但当时很可能每个团都进行了秘密处理，所以最后真正被处死的人其实比官方披露的要多。

民间一直流行着这样一个说法，当时参与兵变人数最多的几个营后来被拉到一些僻静之地，然后一个个士兵被火炮炸得粉身碎骨。另外，还有很多流传在民间的证据表明，甚至有一个俄国的师也被法军炮兵消灭。当时，这个师正在法国作战，因为意识到俄军和俄国罗曼诺夫王朝即将垮台，所以也参与了法军的兵变。

在当年余下的时间里，贝当一直在忙于恢复法军的战斗力和士气。当时，法国没有制订任何进攻计划，直到后来美国人加入后，一战才进入到下一阶段。

阿拉斯战役

自从4月初开始，英国远征军就按照尼维勒制订的计划一直猛攻阿拉斯地区。当时，在3月20日他们开始进行预先炮轰，接着在4月9日发动了第一轮进攻，而一周后尼维勒在贵妇小径也开始行动。当时，远征军不顾黑格与其他人的担忧，仍然按照事先与尼维勒的约定展开行动。后来，虽然由于远征军的一些战地司令误读了当时德军的新战术，导致远征军在局部地区陷入被动，但在

◎ 1917年4月，协约国发动阿拉斯攻势期间，加拿大机枪手在维米岭挖掘散兵壕。从1914年起，维米岭就成为德军重点防御的一个阵地。英国远征军加拿大军在1917年4月9日，向维米岭发动进攻。

战线北端他们还是有一定的收获。这场战役是阿拉斯战役的九大关键战役之一，也叫第一次斯卡尔普河战役。

维米岭的战斗

阿拉斯以北的维米岭当时是德军巨大突出部的前端，像一把尖刀直插英国远征军和法军的防线。两军如果想向维米岭推进半步，都会遭受到德军的沉重打击。1915年法军曾试图攻克这座山岭，结果吃了败仗。从那以后，法军一直就驻守在维米岭下。在这里协约国军队损失了不计其数的兵力，单是1915年的那一次，法军就伤亡15万人。后来，远征军从法军手中接管了这一地区，被解放出来的法军被调到了凡尔登战场。尼维勒计划如果要攻下德军的这个突出部就必须通过一场小规模攻势使军队渗透至维米岭这道天然防御屏障的南面。然而，黑格提出,如果依照尼维勒的计划行事,就必须攻克维米岭以保护远征军第三集团军的左翼。最后，攻克这座山岭的任务交由加拿大军团完成。加拿大军团在德国人眼中是英国远征军中最精锐的部队。当时，这个军团始终坚持自己的独立性，拒绝一切外来军队的加入。因此，在维米岭一战中，远征军甚至专门调来了一个师支援他们。

> 当时接手加拿大军团的是朱利安·宾爵士。宾是英国著名海军上将宾的后人。因为宾上将于1757年在米诺卡岛的无私表现，伏尔泰对于他后来被处死一事曾这样写道：“他鼓舞了很多人。”宾在荣升上将之前是纽芬兰准将，因此他的后人朱利安·宾对自己祖先能恢复加拿大与纽芬兰以及其他殖民地的联系非常自豪。

对于这场攻势来说，做好准备就意味着一切。当时，远征军按照德科维尔

◎ 1917年3月24日拂晓，阿拉斯战役开始后，在渐进的炮兵弹幕掩护下，一位英军指挥官率领苏格兰步兵发起冲锋。

◎ 1917年4月，加拿大士兵在维米岭照看一位德军伤兵。加拿大军在这场战斗中的伤亡人数并不少，但依然在3天的战斗结束后，成功攻克这座山岭。

在一战前发明的窄轨型铁路修建了一条预制轻轨铁路。这条铁路承担往前线运输物资的任务，比如水和食物，尤其是武器弹药。另外，远征军还在阵地后方挖掘了十二条坑道，这些错落有致的坑道不仅从地下直抵前线战场，而且可以用来调集军队、运送给养和弹药，可以从中铺设水管、电线等，德军根本察觉不到。坑道中过道的两侧还修建了一些巨大的洞穴，可以容纳2到4名士兵。这些士兵虽然就驻扎在前线地下，但非常安全。另外，远征军还修建了一个小型手术医院以及指挥部和情报中心，这些建筑都位于地下。除了这些坑道之外，远征军早在几个月前还在维米岭上的德军战壕下也修筑了一个个爆破坑道。当时，在远征军第一集团军司令霍恩将军看来，拿下维米岭只是时间问题。

随着备战工作的不断进行，远征军在士兵训练方面的工作也不断深入。当时，他们不仅在前线后方制作了一个与攻击区域地形相似的模型，而且每一名士兵都对战斗进行了一遍又一遍的演练。所有人都清楚他们眼前的局面，也都知道他们的目标。半生不熟的步兵摆着方阵冲向敌人的场景已经一去不复返了。此时，炮兵的技术已大为提高，而且他们与步兵的配合也渐入佳境，彼此都互相信任。一旦发起进攻，步兵知道炮兵会万炮齐射，这时他们向前推进的速度要与其一致。到时炮弹会在他们的前方爆炸，会逼着德国人躲到地下掩体。等到德国人再从掩体中出来打算进行反击时，为时已晚。远征军的训练中有一项是在进攻中如何保持步姿的内容，即“维米滑步”,采取这种步姿向前推进，士兵每分钟能前进100码。

此时，英国皇家陆军航空队也派出大批兵力奔赴此战场，包括25个飞行中队，共365架飞机。他们的职责是进行空中侦察，锁定火炮并夺下制空权。然而，这支飞行队后来损失惨重。在正式发起进攻前一周，他们就被击落130多架飞机，而且后来又被击落了150多架。当时，“红男爵”里希特霍芬指挥的“狩猎飞行中队”声称，在这场战役中他们打下了英国皇家陆军航空队298架飞机中的89架。所以，这个4月对于英国飞行队来说是一个“血腥四月”。尽管如此，德军最终还是没有占据空中优势，而且也没有从空中获得足够的情报。

远征军的预先炮击持续超过一周时间。为摧毁铁丝网和公路，他们动用了700门轻型火炮、中程火炮和榴弹炮。另外，还投入了250门大口径火炮和榴弹炮进行反火炮攻击和摧毁局部地区德军据点。当时，他们每天朝面积约7平方英里的区域发射的炮弹超过15万枚。算起来，遭到火炮攻击的区域还比不上里士满公园大。

4月9日是周一，也是复活节。当天早晨，远征军步兵开始发起攻击。当时，加拿大人从掩体中蜂拥而出，直接奔向位于维米岭山顶和山坡的德军阵地。不到2小时，他们就占领了维米岭的绝大部分地区。至傍晚时分，维米岭北端的残余德军也被击败。4月12日时，加拿大人占领了最后的阵地，维米岭的制高点。在这场战役中，远征军投入的兵力共有10万人，结果仅付出了伤亡1万人的代价就攻克了这座山岭，而且直至一战结束也没有将其丢掉。这次定点进攻堪称一场经典胜利，不论从推进速度还是代价上看，都完全取得了预想的效果。

维米之南的战斗

攻下维米岭后，埃德蒙·艾伦比指挥的英国远征军第三集团军就能在阿拉斯以南继续推进。在接下来的六周时间里，第三集团军长达20英里的战线整体前移了5至6英里。其中，第九师的一个旅仅在一个上午就向前推进了1.5英里，并攻克了所有既定目标。当时，这个旅派出一个排作为先锋，士兵们在烟幕弹的掩护下匍匐前进。后来，其他几个师相继越过了第九师停止攻击的地带。第十二旅仅以伤亡147人的代价就攻克了方普村这个据点，并缴获了德军230门火炮。第十二旅的士兵来自英国四个不同的郡县，是一支典型的远征军步兵旅。这个旅的右侧是第十一旅。当时，第十一旅曾创造了一个一战纪录。他们向德国人经营长达三年的阵地推进了3英里多，而且在战斗中只伤亡和失

◎ 1917年5月，饱经战火摧残的阿拉斯城中的断壁残垣。

踪302人。这种结果实在令人费解，究其原因要么是因为德军像黑格一直以来都预言并信誓旦旦向英国政府保证的那样，已经丧失了战斗力，要么是因为远征军已经完全掌握了如何攻克重点布防的据点这项硬本领。但不久之后，这个原因才逐渐明朗起来。原来，当时德军并没有死守这个阵地，他们一直以来只是把它作为一道防守屏障，防止对手很快了解他们在这一地区的战略部署。

在阿拉斯战役进行得如火如荼的时候，法军发生兵变的消息立刻传到了黑格的指挥部。黑格当即下令绝对不能让这条让人绝望的消息外泄。虽然法军很快就对兵变做出了反应，但这时英国远征军必须独自承受在攻击德军时遭到的打击。在法军恢复元气并重新上阵之前，阿拉斯战役必须继续，英国远征军不论付出什么代价也要继续。阿拉斯战役，对于远征军来说，是一场胜利，但是有个事实却不能掩盖：他们虽然一开始取得了一些战果，尤其是在维米岭，但取得的战术胜利或战略胜利寥寥无几。

兴登堡防线

可能您会问了，在那个巨大突出部中的德军这时在做什么呢？其实，早在几个月前他们就已知道尼维勒即将发动攻势，虽然当时他们并不知道英国远征军对60英里之外的突出部北端将采取何种具体行动。然而，在研究大量的情报后，德国人认为英国远征军计划在突出部北端和德军展开一场对决的目的是将德军这个直插巴黎东北的突出部拔掉。于是，德军没有坐以待毙，而是修建了一条新的防线——“胜利和平防线”——以及一些附属设施。这条防线被英国远征军称为兴登堡防线。它横穿突出部的袋口，东起阿拉斯东部，后靠索姆河战场但位置偏南，穿过圣康坦、拉费勒一直延伸到苏瓦松，总长约70英里。德军在2月时从突出部退至这条新防线。他们在撤退前，不仅炸毁了突出部的所有道路、桥梁、建筑和水井，还点燃了森林中的树木，绞尽脑汁地将这片地区弄得面目全非。即使敌人攻来，也只能望洋兴叹。1916年时巴伐利亚皇储鲁普雷希特在这里取得了一系列的战果。而此刻，他对这里的战局却恼羞成怒。他认为不论一战的结果如何，德国人将来都会时常想起这个突出部当时遭遇到的打击。这里他们曾经重兵把守，但此时已是一片荒芜，甚至走上几步都危险重重。到处是未爆炸的炮弹，一截一截的铁丝网，深深的弹坑以及废弃的战壕，但大部分区域仍然在位于德军新防线后方的火炮的射程之内。另外，德军在撤退前还在这里布下了重重陷阱。一旦英国远征军士兵随手捡起一个废弃的头盔或者其他物品作为纪念的话，很可能会因此而丧命。

当时，德国人建立这条新防线和向这条新防线撤退的行动被命名为“阿尔贝利希行动”。此名称源于尼伯龙根的一个古老的传说。阿尔贝利希就是这个传说中的那个十恶不赦、老奸巨猾的小矮人。整个行动计划由一个受过传统教育的德国人设计的。

德军的撤退不仅使自己的战线缩短约30英里，而且拉近了他们与运输线的距离，铁路终点和物资存储站都在不远处。相比之下，英国远征军和法军占领的只是一片苍白的不毛之地，所以在接下来的几个月中后勤运输问题一直折磨着他们。

至1917年中期时，可以说双方都没有在战争中占据有利地位。德国人在埃纳河痛击了法国人，致使后者在很长一段时间内防守乏力。英国远征军中的加拿大人已将德国人赶出了维米岭，而且远征军第三集团军迫使德国人将战线往阿拉斯以东收缩了大约5英里。然而，德国人以放弃突出部并撤至兴登堡防线作为代价巩固了阵地。在东边，俄国人因为革命和内战正处于水深火热之中。此时，奥地利人正和意大利人打得难解难分。总之，从当时的局面判断，似乎德国人稍占上风。

美国人加入

4月7日时，德国一些具有远见的将领和政治家意识到其实他们败局已定，因为前一天美国正式宣战。接下来，美国的各种物资以及大批士兵将会源源不断地被运往那些英法联军已经陷入僵局的地区。

第一批美军在6月抵达，其指挥官为约翰·潘兴少将。潘兴虽然身为黑人，但已是一名战功卓著的骑兵指挥官，人送外号“黑桃J”。当时，他决心不会让他的军队陷入任何一个折磨英法联军的绞肉机之中，但面对当时艰巨的任务，他毫无经验可言。美国在宣战后只向法国派出了55架飞机，同时用船运来的兵力还不足2.5万人。另外，潘兴决定在下令军队展开大规模攻势之前要节约资源，积累人员、物资以及经验。后来，他并没有等太久。到6月底时，他的军队已达到17.5万人，这些人有的已到达法国，有的正在赶往法国的路上。不久，潘兴在法国指挥的军队几乎达到200万人以及一支据称拥有1.7万架飞机的空军部队。协约国在1917年面对的最大问题就是如何指挥这些新兵。而对于德国来说，他们的最大问题是要在美国真正介入之前赢得决定性的胜利。

第三次伊普尔战役及帕斯尚尔战役

在政治层面上，法国人希望能重新发动进攻，将德国人此时的注意力从他们羸弱的军队身上转移开来，而此时伦敦的注意力再次向比利时海岸沿线以及U型潜艇转移，因为船只的损失越来越严重，大西洋间的物资运输也受到威胁。面对这种局面，英国皇家海军并不是十分自信。他们坚持认为攻占德军海军基地是当务之急。于是，肃清比利时海岸沿线成了当时的最主要任务，这项任务最后落到了黑格身上。

此时，在伊普尔突出部指挥英国远征军作战的仍然是普卢默。普卢默是个目光长远之人，他早就认识到必须彻底铲除盘踞在半圆形高地至伊普尔突出部东面和南面的德军。这里地势高耸，可以俯视下方远征军突出部所在的平原地带。之前远征军就已开始在德军盘踞的山脊下方挖掘坑道。至1916年6月时，这些坑道终于完工，共计24条，而且论规模算是远征军历来挖出的最大一批坑道。此时，这些准备已有一年的坑道终于可以发挥作用。在挖掘坑道时，即使地表遍布沼泽和河流，也能顺利进行。其秘诀在于在向下挖掘的过程中，在坑道四周贴上防水薄膜，然后再附以混凝土进行加固。这些坑道中有20条规模比较庞大，而且位于地下90英尺深处。在挖掘过程中，远征军首先穿过了地表沼泽，接下来是厚重而且危险的青土层，之后是地层深处的白垩层。他们选择从离本方前线较远的地方开始挖掘，这样从坑道中清理出来的青土不易被德军发

◎ 1917年4月2日，美国对德国宣战后，美军部队接二连三地乘船离开美国港口，前往法国战场，平均每个月大约有20到25万美军前往欧洲。

现。另外，为挖掘这些坑道远征军还运来了修建伦敦地铁时用的钻机，但可惜的是钻机在厚重的青土层根本不能正常运转。于是，远征军又对士兵进行层层筛选，将一些具有隧道挖掘经验的人挑选出来，转而采用人工方式进行挖掘。

坑道战也有其自身特点。当时，德军已经知道英国远征军在挖掘坑道，于是他们采取了大量的反制措施。为了保护坑道，远征军士兵也做出了回应。在这期间，偶尔会出现这些情况，比如一方在进行挖掘时竟然挖到了对方的坑道。于是，在伸手不见五指的坑道中或只借助一些微弱的光亮，双方展开肉搏战。另外，如果发现对方的坑道是大型坑道，就会对之实施小规模爆破，即潜炸。潜炸能摧毁爆破点周围的坑道，同时不会波及坑道上方的战壕以及地面。

当时，英国首相劳合·乔治并不赞同远征军为肃清比利时海岸沿线向伊普尔以北发动进攻。他不相信黑格以及黑格一再做出的承诺——取得胜利并减少人员伤亡。甚至他还将南非的扬·史末资将军派到法国以寻找合适之人取代远征军总司令黑格。史末资在布尔战争中曾是一名司令，但此时已是英国战争委员会的一员。后来，虽然史末资在法国并没有找到合适人选，但劳合·乔治仍固执己见，仍在计划将英国远征军交由法军总司令统帅。后来，劳合·乔治正式提出了这项建议，当时法军总司令正是尼维勒将军，但在英方移交英国远

◎ 1917年6月16日，在第三次伊普尔突出部战役之前拍摄的帕斯尚尔村地区的航空照片。第三次伊普尔战役，又称为帕斯尚尔战役，是一场争夺伊普尔市周围高地控制权的残酷战斗。

征军指挥权之前，尼维勒因为在贵妇小径战役中惨败被解职，所以劳合·乔治计划就此作罢。随后，远征军在阿拉斯赢得了胜利并在维米岭取得大捷。这时，喜怒无常的劳合·乔治下令准备发动第三次伊普尔战役。其实，他当时并不想下达这道命令，只是形势所迫而已。

梅西讷山脊的战斗

英国远征军如果要展开一场大规模攻势从伊普尔向外突破，就必须先占领伊普尔南部那片连绵山脊的南端，那样的话，在进行下一步更大规模的突破时侧翼不会受到威胁。此时，劳合·乔治已公然将所有军事行动的决定权握在自己手里。他规定任何计划在实施之前都必须征得他的同意。此时，他批准了远征军从伊普尔向外寻求突破。他认为这场攻势的规模和目标都比较实际，根本不像黑格指挥的那些攻势那样好高骛远。

这时，普卢默终于等到机会来展示他过去几个月辛苦的成果。对于德军来说，他们有充足的时间构筑坚固的防线。当时，他们已经吸取了教训，德军前线已不再人满为患，同时他们还完善了深度防御这一思想。梅西讷山脊南端是德军防守力量最为强大的地方。在这里，铁丝网和互相呼应的据点构成了一条狭长的带状防线。在这条防线中有的部分的外延甚至距主要防守阵地和火炮阵地1.5英里。

5月21日早晨时，普卢默打出了第一张牌，750门重型火炮以及1500门轻型火炮对准德军防线齐发。普卢默采用炮击的最主要目的是摧毁德军的铁丝网和地面据点，同时牵制并打击德军火炮部队。在接下来的十天左右的时间里，炮声隆隆，夜以继日。一个个远征军炮兵小队偶尔也会暂时停下来让炮手短暂休息，让火炮冷却。

6月7日凌晨3时10分，普卢默打出了最后的王牌，引爆坑道。当时，有2

条坑道因为被德军破坏而没有被成功引爆，另外还有3条远征军准备在攻势发展到第二阶段时才引爆，而剩下的17条坑道同时发生爆炸，产生的效果完全如普卢默之前预想的那样。对于远征军来说，此时的梅西讷山脊几乎唾手可得。远征军之前在坑道中埋下了共计约100万磅重（约420吨）的高爆炸药，这些炸药当时被引爆后几乎将梅西讷山脊的地形进行了重塑，同时大约有1万名德军士兵瞬间被炸死。在20英里之外的城市里尔，巨大的爆炸声吓得法国人全都从床上跳下来，跑到外面街上，还以为当时发生了地震。甚至在100英里之外的伦敦，英国人也在睡梦中被爆炸声惊醒。

当德军士兵的尸体和背包纷纷从空中落下后，远征军先锋部队开始行动。这时，他们面前没有一条道路是平坦的，德军据点中也无人抵抗。他们只顾往前冲锋，把清理战场的任务交给后面的专门部队。至中午时，9英里长的梅西讷山脊全部落入远征军的手中。最后，远征军在这里投入的兵力多达8万人。这场胜利来得如此之快而且结果如此之成功，以至于远征军根本不需要引爆剩下的3条预留的坑道。

其实算起来，当时远征军引爆的坑道共有19条，但结果当时只有17条成功爆炸，剩下的2条一直下落不明。然而，直到三十八年后的1955年，其中一条坑道才浮出水面。当时，这条坑道在一次暴风雨中发生爆炸，结果一头奶牛被炸死，因而这头奶牛也就成了梅西讷山脊战役的最后一个牺牲品。至于最后一条坑道，如今它可能仍然存在而且仍十分危险，也可能因为雨水的侵蚀早已不具威胁。

远征军的这次坑道爆破行动使当时普卢默的一句妙语流传了下来。在6月6日晚和部下用餐时，普卢默在祝酒时这样说道：“可能我们改变不了明天的历史，但我们一定会改变明天的地理。”

突破

梅西讷山脊之战堪称一场重大的战术胜利，但它只是一个序曲。然而，它同时也给了黑格要求开始进行下一步行动的理由。他的下一步行动就是突破，发起一场海陆并进的突破，直抵正在远处召唤的比利时海岸沿线。黑格计划从伊普尔突破德军防线，同时从海上对比利时海岸发起进攻。之后，这两股力量在安特卫普南部汇集，接下来再往北向德军海岸防守阵地推进。黑格还提出如果认为这项计划过于大胆，那么先拿下距伊普尔东北十几英里处的鲁塞拉雷则完全可行。鲁塞拉雷在当时是德国各条铁路的交会点，如果德国人失去了这些铁路，部署在比利时海岸沿线的德军就失去了依托，到时他们将不得不后撤。但如果他们后撤，又将在哪里落脚？于是，英国高层开始在是否进行突破这一问题上争论不休。7月初在伦敦举行了一个计划会，会上黑格用一幅巨大的地图演示了他打算如何从伊普尔和比利时海岸同时将德军逼退。有个评论员曾这样描述他当时演示的情况：他在地图上来来回回比画了一通后，只见他的小拇指最后停在了德国和比利时的交界之处，具体来说是在德国边境附近。然而，劳合·乔治拒绝批准黑格的这个作战计划，不过他同意可以为之进行准备。后来，据说“劳合·乔治永远不会原谅那根小拇指”。在这次会议上，黑格在语言表达能力上的缺陷暴露无遗。他解释不了计划继续进攻位于伊普尔东南面、南面以及东北面的高地的原因。于是，劳合·乔治当时就开始迟疑起来。直到新上任的第一海军大臣约翰·杰利科爵士提出自己的意见时，劳合·乔治才做出让步。当时，杰利科说除非陆军在当年年底之前能将比利时海岸沿线肃清，英国皇家海军才能解决北海海岸港口面临的德军潜艇威胁。

7月21日，劳合·乔治批准了将伊普尔攻势发展到下一阶段的计划，此时远征军占领梅西讷山脊已是六周之前的事了。要知道法兰德斯适合作战的季节并不长，而当时已经过去一半的时间。

然而，不久劳合·乔治又改变了主意。他建议将本打算调往伊普尔的几个师以及重型火炮派往意大利。他认为如果意大利得到这些支援就能彻底击败奥匈帝国，届时德国也会最终崩溃。其实，劳合·乔治的这个主意与所有的战略智慧完全相悖，好比放着最强大的敌人不打，转而攻击他的帮凶。其实，一旦最强大的敌人被击倒，他的所有帮凶都将会树倒猢狲散，反之则根本无济于事。幸好，后来陆军部向劳合·乔治表明了自己的严正立场，于是他只好做出让步，同意大为缩减派往意大利的兵力。当时，罗伯逊爵士顶住的压力可能最大。是他赋予了黑格极大的权限，让他发动了这场在一战中甚至可能是英国历史上最饱受争议的战役。后来，劳合·乔治批准了以突出部为起点向外突破的计划，但他并没有同意黑格的进一步要求，比如从英国本土调集军队和调集正在法国作战的远征军。劳合·乔治一直认为黑格手下的将军只会让士兵在战场上白白送命，因此当黑格及其部下提出要求增加援军时，他变得犹豫起来。自此以后至一战结束，援军问题一直是造成劳合·乔治和黑格经常发生争辩和猜疑的主要原因。

> 黑格和罗伯逊，这两位英军将领一个在法国指挥远征军，一个在伦敦。在他们身上有一个共同的缺点，即不善言辞，这一点让人十足感到惋惜。另外，他们对律师出身的劳合·乔治也表示怀疑，怀疑他为何能如此雄辩。的确，他们也有理由。劳合·乔治常常相机而动，宁愿满脸笑容地对战争委员会的同僚们撒谎，也不愿吐露实情。

既然获准发动1917年的这场最重要的攻势，那么黑格下一步的安排是什么？其实，一开始他犯下了一个大错。1916年时，步兵将领罗林森的主张在一定程度上影响了黑格。罗林森认为如果要结束战争就必须从索姆河地区开始突破。而且仅仅几个月之后，另一位步兵将领普卢默则表现得畏首畏尾，其目标只是拿下梅西讷山脊，另外他把大量的时间都花在了巩固阵地上。因此为了取得这场突破的胜利，黑格打算寻找一个与众不同之人。这样的人，按照骑兵部队的说法，即一个“鞭子”。此时，他手头正好有这样一个人——他的老友爱尔兰骑兵将领休伯特·高夫。高夫不仅雷厉风行而且崇尚进攻，这一点黑格非常欣赏。因为如果要指挥一场攻势或率领将士突出重围，指挥官必须具备这种特质。然而，高夫一直以来名声都不太好，被认为是一个冷酷无情的将军，为了达到自己的目的不惜以士兵的生命为代价。另外，他也不能在指挥部中营造一种彼此互相争辩但又相互配合的氛围。当时，甚至高夫自己也知道他并不是领导这场突破的合适人选。他从未在该地区作战过，而且他也清楚如果要赢得突破的胜利必须非常熟悉伊普尔地带的地形特点。然而，黑格最终派人将他的部下、高夫以及他刚任命的第五集团军参谋派到了伊普尔，让他们负责下一阶段的行动。另外，普卢默也搭上了顺风车，转而负责率领部队前往意大利进行一场命运多舛的远征。

当时，黑格要求高夫要善于利用远征军第二集团军在梅西讷山脊的据点，沿这座山脊向东面和东北方向推进。梅西讷山脊位于环绕伊普尔的半圆形高地南端。以梅西讷山脊作为轴心向前推进有多重好处。首先，能消除德军对伊普尔的威胁；其次，一旦将战线前移，鲁塞拉雷就能落入远征军火炮的攻击范围之内；最后，远征军可以对比利时海岸沿线造成威胁。但最重要的是，能解放高夫的骑兵兵团，让他们挺进比利时中部，彻底摧毁德军后方并迫使部署在比利时沿岸的德军进行后撤。一旦德军士气低落，开始后撤，远征军的骑兵就有机可乘。这样的机会，他们自1914年一战爆发以来一直都没有遇到过。但糟糕的是，黑格不善言辞，而且高夫当时也并不具备担当司令的指挥才能，所以随着备战工作的不断深入，黑格才发现高夫其实并没有理解这场突破的目的所在，而更像是热衷于自己的一个计划。当时，高夫打算先彻底扫荡伊普尔突出部周围的德军，接着下令军队向北推进，这与黑格要求的向东面和东北方向突破并不吻合。高夫承认如果他的这个计划能够实施，那么他将放弃进攻鲁塞拉雷，但决不会放弃进攻部署在比利时海岸沿线的德军。

> 在计划发动第三次伊普尔战役的过程中，我们能明显地发现黑格身上的另一个弱点：当部下的计划与他自己的战略规划并不相符时，他往往不善于掌控其部下。比如，他在评价高夫的计划时曾说过似乎高夫当时并没有抓住他所制定的战略的要点。然而，后来他也一直什么也没做，只是说说而已。因此，经过这样一段时间的耽搁后，第三次伊普尔战役才进入到第二阶段。

法兰德斯的天空变幻莫测。在梅西讷山脊战役结束之后，由于黑格与在伦敦的劳合·乔治一直争论不休，致使远征军在7月中旬至8月下旬被耽搁了整整六周时间。后来，在劳合·乔治勉强做出让步时，黑格的计划才开始得到实施。但这时的法兰德斯已是又干又燥，所有的马都举步维艰，军队的行进速度因而也受到影响。在后方，人马并进的场面使空中到处弥漫着灰尘，而且不时飞来的德军炮弹搅得灰尘更是遮天蔽日。不过，在7月31日远征军发起第一轮攻势时，天空也开始下雨，而且雨一下起来就没完没了。仅过了一天，地势低洼的地方就变成了沼泽，甚至是烂泥潭。法兰德斯的大部分地区位于海平面以下与之基本持平。这里的地下排水系统虽已有几百年的历史，但当时早已被炮弹炸得一塌糊涂。一开始远征军取得了一些重大胜利，但后来因为下雨他们不得不调整作战计划。此时，步兵的脚步越来越沉重，而且连一些最轻的装备也运不了，更不用说火炮。他们投入了大量坦克，但失去的也不在少数。另外，雨水也影响到了英国皇家航空队。此时，他们已不能对地面部队提供有效的支援，比如进行空中侦察或锁定火炮。尽管如此，雨一直停不下来。

在满是泥泞的道路上前进，唯一的办法就是先支起支架，然后再铺上木板。但如果从木板两边滑下去，就会陷进又软又深的烂泥潭里。而且一旦陷进去，就无法自救，别人想帮忙拉一把也无济于事。有人曾这样说过，当时不少

◎ 1917年8月1日，伊普尔突出部战役期间，运送炮弹的英军骡马在烂泥地里穿行。自从7月31日，英军发动进攻以来，天降暴雨，再加上炮火的作用，使得伊普尔战场变成了一大巨大的烂泥塘。

人在被深渊慢慢吞噬时，知道自己在劫难逃，就央求战友朝他们开枪，这样还能走得快一些，不至于绝望地等着自己慢慢沉没。也有些士兵曾说过，与其眼睁睁地看着战友慢慢消失，倒不如给他们一枪，这样还会好受一些。抬担架也不是一件易事。在满是泥泞的路上，担架常常要被抬过来，然后再挪过去，因此抬一个伤员至少要16人。在旷野之上也常常能听到很多伤员在挣扎着，哀嚎着，但结果他们只是越陷越深。

当时，向前线部队运送给养像运送伤员一样不仅相当危险，而且非常痛苦。在白天，盘踞在山脊之上的德军用机关枪就能封锁前方1英里左右的区域。如果进行密集扫射，甚至能打击到远征军前线后方的部队。到了晚上，德军则将机关枪对准所有小型地标，防止远征军趁着夜色沿着这些地标在沼泽中前进。至于德军火炮，则一刻也未停歇，只不过为配合据点时而进行密集轰

◎ 1917年8月1日，英国野战救护部的担架队在伊普尔，穿过齐膝深的烂泥，运送伤员。

◎ 1917年8月9日，伊普尔战场上的英军炮兵在竭力将一门18磅火炮拖出泥坑。

炸，时而零零星星打上几炮。毒气弹一直是德军的常规武器，因此远征军士兵不得不长时间佩戴防毒面具。防毒面具中有一些能起到过滤作用的化学物质，所以士兵在佩戴时不仅呼吸困难，而且有口干舌燥之感，另外他们还要忍受这些化学物质散发的刺鼻气味。

当时，所有士兵的行进速度还不及平时的一半，而且随着时间的推移，他们越来越慢。一旦受到毒气攻击，只要有皮肤裸露在外，上面立刻就会鼓起大面积的水疱并发生溃烂。更糟糕的是，远征军在用火炮攻击德军防线和火炮阵地时，火炮炮筒的磨损也越来越严重，结果导致炮弹飞行距离缩短，不幸击中了前方的本方步兵，所以“友军误伤”并不是在后来战争中才出现。对此士兵们深恶痛绝，于是他们就把这些炮兵称作“友军”。

当时，战场上老鼠泛滥，同战壕战开始之初时一样。但此时它们的块头更大，身体也更加肥硕。即使遭到驱赶，也不慌不忙。在连绵的阴雨和寒冷的风中，如果有士兵能找到一处简易的庇护之所，那么老鼠一定比他先发现这里，而且一觉醒来后他常常会发现身边已聚集了一大堆想靠他身体取暖的老鼠。一旦万炮齐射时，老鼠就会夺路而逃，它们撕咬着，抱打着，在士兵间乱窜，生怕遭到炮弹轰炸和毒气的攻击。它们除了与士兵争抢食物和庇护所外，甚至还会啃食死去士兵的遗体。即使遭到追打，它们也无所畏惧。

除老鼠之外，前线阵地另一个必不可少的常客就是虱子。幸运些的士兵，偶尔还能穿上件新衣服，或在离开前线时到除虱站进行消毒。但对于大部分士兵来说，虱子如影随形。所以当时时常能看见这样的情景，两个士兵坐在一起，一边互相在对方的头发和衣服中翻找虱子，一边若无其事地聊着天。于是抓虱子时刻渐渐地也就成了聊天时间。

此时，战争仍在继续，但适合作战的季节马上就要结束。帕斯尚尔村已是一片废墟，而鲁塞拉雷还在前方100码远的山脊之上。士兵们早已精疲力尽，这一点高夫也看在眼里。当时，普卢默已从意大利返回，被派往伊普尔突出部南端担任司令，他正打算结束这场战役。劳合·乔治心中正愁肠百结，担心这场经过他批准的战役又会是一场徒劳。此时，黑格已孑然一身，在他看来如果不能尽快拿下前方的这座山脊，远征军将不得不撤出这片沼泽，回到当时发起攻击的地方，而下一年他们还得从头再来。还剩最后一次掷骰子的机会，骰子掷出之后山脊必须拿下。这个夏天远征军已伤亡30万人，所以黑格认为必须在这场远征行动中取得一些实实在在的战果。但时间已从9月末转至10月初。这一年的冬天来得特别早，天气越来越寒冷。

为了抓紧时间，黑格随后调来了加拿大军团。当时，朱利安·宾刚获得提拔，继任他加拿大军团司令这一职位的是中将阿瑟·柯里爵士。之前在索姆河战役中加拿大军团被编入了高夫的军队，但后来加拿大军团通过加拿大政府委婉地放出话来：索姆河战役，不想再去体验。此时，柯里向黑格明确提出了一系列要求。首先，他们不会加入高夫的军队；其次，如果不提供大量的火炮，他们不会投入战斗；另外，如果不提供木材让他们在泥地上修建铁路，他们就不会上战场。对于这些要求，黑格也都尽量满足。比如，他将加拿大军团编入了普卢默的第二集团军，也为他们运来了大量火炮。至于木材，却让黑格犯难。但后来柯里从他的军队中挑选出了很多伐木工人，让他们砍倒了一片片的森林，而且还征用了木材加工厂，最后终于有了修建铁路的木材。接下来，他们在伊普尔东部的沼泽中打下了一个又一个地基，并铺上了铁轨。后来，柯里曾问黑格，既然帕斯尚尔村已被炸为废墟，为什么仍要对这座村庄周围山脊上的德军据点进行最后一击。可能由于黑格和柯里之间一直关系不错而且相互敬重的缘故，黑格在回答柯里的这个问题时才没了平时的那种局促感，就告诉了他其中的原因。柯里回答说这场进攻将会使加拿大军团伤亡1.6万人。他需要黑格向他保证，保证加拿大人的鲜血不会白流。后来，黑格竟然亲自去给加拿大军团的军官们做了一番演讲，告诉他们这道山脊必须攻下。为了令他们更加自信，他还说他们的司令柯里已经向他道出了自己的担心，而且他也已经诚恳地对柯里进行了解释。最后，他还号召这些军官一定要圆满完成任务。当时在场的军官中有些后来回忆道，黑格的那次演讲堪称经典。在危急关头，黑格终于能发出振聋发聩的声音了。在1914年勒卡托战役时，黑格当时可能急得乱了方寸，但此时在面对这些他要求要将生死置之度外的加拿大军团的军官时，他的话中终于透露出了自信。

帕斯尚尔的最后一战持续了两周，最终加拿大人成功登上了山脊。在这场战役中，他们伤亡15633人，几乎与柯里之前预测的数字一模一样。这时，第三次伊普尔战役终于结束。普卢默对这场战役的预测也证明是准确的，突出部周围的高地除了最北端之外，都落入了远征军之手。德军对伊普尔地区的威胁得到了缓解，而且位于比利时境内的远征军这时也有了一个跳板，可以在来年发动一系列攻势。然而，黑格一直以来寻求从此地突破出去的愿望在当年仍遥不可及。

很多批评黑格的人一直认为他决定在1917年秋继续在伊普尔展开进攻是其无能以及毫不吝惜士兵生命的表现。其他人则会提出这样的疑问，他当时是否还有其他选择？英国海军部曾说过，只有当陆军肃清比利时海岸沿线之后，他们才能解除德军U型潜艇的威胁。同时，法国人也要求远征军继续对德军实施打击。因此，在伊普尔发动攻势其实两全其美。当时，劳合·乔治虽然也提出了自己的计划，但他十分清楚这一切对黑格这位远征军司令会造成的压力。然而，如果劳合·乔治在批判黑格发动攻势的同时采取措施避免使士兵遭受重大伤亡的话，比如将黑格调回英国，那么他也就不会有当时的疑虑了。

在这场攻势中，德国付出的代价与英国及其附属国一样惨重。

另外，值得一提的是当时在帕斯尚尔教区教堂的地下室中有一名担架员。虽然他身为澳大利亚人，但在战场上冒着枪林弹雨运回了很多受伤的德军士兵。后来这位澳大利亚人在战争中幸存了下来。为了表彰他的英勇，德国授予他铁十字英勇勋章。阿道夫·希特勒甚至亲自前往他当时营救伤员的地点参观。

诺尔·查瓦希与维多利亚十字勋章

在索姆河战役结束后，利物浦苏格兰人营在1916年底又回到了伊普尔战场。此时这个营原先的士兵几乎都已被提拔为军官，当然部队中还有一些刚加入的新兵。当时，他们的任务是为从伊普尔突破出去发动第一轮攻势。查瓦希也在他们当中。

整个7月，他们像其他所有部队一样，为即将到来的战斗在做全面准备，比如参加辛苦的劳作、进行训练和演习等。当时，远征军进行了三次大规模全副武装演习，所有步兵、炮兵、坦克和飞机都参与其中。战斗打响后，德军在一次炮击中首次使用了芥子气炮弹，顿时远征军伤亡惨重。这种气体一旦接触皮肤就会使皮肤鼓起水疱并发生溃烂。当时利物浦苏格兰人营的将士们仍穿着苏格兰式短裙，结果4名军官以及141名士兵伤亡。接下来，这个营又遭受了接二连三的攻击。在正式发动攻势时，这支原先共有1000人的部队只剩下500人，其中军官25名，士兵475名。整个营的进攻任务就落到了这500人的肩上。

7月29日时，这500人奔赴前线，每个人身上都带着口粮、弹药以及其他装备。大部分人还带了刘易斯机关枪子弹以及手榴弹。他们总共行进了5个小时，但从他们出发时，天空就开始下雨。所有人不仅浑身湿透，而且精疲力尽，根本不指望在第二天天亮前身上能干。晚上他们就躲在维尔特吉的一个很深的防空洞中过夜，这里大得能容下好几百人。他们在防空洞中一直休息到7

◎ 1917年11月，英国远征军加拿大军进攻帕斯尚普尔的战斗间歇，在一座碉堡工事旁，几名能够走动的加拿大伤员和一名德军战俘忙里偷闲，聚在一起抽烟。

月30日下午，然后才出来前往前线阵地，等待在7月31日凌晨3时50分发起正式进攻。

正式进攻开始后不久，这个营就拿下了第一个目标。接着，他们穿过了德军前线，又前进了半英里，抵达德军的第二道防线。在这两道防线之间，他们占领了两座小型地堡，其中一座后来被查瓦希用作救护站，另一个稍大的地堡被用作这个营的指挥部。查瓦希本可以留在维尔特吉，让人把伤员送到那里，但他知道必须在伤员的伤口感染之前进行紧急救治，所以他也跟着其他士兵一起深入到德军阵地。被查瓦希用作救护站的那个地堡的入口正对着德军后方，但地堡中的射击孔对着原先的英国远征军阵地。当天早晨，查瓦希不时地站在地堡入口处，向担架员挥手示意，好让他们弄清救护站的方位。结果他不幸被一块弹片击中头部。后来，他走回到维尔特吉的防空洞。伤口经过包扎之后，他被告知要等其他伤员一起被运回。然而，此时查瓦希心里非常清楚在他的救护站中他是唯一一名军医，于是就毅然决定返回那里。

他的救护站虽然不大，但被抬进来的伤员络绎不绝。当天他一直忙到傍晚，而且第二天也是如此。不过所幸的是，他们之前俘虏了一名德国医生。这时在这间狭小的临时医务中心，他也开始为查瓦希帮忙。此时，在外面，雨一直在下，而且因为德军开始准备反击，德军的炮声也越来越密集。那天傍晚夜幕降临时，查瓦希带领一队担架员冒着德军炮火走出地堡。当时，战场上到处都是伤员，有些人在这里已经打了足足四天。查瓦希很想拯救他们，就借着手电筒的光亮，当即对很多士兵的伤口进行了处理，然后和担架员一起将他们抬了回去。

第二天，在救治伤员的间隙，查瓦希又回到了地堡。后来当他躺在一张椅子上休息时，一枚德军炮弹从地堡入口飞了进来并发生爆炸。查瓦希身上有五处被炸伤，其中包括腹部。地堡中的其他人有的不幸被当场炸死，有的则被炸晕。查瓦希意识到自己伤势很重，就用手紧捂着伤口向距离最近的伊普尔走去。等到了伊普尔之后，他立即被送到了位于伊普尔后的一个专门治疗腹伤的医院。

> 这个专门治疗腹伤的医院位于伊普尔后的布兰德赫，这个医院的军医官是英国皇家陆军军医队的马丁·利克中校。此时，马丁·利克也是唯一一位已经两获维多利亚十字勋章的人。他第一次获此殊荣是因为在1902年南非战争中的英勇表现，第二次则是因为第一次伊普尔战役。当时他从事工作的地点也在伊普尔突出部，与此时的这个医院很近。

在当时，一旦腹部受伤就可能致命，尤其在青霉素还未问世的时代。查瓦希的伤势就是如此，两天后他不幸逝世。他去世当天是一战爆发三周年纪念日，而且再过四天是霍赫战役爆发一周年纪念日。当时正是因为在霍赫战役中的英勇表现，他被第一次授予维多利亚十字勋章。

在当月月底时，英国政府追授查瓦希一枚维多利亚十字勋章，此时查瓦希和马丁·利克一样，成为两次获此殊荣的人。

康布雷战役和坦克军团

当第三次伊普尔战役的攻势一轮接一轮展开时，远征军中有个军团的将领声称他们将从战场上退出，这个军队就是英国皇家坦克军团。他们觉得继续在这里作战已没有任何意义，因为坦克要么接二连三地出现故障，要么被炸毁，要么连人带坦克一起被沼泽吞没。只有战场南部几英里的区域地面还比较结实，但远征军尚未攻至此处，而且在这片区域的后方还有一个让人垂涎三尺的目标，即兴登堡防线。坦克军团对这场战役并没有把握。不论是突破德军防线攻至德军后方，还是咬下一块阵地并把它含在嘴里，都十分困难。坦克的火

◎ 1917年10月21日，英军的MkIv坦克在法国阿拉斯附近沃里的坦克驾驶学校，为即将到来的康布雷战役进行特训。英军为康布雷战役集结了超过400辆坦克。尽管当时坦克的性能还不可靠，但突破德军兴登堡防线的能力已经证明了这种新式武器的价值。

力不仅非常强大，而且这个军团拥有数百辆的新式坦克。如果他们参与进攻，一定会令德军始料不及并遭到重创。打击敌人之后，他们将全身而退，整个过程将在一天之内完成。到时炮兵在进行预先炮击时必须谨慎，因为如果战场被炸得面目全非，那么坦克的作用将得不到充分发挥。当时坦克兵团的计划是“引蛇出洞”。先对德军进行适度打击，诱使德军向整条前线调集援军，然后再发动正式进攻。

一开始，黑格并不对坦克军团的计划感兴趣，他的精力当时全部集中在伊普尔地区。然而，当第三次伊普尔战役开始显示出难以继续下去的迹象时，他又重新审视了他们的计划。随后他突然兴奋起来，对计划深信不疑。在他看来，这个计划不仅仅是对几处目标展开猛攻，还能实现他一直以来取得突破的愿望。到那时他就能压制住劳合·乔治，而且在美国窃取胜利果实之前赢得一战的胜利。当时，情报总长查特里斯也适时地向黑格汇报了一些情报。这些情报表明，德军在经历贵妇小径战役、阿拉斯战役以及伊普尔战役之后，士兵士气低落，已经沦为一支二流军队。他们只是在硬撑着，不日便会投降。最后，骑兵军团将获得机会实现突破并收获辉煌战果。这样的机会自1914年以来骑兵军团从未有过。

在进攻中，坦克军团需要与步兵密切配合。前者负责摧毁局部地区据点以及机关枪，后者则负责对付步兵和反坦克小分队。骑兵军团则按兵不动，等待时机成熟后一举突破德军防线，然后再继续向前，冲入不设防的区域并攻击德军后方的铁路网。

后来，远征军在攻打德军防守重镇康布雷时，在预先炮击环节的确非常谨慎。虽然他们的1003门火炮足以压制德军士兵，钳制德军火力，但是只攻击了德军据点和火炮阵地，并没有对整片区域进行狂轰滥炸。11月20日时，远征军的第一轮进攻部队冲出了战壕。于是，216辆坦克，连同为每辆坦克配备的200名步兵，沿着相对比较平整的道路在跨过一些障碍后，攻克了既定目标。一上午远征军在对德军防线右侧攻击的过程中取得的战果比过去数日在伊普尔取得的都多，而且只损失了5000人。甚至达勒姆轻步兵团的两个营在执行任务的过程中只有4名士兵阵亡，7名士兵受伤。

然而，接下来远征军并不顺利。指挥高地团的哈珀少将认为坦克只会吸引德军火炮的火力，因此他在为部队制订进攻计划时并没有像其他部队那样让步兵和坦克形成呼应，而让一辆辆坦克走在前面，他那些骁勇善战的苏格兰高地士兵则走在后面。在德军前线驻守的一般都是后备军和地方部队，然而当时哈珀面对的是德军中为数不多的竟能想到用火炮对付坦克的由冯·瓦尔特将军率领的军队。虽然英国远征军情报部门很不屑地将瓦尔特的军队归为四流，但其实这支部队是任何坦克在单独前进时将遭遇到的最危险的部队。瓦尔特的炮兵在德军尚未拥有坦克之前，就已经练到能击中坦克的地步。后来，当远征军的坦克靠近弗莱斯库耶尔旁的山脊时，就有很多被德军击中。德军中有一名叫库尔特·克鲁格的炮兵，当时，在远征军进行预先炮击时幸存了下来。此时，他瞅准时机，等坦克行驶至山脊后前部翘起时，用火炮瞄准坦克装甲单薄的腹部，结果他一人就摧毁了5辆坦克。后来，由于坦克失去了对德军步兵的压制，所以高地团的士兵陷入了单兵作战的境地，而他们面前的德军据点，在远征军的预先炮击中并没有遭到严重破坏。

> 自索姆河战役之后，黑格身上的很多缺点开始一一暴露，而同意哈珀的计划是反映其缺点的又一个例子。黑格认为如果有将军主动请战，即使他们的计划与指挥部下发的文件相抵触，也可以允许他按照自己的计划行事。然而，按照哈珀计划行事的高地师后来被德军炸得血肉横飞，而且这场攻势最后以失败收场。

远征军对北方左侧的进攻还算比较顺利，夺取了大部分目标。至于德军在布尔隆森林中重点布防的阵地，他们打算在次日由刚调集来的援军进行攻打。坦克军团也圆满地完成了任务，突破了德军最坚固的兴登堡防线。

另外，在空中，英国皇家陆军航空队也表现出色。当时英国皇家陆军航空队的19个飞行中队组成的空中力量不仅成功逼退了德军所有战机和侦察机，还对地面目标实施了打击，并完成了火炮锁定和空中侦察的任务，为远征军在第一天取得胜利做出了重要贡献。

第一天的战斗结束后，英伦三岛内所有教堂的钟声都被人们敲响，以示庆祝，而且远在法国的英国远征军总部还向英国国内派去信使要求政府批准他们开始进行大规模突破行动。后来，黑格的突破计划终于获准实施。

然而，从第二天起，远征军逐渐丧失了锐气。比如卡瓦纳指挥的骑兵在战斗中因为进行长距离奔袭导致与骑兵团指挥部失去了联系，因而卡瓦纳的命令不能被有效地传达至部队。面对这种局面，卡瓦纳仍要求他的两个骑兵师必须严格服从他的命令。其实，此举并非明智之举。在当时，他的进攻部队如果想把前线情报送至后方指挥部必须靠人徒步进行传递。另外，他的骑兵军团需再往前行进几英里才能展开行动。结果，他的部队在第一天不仅推进速度缓慢而且阻碍了人员、给养以及伤病员运送的通道，因此大大影响了士兵们的士气。事实上，他们直到当天下午的晚些时候才开始向前进发。在坦克方面，第一天共有175辆或被摧毁或翻入沟中，或遭到其他形式的打击。在这些坦克中，有近三分之一没有得到哈珀部队中步兵的有效保护。后来，远征军不得不调集援兵，增加坦克。经过几天激战之后，他们才按计划攻占了布尔隆森林。此时，已疲惫不堪的士兵们发现他们进入了德军的一个小型突出部中，两边不足1英里宽，而且三面都是德军。

又经过一周的激战，远征军最后落入了一个约10英里宽5英里深的口袋。此时，康布雷仍在几英里之外，这让战地司令朱利安·宾觉得遥不可及。于是，他下令暂停进攻，要求各部队指挥官从前线返回，在做短暂休息之后再发动进攻。在德军方面，巴伐利亚皇储鲁普雷希特仍是该地区的战地司令。由于

◎ 冯·里希特霍芬的飞行中队。右二为里希特霍芬本人驾驶的飞机。

在当年早期德军将该地区的防线缩短，所以此时鲁普雷希特手握大量资源。当战斗进行到第十天时，他下令开始对远征军发起反击。

在空中，德军的王牌飞行员“红男爵”里希特霍芬率领着他的“飞行马戏团”前来助阵，与英国皇家陆军航空队争夺空中优势。虽然德军飞行员大多是新人，但他们驾驶着先进的战机，所以尽管远征军在飞机数量上占据优势，但后来也损失不小。此时，朱利安·宾的任务困难起来。另外，在地面战场上，鲁普雷希特已经集结了20个师的兵力。这些士兵个个久经沙场而且此时精力充沛，并不像很多英国远征军部队刚打完伊普尔战役，所有人已精疲力竭。后来，远征军终于全线崩溃，在北方已占领的阵地丢失了大半，在南方也从本方前线回撤了数英里。

与英国远征军的战前预期相比，康布雷战役算不上是一场胜利的战斗。最后，德军占领的英军阵地与英军占领的德军阵地不相上下。在这场长达两周的战役中，两军的伤亡人数也几乎持平，都是4万人。另外，远征军缴获了145门火炮，而自己则损失了158门。所以说当时英国国内教堂的钟声敲得早了些。

俄国革命

1917年末时，俄国人退出了一战。早在当年3月，俄国沙皇就已退位，接着在7月，沙皇连同他的家族一起被处死。十月革命之后，布尔什维克上台。在次年初，俄国与德国以及奥斯曼土耳其帝国等签订了《布列斯特—立托夫斯克和约》。此时，德国人已经意识到俄国人已经精疲力尽，于是他们开始将部署在东线的军队调往西线。当时，俄国为求能自保在和约中大规模地解除了武装，并放弃对西部诸多国家的管辖权。另外，俄国还宣布立即从芬兰和波罗的

◎ 俄国代表托洛茨基抵达布列斯特-立托夫斯克，与德国人进行和谈。

海国家以及先前占领的奥斯曼土耳其领土撤军。然而，就在和约签订两个月后，土耳其人就公然违反和约内容。最后，这条饱受诟病的和约在一战末期被废除。

流年不利

毫不夸张地说，1917年对于所有协约国来说都是流年不利的一年。法国不仅在贵妇小径战役中遭受沉重打击而且军队士气一度低落。11月时，乔治·克列孟梭成为法国总理及众议院议长，同时他还任命自己为陆军部长。在每一场演讲以及每一次在议会同僚面前发言时，他都会搬出他的政治哲学——“战争掌握在我的手中”。尽管在他的感召下，法军慢慢开始重拾信心，但

◎ 法国当选总理克列蒙梭视察前线。

这一年对法国的打击实在太大。至于德国，虽然德军遭到远征军一轮又一轮攻击，但是他们在法国丢失的阵地，除主动放弃的以外，还是比较有限。当时，收复伊普尔处的那一小片区域，以及在德军向兴登堡防线后撤的过程中重新夺回位于阿拉斯和兰斯之间的地区是远征军两场重要的战略胜利。然而，如果您看一下地图，就会发现此时比利时和法国仍有大片领土被德国掌控。

1917年，俄国被击败并退出了一战。奥斯曼土耳其帝国在艾伦比指挥的连番拳打脚踢下正摇摇欲坠，军事实力大不如前。一开始，艾伦比在法国可以说碌碌无为，但到了中东后竟率领军队一举攻占了巴格达、耶路撒冷以及其他区域中心。

意大利长期饱受战乱之苦，尤其在群山环抱的北部地区。白云石山脉和滨海阿尔卑斯山像两道巨大的屏障迫使意大利不得不屡次从沿海平原东部突破奥匈帝国的封锁，然后进入斯洛文尼亚。这样的突破他们共尝试了多达十次，但每一次都功败垂成。在1917年8月发起的第十一次伊松佐河战役中，虽然他们刚开始取得了一些胜利，但后来还是被奥匈帝国击败。由于当时俄国已经垮台，所以德国从东线调回了四个师，将意大利牢牢看住。1917年底时，意大利又发动了第十二次伊松佐河战役，但仍以失败收场。在这十二场战役中，意大利伤亡超过30万人。伊松佐河战役虽不及西线战场上的一些造成死伤无数的战役，但意大利军队在这场战役中战线较短，所以后来的损失也可谓惨重。

大英帝国在1917年经历了帕斯尚尔战役，这场战役被人们认为是“战争百害而无一益”的代名词。即使不懂弗拉芒语的人应该也知道“帕斯尚尔”是

◎ 英国首相大卫·劳合·乔治在访问前线。他对英国远征军总司令黑格将军并不满意。由于前线产生的大量人员伤亡，黑格的领导能力和军事才能受到了质疑。

“激情之谷”的意思。在1917年年底爆发的这场战役使远征军在阿拉斯战役和维米岭战役取得的胜利都成了徒劳，使远征军在康布雷战役后燃起的希望又立即被浇灭。

1917年对于英国首相劳合·乔治来说也是不幸的一年。当时，他决定找一名将军取代黑格，但结果未能如愿，因此对黑格百般约束，最终使远征军伤亡惨重。期间虽然他也向法国派出援军，但人数少得可怜。此举不仅是一步险棋，而且苍白无力。劳合·乔治一方面没有勇气临阵换帅，另一方面又对战事横加干涉，禁止出兵，导致战机贻误。当时，他一味地认为帮助意大利击败奥匈帝国会令德国陷入孤立，但其实要想击败德国必须在战场上击败德军，其他任何努力都是徒劳。

劳合·乔治虽然担心士兵的伤亡情况，但这仅仅是由于他自己对自身政治前途的考虑。另外，当时远征军中有很多将军提出等到最后再给德军致命一击，这最后一击即使代价再大，也在所不惜。对于这种思想，劳合·乔治非常反感，而且他也失去了对他们的信任。因为，在他看来，远征军就是在这种思想的影响下才屡试屡败。然而，作为首相，全体国民的性命都系于他一身，他有义务另辟蹊径，在西线以更小的代价赢得更大的胜利。而事实上，在第三次伊普尔战役中，大英帝国的伤亡人数就远超30万人，而且这场战役只是为了夺取一块弹丸之地。习惯晨练的人一个早晨就能从战场的这一头走到那一头。因此，1917年底的这段时间是劳合·乔治最坐立不安的时候。当时，他不仅担心会辜负所有国民，而且当他放眼望去时，仍看不到任何希望。

除此之外，将帅不和也使问题更加复杂。苏格兰人黑格沉默寡言，不善言辞，而且在一战爆发后的第一年饱受挫折。爱尔兰人弗伦奇则反复无常，甚至不时铤而走险。劳合·乔治是一个能说会道、老谋深算之人。三人性格迥异，这也给英国在一战中造成了很多不必要的麻烦。

美国在这一年也并非顺风顺水。威尔逊总统本打算以一个真正调停者的身份制订一个和平决议，但结果没有哪国买账。尽管从1915年起德国潜艇对美国不断挑衅，击沉了几艘美军军舰，并造成了像“卢西塔尼亚”号那样的人员伤亡，但威尔逊仍告诫他的国民“不战比参战更需要勇气”。后来，迫于国内的压力，他才宣布参战。他一直感到深深自责，后悔在一战即将结束时才宣布美国加入。

1917年对于德国来说是一个转折点。英国皇家海军北海舰队逐渐对德国形成了封锁，造成德国国内社会状况日益恶化。当时，不仅德国国内食物匮乏而且德军前线物资奇缺，比如军靴、口粮以及燃油这些战争必需品。另外，所有工厂都在为战争服务，人民的生活日益艰难。虽然与普通民众相比，德国士兵在生活必需品供给方面压力较小，但人员和物资的短缺已经对德军制定战略和战术决策造成了影响。1917年初，德军退至兴登堡防线其实就是一个典型的例子。

第六章　1918年——终结在望

1918年刚开始时还没有哪一国对这一年有信心。所有军队都面临着如何突破封锁，以及突破之后如何乘胜追击这些难题。对于各国政府来说，困扰他们多年的资源短缺和人员伤亡这一瓶颈也需要解决。另外，社会日益动荡，社会主义运动声势浩大，不免让人胆战心惊。因此，当时人们认为这场战争将就这样无休止地进行下去，摧残一代又一代人。虽然德国面对的问题最为严峻，但其他国家也坚持不了太久。

潜艇威胁

早在美国独立战争时，人们就已经认识到潜艇的价值。后来在美国内战中，南北双方都已建造潜艇。尽管这些早期的潜艇与真正意义上的现代潜艇差别非常大，但在当时那个年代它们还是具备一定的战略价值。通过一根简易的通气管，这些潜艇就能在水下进行长距离潜行，但不足的是航行时间有限，而且只能攻击一些水面小型目标。另外，当时的潜艇已经可以主导一场规模浩大的海战，比如在日德兰海战中德军潜艇就对英国皇家海军造成了很大威胁。它们仅凭一枚鱼雷就能将水面舰艇击沉，能攻击驶往英国的载有物资和人员的船只，能将英国皇家海军从德军占领的海域逼离，这样开往德国的补给商船就有机可乘。然而，这些潜艇本身并不能往德国运送物资，而且在英国南方港口和法国之间的水域船只来往密集，因此德军潜艇起到的威胁也大打折扣。

至1914年时，德军U型潜艇已经在英伦三岛周围游弋。击沉“卢西塔尼

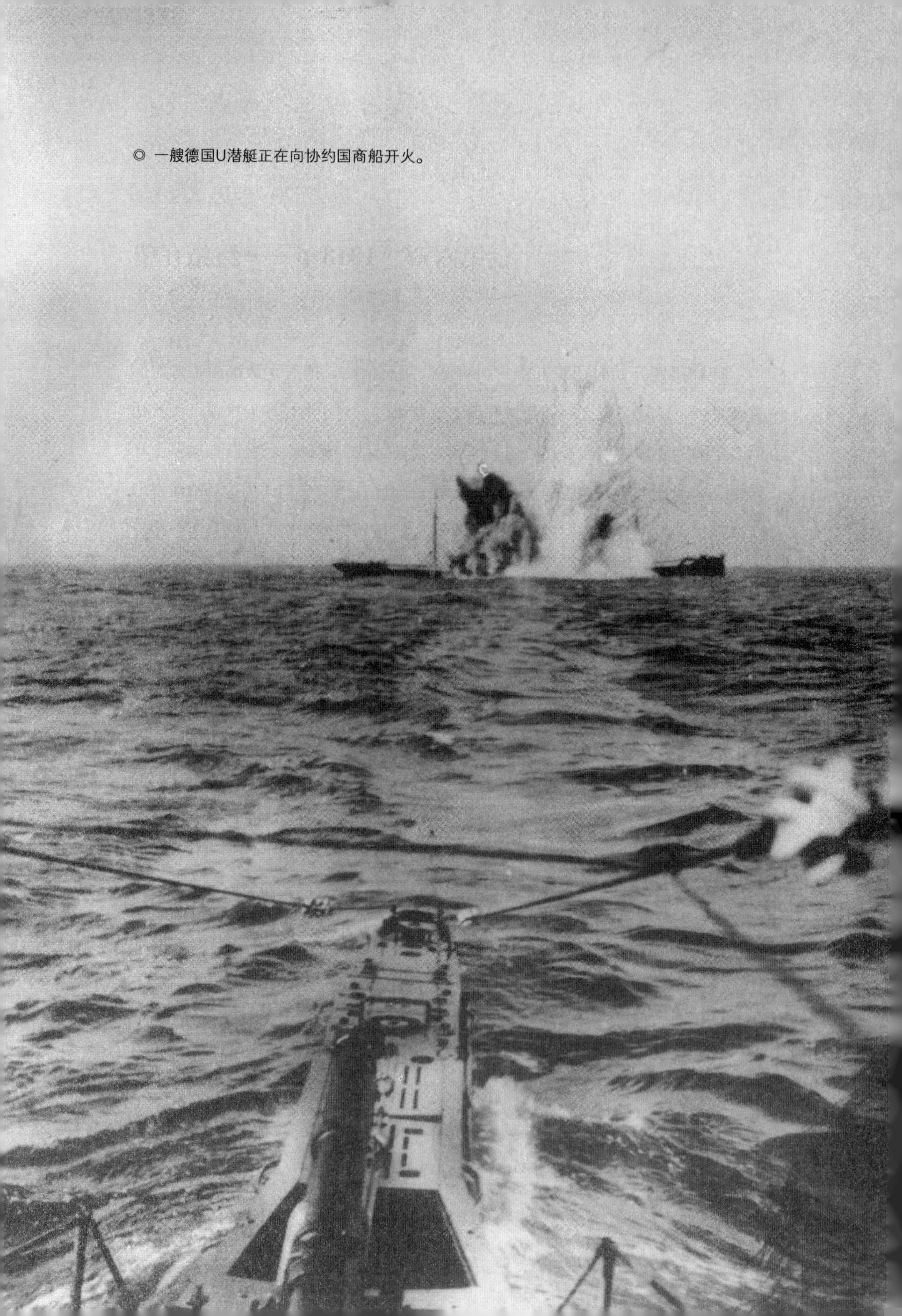

◎ 一艘德国U潜艇正在向协约国商船开火。

亚”号的U20潜艇在当时续航能力最强，几乎与这艘邮轮相当。大部分德军潜艇都避开防守森严的英吉利海峡，取道苏格兰北部进入公海，然后再原路返回。1914年后，U型潜艇的建造技术不断得到提高，至1917年底时在整个北大西洋海域英国商船正遭受这种体积更大、速度更快而且威力更强的潜艇的威胁。在这些开放水域，德军潜艇可以悠然自得地打击无军舰护航的船只，尤其是那些负责将人员、食物以及物资从世界各地运往英国港口的船只。

比利时海岸沿线是德国海军的庇护所，常有一些U型潜艇编队出没。协约国发动第三次伊普尔战役的目的就是要肃清比利时海岸沿线，但后来计划失败，而且随着当时大西洋两岸国家在这片海洋中被德军潜艇击沉的船只不断增多，各国海军将领的信心也发生了动摇。然而，这种危机在1918年中期时终于结束。当时，英国海军部拒绝为往来于大西洋之间的船只提供任何形式的护航，但劳合·乔治推行强硬政策，否决了海军部的这一决定。英国进行护航以后，船只损失的数量一下子下降了九成，在有些月份甚至不及先前的百分之一。然而，协约国之前遭受的打击过于沉重，而且此时德军U型潜艇已改变部署，更具威胁，因此协约国必须对比利时海岸沿线有所动作。

泽布吕赫和奥斯坦德之战

比利时境内在布鲁日至北海间有一条长约6英里的内陆运河，这条运河的入海口位于泽布吕赫。因为能避开来自海上的攻击，而且挟北海和大西洋航线要道，所以这座港口城市在1917年时已是德国一个非常重要的U型潜艇基地。当时，杰利科一再建议必须将比利时海岸沿线彻底肃清，赶走在各港口驻守的德军。于是，劳合·乔治批准在1917年发动第三次伊普尔战役。至1918年时，由于在法兰德斯开辟新战场希望渺茫，英国皇家海军开始计划通过其他办法从德军手中夺下布鲁日。后来，他们在连接布鲁日这个内陆港口城市和公海的运河中凿沉了三艘老式巡洋舰，将河道封堵起来，防止德军U型潜艇进出泽布吕赫。

泽布吕赫港及运河水道两边建有一道长达1英里的护墙，也叫防波堤，一直延伸到海岸边。在天气恶劣时可以为往来船只提供庇护，也可以防止河道淤塞。另外，防波堤上还架设了一排排火炮，所以从海上对此处发动进攻比较冒险。

尽管如此，英国仍然决定冒险一试，在1918年4月23日“圣乔治日”对此处发动攻击。不过，此次攻击的不同寻常之处在于参战的七艘舰船都是自愿参加。当时，为赢得先机，英国在运河中将三艘满载混凝土的舰船凿沉，封锁住了这条连接港口和外海之间的狭窄水道。另外，英国还将三艘潜艇开到连接防波堤和海岸的公路及铁路的高架桥下方，潜艇上都装满了高爆炸药。船员们启动炸药引爆装置之后，就纷纷弃船。结果，防波堤陷入了孤立无援的境地。此外，还有三艘运兵船在防波堤登陆，为凿沉舰船和引爆潜艇的船员在撤离时提

◎ 泽布吕赫基地内的德国U潜艇。

◎ 德国决定在1918年3月，发动一场最终决战，获得战争的主动权。图为将要参加这场“皇帝会战”的德军部队正在赶赴前线。

供掩护。在攻击泽布吕赫的同时，英国在奥斯坦德也展开一场目的相同但规模相对较小的行动。他们先扫清了通往该处各港口水道中的水雷，然后发射烟幕弹，最终将驻扎在奥斯坦德各船坞的德军制服。

共有1700名英国远征军士兵参加了奥斯坦德之战的第一轮攻击，后来死亡200人，受伤300人，而且有8人被授予维多利亚十字勋章。一切都如之前计划的那样，三艘军舰中有两艘最终沉没，堵住了狭窄的河道。另外，铁路高架桥也被切断，泽布吕赫暂时失去了作为德军U型潜艇基地的这一功能。然而，好景不长，这种局面只维持了三天。三天后，德军竟然开辟出了一条新航道，

◎ 1918年4月，英军动用3艘旧式军舰在布鲁日运河河口自沉，企图封锁河道，阻止德军U潜艇进出泽布吕赫。与此同时，英国海军组织人员对比利时境内德军占据的港口发动了一系列突击。

绕过了将河道完全封锁的两艘军舰。不过这条航道水深较浅，通航能力有限。只有在涨潮时，德军潜艇才能通过这条航道进出港口。

三周后，英军在奥斯坦德发起了第二轮攻击，但结果仍不理想，对港口的钳制甚至不足一天。

鲁登道夫的豪赌

1918年时，兴登堡和鲁登道夫已经预见到德军可能大势已去。当时，不仅盟国奥斯曼土耳其帝国分崩离析，而且奥匈帝国也将紧随其后。另外，英国对德国实施严密封锁，造成德国食物和资源日益紧张，社会日趋动荡。这时，兴登堡和鲁登道夫这两位德国战争决策者决定实施一场豪赌，发动最后一场大战，妄图逼迫英国人坐在和平谈判桌前。此时，法国人尚未恢复实力，而且美国人仍处在备战阶段并没有在战场上一展拳脚，因此这对于德国人来说是一个天赐良机。

> 这场大战的德文名称叫作“Kaiserschlacht”，即皇帝会战。因被冠以德皇之名，即使对这场大战持怀疑态度的人也都争先恐后参与其中。

这场豪赌的内容是在西线不同地区发动一系列攻势。首先，在英国远征军阵地和法军阵地的交界地带撕开一道缺口，紧接着向西南猛攻，将远征军和法军分隔开来。接下来，再将远征军往北赶，一直把他们赶到英吉利海峡。到时他们只有两条路可以选择，要么离开法国，要么在南方重新部署。这样一来，巴黎地区的西面侧翼就失去了防守。然后，德军在巴黎东面发动一场大规模攻势。到时俄国人可能会派出援军，但德国人因为在康布雷得到教训，已经学会在大规模反击中如何有效部署步兵。另外，德国派出著名火炮专家格奥尔格·布鲁赫米勒，让他来制订炮击计划。布鲁赫米勒虽然只是个上校，但其火炮指挥本领深得德国高层赏识，所以备受尊敬，而且也被赋予很大的权力。因为这场攻势被冠以德皇之名，所以这位火炮专家不断改进他的新战术——“炮兵华尔兹”。这个战术的内容是首先切断敌军的运输线，打击其炮兵部队。接下来，摧毁前线据点。这两步将在几小时之内完成，随后立即派出进攻部队。对于敌军后方，将采用毒气弹进行攻击，而对于火炮阵地则采用高爆炸弹。而后在打击战壕时，毒气弹和高爆炸弹一齐上阵。

德国为发动这场大型攻势，调集了六十个师共计约100万人的兵力。如此兴师动众其实反映的是德国当时已被逼上绝境。按照计划，他们将发起四场大规模进攻以及一系列小规模行动。其中，最重要的两场以德国人的守护神的名字命名——“迈克尔”和“乔吉特”。另外一场重要的策应攻势以在拿破仑战争时期两位普鲁士大将的名字命名——“布吕歇尔/尤克”。德国发动这场皇帝会战的目的是迫使协约国在当年年底前宣布停战。一旦过了这个时间，德国

◎ 兴登堡元帅检阅将参加“皇帝会战”的德军部队。

很可能在接下来的战争中丧失主动。

德国人在准备这场大型攻势时，没有进行任何遮掩。面对当时紧张的局面，英国和法国能做的就是尽量自保。当时法军已陷入人员不足的困境，而且兵变之后法国政府对军队的控制力也在日渐衰减，因此法军需要缩短战线。在英国远征军方面，黑格自然也担心德军的这场攻势会危及英吉利海峡的一些英国港口城市，所以他打算向比利时和法国北部增派军队，他预计德军的攻势必将在这片区域展开。后来，英法达成了一项决议：法国缩短战线，同时高夫将军将率领远征军第五集团军进入过去三年来一直由法国人控制的巴波姆南部和佩罗讷地区。另外，英法两军总部也互通想法，打算组建盎格鲁—法兰西后备军。然而，可惜的是后来黑格和法国实际上都没有抽调出任何人员来组建这支军队，都在忙于巩固自己的阵地。

按照决议，高夫接管了巴波姆南部和佩罗讷，但法国人在这片地区修筑的工事不仅简陋而且很多疏于维护。进攻是法国人一直以来崇尚的信条，因此他们总是无暇考虑防御。当时，很多法军阵地都缺乏防御设施，而且有些地方条件非常简陋，甚至连士兵的安全也得不到保障。法国人崇尚的这个信条直接导致了所有的物资都被用于进攻。面对这种局面，高夫不得不自己动手，一边修筑坚固的防御工事，一边向外界抱怨他接管的这条防御线是何其糟糕。当时不仅时间紧，而且任务重，所以后来德国人攻来时，高夫只能尽力而为，一边打一边退，直至最后德国人丧失了冲劲时，他才抓住机会进行反击。

迈克尔攻势

3月21日德军发动了第一场攻势，战线从阿拉斯一直到拉费尔，其长度与兴登堡防线相当。当时，德军的大部分作战计划，甚至攻势开始的时间，都已被英军情报部门掌握，所以在英国远征军中，上至黑格下至一些将军及参谋心里都清楚他们将遭受非常沉重的打击。这时，远征军智囊团决定先让负责防御的后备军按兵不动，等到德军被密集的铁丝网和防御火炮折磨得精疲力竭时，再下令后备军奋起反击，逼退德军。然而，上述的这项决定在很大程度上是远征军在攻击德军严密的战壕体系时获得的经验，所以在执行时所有人都没想到德军“炮兵华尔兹”的威力是如此强大，也没有人料到德军会采用全新的步兵战术。结果，在德军开始炮击后不到1小时，远征军的将领们就与各自部队失去了联系。再加上当时战场上方乌云密布，而且有德军战斗机来回盘旋，战场上也浓烟滚滚，所以无法从空中展开侦察。其实，当时攻击远征军的只是一小股德军，而且他们似乎无心恋战，只在各个据点和占领区间迂回穿梭，仿佛他们感兴趣的只是越过这些地带而不是将它们摧毁。实际上，这就是德军所谓的新战术，而这种新战术当时取得的效果远超德军将领的想象。在德军发动攻势前，高夫连一个像样的防守阵地还未建好。之前当他从法国人手中接管这片“安静的一隅”时，他发现这里竟然一片狼藉，毫无准备。在德军发动攻击两天后，他不得不放弃阵地，他的第五集团军也向后进行大规模撤退。现在有人指出当时高夫的军队在后撤时场面几近失控，其实尽管他们当时非常疲惫而且绝望，尽管他们寡不敌众，但在边打边退的过程中还是非常有序的。

沃尔特·塔尔在1917年荣升少尉。1918年皇帝会战爆发时，他在第二十三营服役，但后来在巴波姆阵亡。当时，他回到了这片索姆河战场，这里离他在1916年遭遇失败的战场只有5英里。他刚到阵地不久就率领士兵进行反击。然而，在反击的过程中塔尔不幸被从战场无人地带射出的一颗子弹击中。随即他的几名士兵冒着生命危险试图找到地他想把他运到安全地带，但始终没有找到他。

后来，塔尔的指挥官在写给塔尔的兄弟的信中这样说道：“对我来说，我失去了一个朋友。”这位指挥官是一位保守的英军上校，而塔尔只是一个来自英国殖民地的黑人奴隶的儿子。他的这句

◎ 迈克尔作战开始，德军第18集团军经过特训的机动步兵开始发动进攻。

> 颂词是对塔尔在战场上表现出的英勇无畏的认可。后来，塔尔成了那个时代以及他家乡的一个英雄。

在德军的强大攻势面前，巴波姆和佩罗讷最终失守，甚至阿尔贝也受到了威胁，岌岌可危。当时的阿尔贝是索姆河战场后方的一座重镇。在过去三年里，这里虽然久经战乱，但除了东部地区之外，这个小镇一直都未沦陷。在过去三年里，英国远征军在进攻中付出了巨大的代价，这些代价现在德军也要一一承受。当时，德军向前推进的速度非常快，以至于步兵都已经超出了本方火炮的掩护范围。之前远征军就已经发现，如果没有火炮掩护向前推进会非常危险。现在，德军面对的局面也是如此。其次，对于德军来说，在这片已经遭受索姆河战役摧残的战场，向前线运送弹药、食物以及其他物资，同时还要将伤员运回，这简直是一项难于登天的任务。另外，当德军攻到远征军后方时，远征军第五集团军丢下的一个个庞大的营地和供应点让德军秩序大乱。因为搬不走，所以远征军在后撤前将它们一一摧毁，但由于时间仓促，远征军的摧毁工作并不彻底。此时，德军士兵已经有一年都没有大吃一顿，没有好好抽点烟或喝点咖啡，白酒、啤酒更是没有尝过，新衣服、新装备也少得可怜。结果他

◎ 德军机动步兵正在冲向敌人防线。

◎ 德军占领的的一个英军弹药库。

们一碰到远征军的营地就禁不住停下了脚步，因此耽搁了两三天。就是因为这两三天的耽误，德军最终放弃了继续进攻的计划，只管在白天透过滚滚浓烟、在晚上借着燃烧营地发出的火光抢夺并破坏远征军遗留的物品。

> 有个目击者曾这样描述3月28日阿尔贝的场景：“有的赶着奶牛，同时一只胳膊夹着一只老母鸡，另一只夹着一盒文档；有的一只手攥着一瓶酒，另一只也攥着一瓶，瓶口敞开；有的不仅穿着奇装异服，头上还戴着高高的帽子；有的走路跌跌撞撞，有的连路也走不了。”
>
> 所有人都卸下伪装，你抢我夺。对经历过那场大战、以及经历过拿破仑战争的人来说，这样的描述应该能勾起他们的回忆。

阿弗吕伊森林的战斗

如果您漫步在连接阿尔贝和蒂耶普瓦勒的那条幽静的公路上，向北望去您就会看到阿弗吕伊森林。在一战初期，协约国修筑了一条漫长的战壕防线，这条防线从英吉利海峡起至瑞士结束，于1914年底完工，这片森林就位于这条防线之后。当时，在阿尔贝至蒂耶普瓦勒的公路沿线有一个兰开夏郡营地，这个营地在1916年索姆河战役期间是为集结军队而建立的一个主要物资供应点。后来，协约国军队阵地从阿尔贝附近地区缓慢向前移动，直至1917年推进至兴登堡防线附近。此时，阿尔贝以及周围几英里的区域已经成为一个庞大的军事要地。这里有很多军事指挥部，此外还有训练学校、医院、修理厂、休整营地、物资供应点、面包房、屠宰场，甚至连监狱和战俘营都有。这里有公路，也有铁路和运河。公路始建于罗马时期，运河即索姆河运河。索姆河运河是该地区的一条主要航道，从英吉利海峡开始一直向东蜿蜒，流经阿尔贝南部。当时由于铁路线繁忙，所以运河上是一幅船来舟往的景象，驳船也成了一种非常重要的运输工具，这种船一次能装载50吨重的物资。在运河的一些河段还建有转运码头，通过驳船从英吉利海峡运来的物资就是在这些码头被装上一列列轻轨火车。当时在这片地区已经修筑了纵横交错的轻轨铁路网。

> 如今，当时的那些轻轨铁路只有一条保存下来。这条铁路位于索姆河畔的布雷，现在已作为一处历史遗存得到了很好的保护。它的存在时刻提醒着人们不能忘记这段历史。

当3月21日迈克尔攻势爆发时，距巴波姆20英里之遥的阿尔贝毫无准备，

◎ 在阿弗吕伊撤退的英军步兵。

◎ 英军将所有可用的武器都投入到防御阵地当中。图为1918年3月28日，一门正在保卫阿尔贝的英军18磅野炮。

更不用说像这场规模空前的攻势。其实，当时德国人也没有打算攻打到这片地区。几个月来英国远征军一直没有停下进攻的脚步，但当时还没有夺取任何战略要地，即使他们在阿拉斯和康布雷取得了两场胜利，但也是由于某些特殊因素。此时，德国人来势汹汹，仅在几个小时之内就把战线从阿拉斯延伸到兰斯。而且德军的推进速度并不是以码计算，而是以英里。于是，高夫的第五集团军开始全线后撤，一路上德军紧追不舍。兴登堡防线中的德军也蜂拥而出，席卷了他们之前在向兴登堡回撤时破坏的大片区域。跨过这片区域之后，他们又横扫了1916年索姆河战役的战场，这片战场处在凡尔登这座在一战中饱受炮火摧残的城市的后方。接着，他们突然如神兵天降地出现在阿尔贝地区，出现在远征军的一个个营地和供应点之间。

与此同时，乱作一团的远征军为了与德军保持一定距离匆忙集结。当时，远征军士兵中有的还在休整，有的仍在训练，有的正在为黑格计划在当年晚些时候准备发动的攻势做准备。他们从工厂、仓库和办公室纷纷赶来，像一个个长时间绝望的机器是当时很多士兵的写照。运气不错的部队还能坐上渡船或者火车，这其中就包括皇家苏塞克斯团第七营。3月21日早晨，这个营刚好从伊普尔附近的阵地出发，前往伊普尔西南地区他们熟悉的休整地涅普森林。当时，他们刚从前线被轮换下来，正盼望着能享受这几日闲暇时光，好喘口气。他们也已经做好打算，准备在接下来的几天里在涅普森林附近的机场干一些杂活。然而，此时德国发动攻势，这个计划也就落了空。当即他们就登上卡车向南进发。很快伊普尔地区的乡间小路上车流如潮，都是肩负相同使命的部队，同时四面八方还有其他部队不断涌来，所以场面极为混乱。在接下来的两个晚上第七营一路向南挺进，期间他们常常遭遇德军飞机。这些飞机为延缓远征军的行进速度，对很多村庄和路口展开了一系列的狂轰滥炸。四天后，第七营在距阿尔贝不远的索姆河畔布雷重新集结。但在此之前，有些士兵甚至一整连的人在途中就与营队失去联系。重新集结后，第七营以及后来零零散散赶来的其他部队由于时间仓促根本不可能在阿尔贝东部构筑一道防线。经过进一步部署，第七营被派往阿尔贝北部的阿弗吕伊森林。后来，他们在3月27日早晨6时30分抵达了目的地，并接到了一个任务——阻止德军越过昂克尔河。

后来，第十二（东部）师的其他营在当天也陆续抵达，最后在从阿尔贝到蒂耶普瓦勒的这片区域建立起了一道防线。这道防线坐西向东，与俯视昂克尔河的公路平行。虽然这道防线只是临时搭建，但在当时缺乏铁锹、缺乏铁丝网、缺乏现代战争所需的所有装备的情况下，也只能这样了。然而，幸运的是横亘在防线面前的是昂克尔河的沼泽地带。虽然当时远征军缺乏防御设施，但德军已力不从心，而且这条河又是一道天然屏障。

然而，随着时间一天天过去，对于远征军来说战局急转直下。在右方区域，阿尔贝已陷入德军之手，而且阿弗吕伊森林也危在旦夕。这时昂克尔河的正面防御任务由英国皇家苏塞克斯团的团长负责指挥，而副团长乔治·奥斯本少校匆忙开挖了一些简易战壕。远征军估计德军可能会渡过昂克尔河从东面发动攻击，也有可能从南面。在南面，当时德军已将远征军逼出阿尔贝以南2英里。在北面，离蒂耶普瓦勒只有1英里之遥的地方是欧蒂耶，欧蒂耶有很多高地。结果德军正是从北面的这些高地上冲了下来，最后一直攻到阿弗吕伊森林后方，将这片森林团团围住。不过，所幸的是这片地区已被英国皇家海军师安森营占领。自一战开始，这个师的水兵们就一直像步兵那样在战场上作战，所以这个师也是一支久经考验的军队。德军在开始对安森营发起进攻时，这个营的水兵们刚领过朗姆酒，所以他们当时正如研究皇家苏塞克斯团的战争史学家曾描述的那样“正在兴头上”，将德军击退，为巩固防线赢得了一些时间。当时，昂克尔河上有两座大桥，但要摧毁这两座大桥，远征军一没有时机，二缺乏手段。在接下来的几天里，德军分批多次跨过大桥试图进行渗透。至3月28日时，他们已经越过了苏塞克斯团第七营在森林中挖掘的第二道战壕。所幸指挥官英庇中校早已料到德军会有此举，他已命令奥斯本以森林中废弃的采矿场为中心修筑一块预备防御阵地。此时，这最后一道防线终于发挥了作用，不久德军士兵就尸横遍野，而且迈克尔攻势的北部行动终于在这里被终结。在这次攻势中，德军最远也就打到这里。

> 阿弗吕伊行动结束之后，英国皇家苏塞克斯团士兵获得了十三枚英勇勋章。而且比利时政府也为苏塞克斯团一名中士颁发了英勇十字勋章。

杜朗会晤和联合指挥

随着最后一批德军士兵在阿弗吕伊森林倒下，德国在该地区的豪赌开始崩盘，协约国在阿弗吕伊森林西北十几英里处的杜朗召开了一次会议。黑格以及他的各军司令都出席了这次会议，但高夫因为要事在身没有参加。当时，黑格与手下的将军们协商之后，就穿过杜朗广场，前往市政厅参加下一轮会谈。参加此次会谈的还有米尔纳伯爵、亨利·威尔逊爵士、福煦、贝当以及贝当手

◎ 1918年4月9日至11日间的亚眠战场，德军就是从这个阵地向亚眠城发动进攻的。

下的一些高级将领。米尔纳是劳合·乔治的战时内阁成员之一。亨利·威尔逊是英国政府法律上的军事顾问，并已经取代罗伯逊成为帝国参谋总长，同时他也是一个狂热的法国支持者，在所有事务上唯法国马首是瞻。至于福煦，虽然他之前被尼维勒取代，但此时又被召回，担任法军参谋长。贝当是法军总司令。在这次会谈中，英法这两个最重要的协约国的军政要员们只有一个问题需要磋商——如何利用手中现有的资源阻止德国人。

亚眠是一处战略要地，公路、铁路和运河在此交会。在会上，黑格提出英国远征军能守住这个战略要地，同时他还宣布已经同意将在索姆河地区以南高夫指挥的第五集团军暂时交由法军统帅。然而，贝当却认为第五集团军难当重任，而且亚眠处境堪忧。这时，福煦慷慨陈词，声称一定会守住亚眠，万一该城失守，到时撤退也不是什么难事。听了福煦的话之后，黑格做出了一个具有历史意义的决定："如果将军阁下已经为我准备好了建议，我一定会欣然听从。"1917年时，劳合·乔治将尼维勒置于黑格之上，这引起了黑格的极大不悦，但此时当黑格看到誓死保卫亚眠的福煦愿意派出后备军以加强该地区的防守时，就当即做出决定，将远征军交由福煦指挥，并让福煦担任协约国军总司令。

实际上，组建后备军这一问题是使英法两国关系更加紧密的最重要一环。黑格和贝当这两位英法最高战地司令之前也都同意组建一支核心后备军，而且他们也承诺会拿出几个师的兵力作为构建这支多国部队的基础。然而，因为战事吃紧，英法双方其实并没有调集任何一个师来组建这支所谓的后备军。黑格担心会失去法国进一步的支持和物资，于是也同意联合指挥是解决皇帝会战危机唯一最可行的办法。如果是分开指挥，英国远征军将会后撤以保护他们与英吉利海峡港口城市之间的运输线，同时法军也会向其他方向撤退以保护巴黎，结果必将一败涂地。此时，黑格头脑非常清醒，他知道必须避免这种各自为战，所以同意福煦担任协约国军总司令。他相信福煦一定会不负众望，一定能赢得战争。后来，英法终于组建了后备军，随即这支军队就进行后撤。面对气势汹汹的德军，福煦非常冷静而且他也看到当时后备军士兵士气低落，所以认为在此时发动大规模反击时机还未成熟。

维莱–布勒托讷及澳大利亚人

虽然迈克尔攻势还未收场，但德国对未来的这场豪赌已大势已去。在索姆河地区北部，德军的攻势已陷入僵局，在索姆河地区南部，德军的进攻步伐也越来越沉重。当时，远征军中正弥漫着一种如释重负的心态，其主要原因在于他们对情报部长查特里斯所提供的情报进行了过分乐观的解读。尽管如此，黑格和他的参谋却抱以一种非常谨慎的态度。随着迈克尔攻势的不断进行，德军虽放慢了进攻速度，但已逼近亚眠这座对于远征军来说犹如中枢神经的法国城市。此时，黑格寝食难安，在1914年勒卡托战役时他也是如此。结果远征军的一个个司令不得不将军队从水深火热中解救出来。1918年4月11日的“当日军令”就反映出当时黑格又一次方寸大乱：“除了战斗，我们别无选择！要守住每一块阵地，直至最后一人倒下。所有人都不准后退。即使被逼到墙角，信仰正义的我们也会战斗到底。在这危急关头，我们的家园以及人类的自由都系于我们身上。”

亚眠东面群山环抱，这里是进行防御的关键地区。群山之下有一座叫维莱—布勒托讷的小城。从山上向下眺望，亚眠中心城区会尽收眼底。4月24日时，亚眠东面失守，德军步兵在十三辆坦克的掩护下占领了亚眠东面的一座山脊。也是在这一天，爆发了世界上第一场坦克战。在这场战斗中远征军的弗兰克·米切尔少尉驾驶坦克与德军的一辆坦克进行了鏖战，后来大获全胜。当天夜里澳大利亚军队的两个旅（其中一支由英裔澳大利亚人组成）发起反击，重新占领了这座山脊。此时，迈克尔攻势的北翼在阿弗吕伊森林已成了强弩之末，而南翼在亚眠附近的这座山脊也遭遇到了相同下场。

> 英国远征军在亚眠的这次反击堪称一场尖端武器的大对决。现在澳大利亚在法国的国家战争纪念馆就坐落在亚眠附近的这座山脊之上，而且维莱—布勒托讷所有学校所有教室的讲台上都贴有一块饰板，上面写着“我们永远不能忘记澳大利亚”。维莱—布勒托讷的居民说，对于澳大利亚人他们并不只是写下了这几个字以示纪念，澳大利亚人在当天的英勇表现已永载这座小城的史册。

高夫下台

德军开始发动攻势时，高夫的第五集团军就立即进行后撤。在后撤的过程中，士兵们在绵延20多英里的战线上一直进行着艰苦卓绝的斗争。在退至后方阵地时，有些地方第五集团军的战线甚至长达30英里。尽管如此，这支部队也没有被德军彻底攻破。一旦被攻破，德军就会将其甩在身后，朝大海的方向攻去。第五集团军的十五个师虽成功压制住了德军的八个师，但还是丢失了大部分阵地，这也引起了英国政治家们的不满。此时，黑格虽然位列福煦这位协约国军总司令之下，但他还是需要找一个替罪羊，于是第五集团军司令高夫就成了被送到唐宁街问罪的最佳人选。实际上，高夫之前曾一再提醒黑格，亚眠之战一触即发，而且还说一旦战争爆发他会全力以赴。然而，一切都无济于事，他必须得走人。

第五集团军之前被改编为新第四集团军，由罗林森统帅。但在1917年罗林森因其原来的第四集团军在战争中溃败而遭到解职。当时，罗林森曾计划高夫从伊普尔突围，同时他命令军队水陆并进，攻打比利时海岸沿线，但后来这个计划最终搁浅。

乔吉特攻势和布吕歇尔/尤克攻势

虽然迈克尔攻势日渐衰微，但鲁登道夫还是在4月9日发动了乔吉特攻势。这场攻势原被称作“乔治攻势”，名称上的更改其实反映德国人野心的降低。按照计划，这场攻势将会收获不错的效果。当时，英吉利海峡和德军前线合在一起构成了一个口袋，而乔吉特攻势的轴心正是从阿拉斯以东开始一直延伸至这个口袋一侧。这时，正在南方为迈克尔攻势做准备的黑格，又不得不转过身来，应对这场攻势。因为在北部远征军力量势单力薄，于是黑格一再对第二集团军司令普卢默下达命令，要求他尽快赶来增援。德军首先攻击了葡萄牙师占领的阵地。他们投入的兵力很少，但攻克了大片防线，几乎完全切断了葡萄牙师以及五个远征军师与外界的联系。葡萄牙师的士兵由于在这条战线上作

◎ 凯默尔山附近，德军士兵在一条从法军手中夺取的战壕里。

战已长达一年，当时已精疲力竭。虽然乔吉特攻势一开始取得了不错的效果，但德国人并没有占领伊普尔市，而向这座城市的西部地区推进，直至推进至原伊普尔突出部的南面。这片地区的制高点是凯默尔山，这座山从1914年被德国人攻占后就一直被他们牢牢攥在手里。在乔吉特攻势爆发几个月前，普卢默刚以巨大代价拿下了原伊普尔突出部西北部的梅西讷岭和帕斯尚尔岭，但此时他认为既然葡萄牙的阵地已经沦陷，这两座山脊自然也会危在旦夕，于是下令将部队从这里撤出，退回到了伊普尔外围地区。

在北方，比利时军队仍然占据着那片低地泽国，德军不可能从那里逾越过去。然而，要攻到多佛尔海峡，德军却可以取道伊普尔，因此德军的战略也日渐明朗起来，隔水固守的比利时军队也不再是他们的绊脚石。

这时，身居协约国军队总司令之位的福煦也开始运筹帷幄。他向北调集了几个师的法军，将已精疲力竭的英国远征军四个师换下。这四个师被换下后，又被派往南方防守在贵妇小径沿线并俯视埃纳河的德军。

> 自1917年初尼维勒在埃纳河战场失败后，这片地区成了整个西线最安静的一个角落。后来，渐渐成了很多法军部队在作战后的“休养之地”。福煦将那四个英国远征军师派到这里也是出于同样的考虑。

远征军四个师安全抵达目的地后，在位于埃纳河和盘踞在贵妇小径的德军之间这片新阵地安顿下来，并准备进行休整。然而，还未等他们休整好，鲁登道夫计划中的下一场攻势——布吕歇尔/尤克攻势——就爆发了。4月27日，大约两周之前刚在北方遭受重创的这四个师又不得不面对这突如其来的又一次打击。在这次攻势中，德军仍疾如闪电，速度惊人。在布吕歇尔/尤克攻势爆发当天，他们离巴黎凯旋门有70英里，但在攻势结束时，只有不到30英里。但此时德军士兵都已精疲力竭，而且将本方火炮远远甩在身后，处境比较危险。

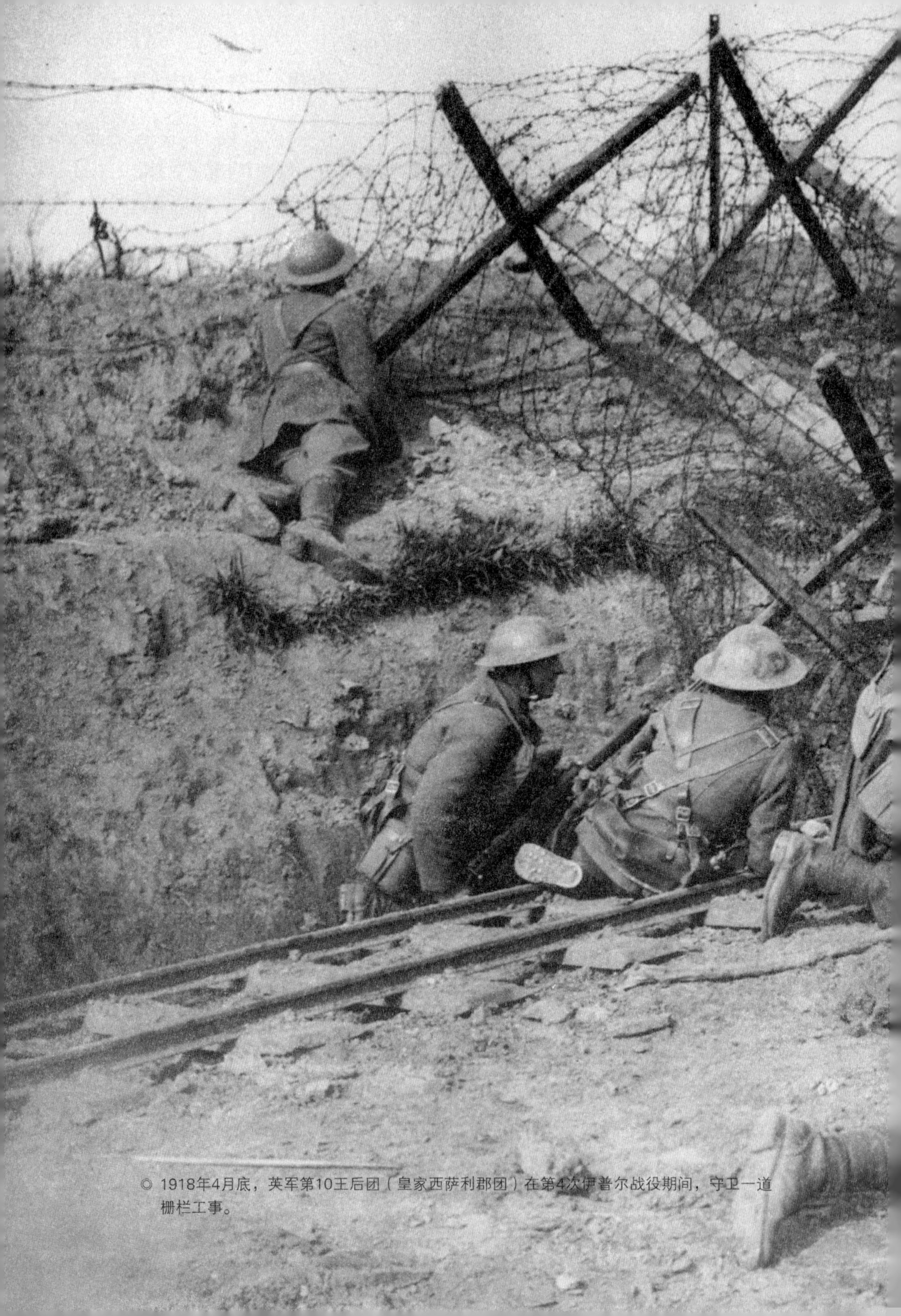

© 1918年4月底，英军第10王后团（皇家西萨利郡团）在第4次伊普尔战役期间，守卫一道栅栏工事。

这场战役被称为第三次埃纳河战役。因为协约国军队当时得到的情报有误，他们对德军的真正意图估计不足，而且这场战役的战场是唯一一个既不能攻也不能守的战场，结果远征军四个师损失惨重。德军牢牢占据着贵妇小径这片制高点，而协约国军队防线的后方是埃纳河及其运河。由于协约国共同的军事思想是将本方阵地向对方阵地无限推进，因此对于防线后方的河流可能会造成困难这一问题，协约国军队全然不顾。当时，往协约国军队阵地运来的所有给养和增援物资，不论是从后方运往前线还是运往其他地方，都必须经过埃纳河和运河上为数不多的几座桥，这些桥就像是一个个狭窄的漏斗。德军岗哨离这些桥不到2公里，俯视着协约国军队整条战线。看到眼前的这番景象，德国人觉得这简直是天赐的良机。

于是，德军从贵妇小径蜂拥而下，扑向这个安静的角落，结果远征军四个师遭到重创。德军只在疲惫时或后勤运输和火炮部队跟不上时，才暂时停下进攻的脚步。

在这几乎令人绝望的几天的战斗中，有一次行动值得一提。国王什罗普郡轻步兵团第四营有一位名叫布雷特的中尉。当时，这个营只剩下5名军官，而且这些军官比他级别都要低。营长和所有少校及上尉都已阵亡或负伤。尽管面对人数众多的德军，布雷特率领第四营只剩下的300名士兵和4名中尉发起了四次冲锋，收复了蒙塔涅布里尼山这个战略要地。此山一旦沦陷，远征军将不可能守住其周围地区。这四次冲锋每一次都分别由一名中尉带领，后来当他们最后冲至山下时暂时停下了脚步，和来自柴郡团和北斯塔福德郡团的两个营中剩下的士兵汇集到了一起。在第四营和这两个营汇集后，布雷特中尉仍然担任部队指挥。随即他率领军队拿下了这座山。这座山旁的一个森林中有德军驻守，当布雷特攻来时，他们非常吃惊。接下来，布雷特接到命令，必须从蒙塔涅撤退，为远征军对该地区发动全面攻击腾出空间。然而，布雷特却坚守阵地，一直等到援军到来。后来，布雷特以及二等兵格利夫斯和普尔中士都被法国政府授予英勇十字勋章。格利夫斯是一个担架员，在这场战斗中从头到尾都冒着德军的炮火在战场上运送伤员。另外，法国政府也为第四营颁发了棕榈英勇十字勋章。在一战中，法国政府为英国远征军总共颁发了十三枚这样的奖章，其中有三枚都是为了嘉奖布雷特率领士兵在冲锋和防守中的英勇表现。

布吕歇尔/尤克攻势是在一战中一段非常残酷的时刻。当时，德军进攻部队无处不在，他们取得的战果令双方所有军队都汗颜。从一战爆发到布吕歇尔/尤克攻势开始共计三年半的时间里，双方所有军队在所有攻势中取得的战果与这场攻势相比都相形见绌。而且，德国人仍没有停下进攻的脚步。在6月时，他们又发动一场代号为“格奈森瑙”的攻势。通过这场攻势，德国人扩大了亚眠以南的突出部的范围。同时，他们通过在兰斯东部发动的最后一轮布吕歇尔/尤克攻势将战线前移，结果兰斯处在了德军设下的又一个口袋的袋口。虽然当时的局面对协约国军队极为不利，但他们的战术比较成功，而且所有战略要地都没有暴露在德军的炮火之下，更不用说被德军占领，因此德军并没有进入到战略进攻阶段。这时，德军高层认识到了他们败局已定。接下来，德军发动了最后一场攻势。最初这场攻势被命名为“兰斯”，但后来德国人给它起了一个绰号——“和平风暴”，其言下之意为仅仅希望在美国人完成备战之前使协约国能与德国进行和平谈判。然而，德国的这一诉求被严词拒绝，他们只能坚守阵地，期待奇迹发生。

蒂埃里堡和美国人

美国在宣布参战一年后才真正有所动作。但话又说回来，打仗的确不能操之过急。当时福煦一直忙于应付各种要求，有的向他要援助，有的要军队，有的要后备军弥补薄弱环节，所以他手头掌握的资源日益匮乏。在6月初，美军的一支部队在小城蒂埃里堡附近的广袤地区正式打响了第一枪。他们一开始进行的只是一场小规模防守战，接着三天后进攻了蒂埃里堡城外的一片森林。

一直以来潘兴都拒绝将他的队伍编入协约国军队，这种坚持这时终于换来了回报。在法军和英国远征军中，即使有些部队不仅作战经验丰富而且由久经沙场的军官指挥，但无一例外在进攻中都按照练兵场上的路数行动，结果不到一两年就都吃了败仗。现在缺乏经验的美军士兵面对的也是同样的情况，就像当年远征军在索姆河以及其他所有攻势中那样，直到采用新战术后才出现转机。在一战爆发后的前两年，英国远征军和法军在每一场攻势的最后都败下阵来，不仅死伤过半而且几乎寸土未得。两年后其他军队因为战术不当，也重蹈英国远征军和法军的覆辙。然而，现在美国已加入进来，而且已开始一展拳脚。虽然士兵们不仅生涩而且经验不足，但潘兴的这支部队人员齐备，物资充盈，其他国家做梦都想得到。

查尔斯·曼金归来

曼金在凡尔登战役时是尼维勒的部下，而且在1917年初的贵妇小径之战中担任司令。贵妇小径之战被人称为是尼维勒最后的耻辱。尼维勒倒台后，曼金也被解除了司令的职务，但在当年晚些时候他又被召回，出任法军第十集团军司令一职。这时，他给总司令贝当献上了一个计划：当德军在4月份从贵妇小径出击后，下令法军对直指巴黎的德军突出部给以致命一击。当时可能由于曼金的军队要对付其他地方的德军，所以这项计划被他搁置了一周左右的时间。然而，就在这一周中，福煦察觉到由守转攻的时机已经成熟。

曼金的计划非常简单：发动两场猛攻，其中一场往北攻击德军突出部右侧，另一场向东攻击突出部左侧。另外，在突出部最前端再发动一场行动以牵制德军，这样鲁登道夫就不可能对这里置之不理。在7月18日曼金发动了这场形如三叉戟的攻势，后来也取得了预想的效果。德军伤亡惨重，2.5万人被曼金的军队俘虏。这个突出部从苏瓦松开始一直延伸到兰斯，之前突出部的最前

◎ 一名德军士兵在苏瓦松战场投掷手榴弹。

端向西南方向一直延伸到蒂埃里堡和埃佩尔耐之间的地区。但此时德军设下的这个口袋又被法军扎上，接下来鲁登道夫不得不下令军队后撤，直至撤至布吕歇尔攻势的发起点，即埃纳河沿线。在这场攻势中，曼金用兵如神，其实这也得益于他当初在尼维勒手下任职的经历。

福煦的伟大计划

鲁登道夫在埃纳河溃败的同时美军正向兰斯以东推进，后来他们越过了凡尔登，试图接管西线战场的东端。此时，协约国也已开始酝酿其他的重大决定。在亨利·威尔逊的建议下，劳合·乔治决定等到防御战结束之后再将黑格解职。虽然这位英国首相非常希望黑格走人，但他不得不接受威尔逊的建议，毕竟在防御战上没有谁能超过黑格的。除了出于对其他因素的考虑，劳合·乔治清楚如果他将黑格解职，他的首相职位也将会不保，而且解职一事也会让人对他的能力产生怀疑，何况黑格又与政府高层交往甚密。劳合·乔治之前非常信任尼维勒，但结果令他非常失望。如今他对福煦这个协约国军总司令非常有信心，相信他能压制住黑格。

此时，福煦宣布了自己的战略：在整个西线战场发动一场规模浩大的攻势，从英吉利海峡一直到瑞士边境。届时几百万名士兵、炮兵、坦克手、医疗人员、各种车辆以及所有战争辎重都将瞄准德皇的总指挥部——德国西面的小城斯帕。西线战场犹如一道圆弧，而斯帕正处在这道圆弧围绕的中心点上。所有协约国军队将采取一系列行动，共同向这道圆弧的每一段进行施压，美军从东面，法军从中间，英国远征军从北面，由比利时国王统帅的比利时军队和部分法军从海岸边。其实福煦的战略和期待也非常简单——“全世界一起并肩战斗”——这是任何时候都能克敌制胜的法宝。

福煦的战略看起来似乎稍显草率，毕竟当时德军还是赢得了一些胜利，美军士兵经验尚且不足，很多法军部队士气并不高涨，再加之当时英国远征军丢失了不少阵地，损失了不少士兵和物资。然而，福煦既不是一个赌徒，也不是一个盲目乐观的人。他的这个战略并非草率得来。当时，他注意到很多德军部队开始全体投降，而不是死战到底，这种情况以前从来未出现过。他知道当时德国的各种原材料缺乏这一问题正在不断加剧。他知道德国为补充兵力已开始进行拉网式征兵，中年人和年轻人，甚至身体或心理不适者都被拉来参军。他还知道军士团这个在德国军人阶层中处于核心位置的团体此时可能已经消失。军士团中的军官往往都经过多年的训练和实战的洗礼，因而常被委以重任，而且不可取代。总之，福煦已经知道德国人正在加紧向中立国家派出使节，并催促他们向协约国传话或与之进行会晤。另外，德国人已经列出了停战的一些条件，而且已经做好准备与协约国商讨将来的领土分割问题。福煦清楚

此时统治德国的君主政体和军人阶级的实力已经大为削弱。德军高层也认识到了进行和谈的必要性和紧迫性

西班牙流感

西班牙流感在一战中是各国的另一个敌人。这种疾病在不同国家间传播，使无数人感染致死。一开始在美国出现了一种未知的流感病毒，这种病毒首先在堪萨斯的斯顿军营被发现。这座军营离当地的新兵报到中心非常近，后来，这种病毒被美国新兵带到了大西洋对岸，而且很快就在欧洲引起了流感大爆发，首先在英国兰开夏郡，接着在西线战场的很多军队中，然后西线战场无人地带对面的德军士兵也被感染，随即德国也遭了殃。当时，德国因为受到封锁，缺乏食物、燃油以及机器，这也加剧了这种疾病在这个国家传播的速度。可以说当时全世界正在经历自黑死病以来最严重的一次健康危机。在接下来的三年中，数以百万计的人都死于这种流感，而且受害者绝不仅仅是老年人或体弱者。据当时估计，因病致死的人大约有2500万，但最近一些更加细致的研究显示这个数字还要再翻两番。这种流感当时波及到全世界，所有感染的人中有2%至4%死亡。斐济岛因此减少了14%的人口，西萨摩亚更是超过20%。印度虽然没有准确记载，但据当地估计，人口总共减少了5%，共计700万人。

> 西班牙流感因何得名？在一战中，所有参战国家都把这种疾病视作一项军事机密，没有向任何新闻机构透漏。后来，中立国西班牙第一个承认这种疾病的存在。之后，全世界陷入了恐慌，人们自然把这种疾病的发源地和西班牙这个唯一承认这种疾病存在的国家联系到了一起。

克列孟梭总理和威尔逊总统

当时福煦一定也知道西班牙流感，但他对它的了解到底有多少我们却很难知晓。除此之外，除其他因素之外，福煦也知道在他身后一直支持他的是法兰西共和国的总理乔治·克列孟梭以及他信奉的哲学——“战争握在我的手中”。当时，克列孟梭认为这场战争已经到了该画上句号的时候了。为赢得胜利，他愿倾尽全力为福煦创造所有有利条件，更不用说支持他出任协约国军总司令。

同时，华盛顿当局的威尔逊总统也不辞辛劳，正在制订一个和平条约——《十四点计划》。他认为拿出这样一个和约将有利于各方结束战争。《十四点计划》旨在解决各方在战前的矛盾，规定开放贸易并重新划定殖民地。然而，威尔逊在计划中并没有提到战争赔款以及谁对战争负有责任这样的问题。当时不论美国国会对威尔逊的计划做何感想，美国首相劳合·乔治、法国总理克列孟梭和意大利总理奥兰多都表示他们完全不能接受这个计划。他们除了要求表达不满，要求同盟国改邪归正之外，还要求追究责任以及支付战争赔款。因此威尔逊的这个计划很快就淹没在了一片质疑声中。协约国认为他当时仍然像之前那样在宣扬和平主义，而德国和奥匈帝国也怀疑他对他们的国家以及殖民地别有所图。

“全世界一起并肩战斗”

当曼金的计划获得成功之后，福煦决定暂停进攻。此时他已下定决心在西线战场发动一场规模空前的攻势。谋划，准备，演练，都需要时间。就在这时，德国人开始用“德皇威廉大炮”攻击巴黎，于是一枚枚巨大的炮弹从70英里之外的地方飞向巴黎，在这座城市的周边爆炸。然而，即使面对这种局面，福煦仍决定在未做好充分准备之前绝不贸然行动。

福煦的决战计划分为六个独立部分，以曼金的行动为序曲：

1. 摧毁德军在布吕歇尔/尤克攻势后建立起来的苏瓦松—兰斯突出部，该行动已由曼金完成。

2. 逼迫德军将其在迈克尔攻势和格奈泽瑙攻势中取得的以蒙迪迪耶为中心的阵地整体往回迁移。

3. 击败长期盘踞在凡尔登以南的圣米耶尔突出部的德军。

4. 扫荡兰斯和凡尔登之间的阿尔贡森林。

5. 夺取阿拉斯以北的斯卡尔普河地区。

6. 收复在乔吉特攻势中失去的阵地并彻底肃清比利时海岸沿线。

这场决战一开始的节奏会相对缓和，但随着战事的发展将逐渐令人心潮澎湃。决战一旦开始就没有谁能停下来左顾右盼，看部队有没有上来，而且最后只会以德军完败作为收场。7月中旬时，曼金奏响决战的序曲，在这之后将暂停三周，接下来再经历四个阶段，最后的行动在9月28日开始。当时，福煦计划为让这六个阶段的行动能形成呼应，而且希望每一次行动取得的效果比法军和英国远征军在过去四年中的任何一场攻势都要好，于是下令在七十五天之内必须消除皇帝会战造成的防守危机，接下来在长达250英里的战线上同时展开有效反击。

第二阶段：亚眠——8月8日

罗林森在接管士气低落的远征军第五集团军并将其整编为第四集团军

◎ 1918年8月7日，法国索姆河前线，经过伪装的协约国炮弹弹药库。当时空中摄影技术的发展，已经能够从空中直接锁定敌方未经伪装的军事目标，所以在战争后期，双方都更加重视军事伪装技术。

后，开始以“深度变换防守”的思想构筑防御阵地。他清楚地知道亚眠一定要抵挡住此时已孤注一掷的德军。然而，很快形势就完全明朗。与罗林森军队对峙的德军一旦发起进攻根本没有取胜的可能，而且澳大利亚步兵发动的一场大规模壕沟战也很快表明，如果对德军展开猛攻，他们完全招架不住。于是，罗林森与部下一致认为如果对敌人发动一场大规模攻势很可能会取得不错的效果，付出的代价也可以接受。罗林森的军队中有两个一流的军团，澳新军团和加拿大军团。他本人不仅善于指挥，而且这两个军团也被德国人视作远征军中两支最为精锐的部队。当时这两个军团由一战中两位杰出的将军统帅——澳大利亚的约翰·莫纳什爵士和加拿大的阿瑟·柯里爵士。

当时，黑格总希望罗林森能突破德军防线，并向柏林发起攻击，而福煦则希望位于罗林森军队右侧的法军也能加入战斗。然而，罗林森并没有受到黑格和福煦的干扰，仍然按照自己的想法制订计划并实施。后来，罗林森发动了现代战争史上可能是第一次全兵种参与的大战。在这场大战中，他投入了大量的飞机，其中有2000架执行了各种不同的任务，这些飞机发挥的作用几乎与现代空军的飞机相当，比如获取并传回大量侦察情报和战场信息，为进攻部队空投弹药，轰炸德军火炮阵地，与德军的400架飞机在空中展开对决。此外，为掩护步兵和运送士兵、弹药以及其他物资，罗林森还动用了342辆坦克以及更多的特种装甲车。为加强掩护效果，他还调集了2000门火炮。这些火炮每门每分钟发射4枚炮弹，因此在长达30英里的战线上每秒钟就有130枚炮弹坠落。至于莫纳什和柯里的军队，虽然面对人员不足的问题，但物资充盈弥补了这一缺陷。

英国远征军从左面即原来的索姆河战场发起攻击。此时，这里已是一片不毛之地，不利于作战，因此英军的推进速度没有从南面发起攻击的澳新军团和加拿大军团快。这两个军团当天就向前推进了8英里，致使德军2.7万人伤亡。澳新军团和加拿大军团的士兵不仅精力充沛而且斗志昂扬，他们一出现竟然使德军士兵惊慌失措。后来，鲁登道夫在其回忆录中这样描述了当天的情况："8月8日是德军在一战中最为黑暗的日子，我们从未败得这么彻底。"另外，这场大战也被写进了德国的官方正史，被描述为"一战开始以来德军最惨痛的失败"。虽然鲁登道夫并不了解当天德军具体的伤亡数字，但他知道很多士兵并不是在战斗中战死或是受伤，而是缴械投降，而且常常是整支部队一起投降，这些人加起来可能多达1.8万人。

这时，黑格自然希望罗林森能继续扩大战果，但罗林森知道应该适可而止了。1916年时他就是被迫策划了索姆河战役，并打算以这场战役作为突破口，但结果造成惨败，所以到1918年时，他已经学会要量力而行。福煦决战计划的第二个阶段如罗林森、莫纳什和柯里之前预测的那样获得了成功，而且当罗林森向福煦建议结束这场大战时，福煦欣然接受了这位战地司令的意见。

在罗林森军队左侧，朱利安·宾率领的远征军第三集团军当时也做好了进攻准备，后来在德军撤退时第三集团军几乎全线追击德军。接着，罗林森的军队也开始继续向前推进，几天后霍恩指挥的第一集团军也加入进来，这时出现了三军齐进的场面。然而，他们很快就进入了一片危险地带，并遭到重创。近四年来的现代工业化战争使这片地带遍布着德军的陷阱、未爆的毒气弹等等。然而，这三支军团克服了重重阻力，继续前进，最终收复了阿尔贝。这场大战虽然不如将战线向前推进了20英里的曼金攻势，但远征军进攻部队的北端又重新回到了索姆河战场。

第三阶段：美国人在圣米耶尔

9月12日时，美国人发动了一战以来他们规模最大的一场攻势。当时，凡尔登以南的圣米耶尔德军突出部仍然威胁着这个城市，从这里德军可以轻而易举地攻入法国东北部。突出部从凡尔登以南默兹河边上的小城圣米耶尔开始，一直向东北延伸至摩泽尔河水系和古城梅茨。这片地区地势平坦，其间湖泊和水道密布。其南面和北面耸立着一座座高山，山脊之上的制高点都由德军牢牢控制。德国人与往常一样对该地区的防守投入了大量的时间和精力。

潘兴计划先扼住德军突出部的咽喉，然后挥师进攻梅茨。当时梅茨位于德军突出部顶端后方30英里处。一开始潘兴缺乏掩护，但后来借来了飞机和火炮，其中多数由法军提供。当战斗打响后，他手中的飞机已有1,000多架，飞行员基本都是法国人，而且炮兵也是一样。但潘兴军队中的步兵都是美军士兵，他们数量众多，构成了军队的主体，因此这场攻势算得上是美军在一战中展开的第一次大规模行动。

很快潘兴就发现了很多问题。德军已经意识到大难将至，所以当美军发起进攻时，他们已经开始撤离突出部。后来有人指出美军在进攻突出部后方时半心半意，放慢了速度，结果没有将战果扩大。其实，当时这片地区的路况非常糟糕，在这里开展一场大规模攻势实属不易。此外，要面对德军这样的敌人也比较困难，他们不仅边打边撤，而且在后撤的过程中将很多河流小溪上的桥梁一一炸毁。这场攻势与很多其他攻势一样，一开始美军推进得比较顺利，但后来后勤运输成了最头疼的难题。另外，梅茨还远在美军的射程之外，但这可能也不是一件坏事。当时这座城市被认为是整个欧洲最坚固的要塞。潘兴在第四天结束了这场攻势。通过这场攻势，美军收起了德军突出部这个口袋。另外，从人员伤亡上看，德军和美军相当，但美军却俘获了大量的物资。最重要的是，潘兴此时可以宣告美军已经为决战做好了准备。

> 论规模，这场攻势并算不上什么“大战”，毕竟双方都只有7000人伤亡，但其意义在于让德国人意识到了无论如何他们也不可能赢得一战的最后胜利，因为美国人已经真正加入。

第四阶段：阿尔贡森林

圣米耶尔攻势还未落幕，潘兴就已为下一战做好了准备。兰斯和凡尔登之间有一片森林叫阿尔贡森林。这里层峦叠嶂，树木繁茂，是进行防守的绝佳之地。出于战略上的考虑，德军在这片森林中重点布防，因为德军前线东端的运输线就位于森林之后，而且一旦德军向本国边境撤退，这里将是他们的必经之路。法国在1870年被普鲁士强夺的城市色当就是这张交通网的枢纽。

圣米耶尔攻势仅仅结束一周后（9月26日），美军就开始在这片危险区域动手，而且一开始取得了一些胜利。在第一天，美军就将战线向前推进了7英里，其间还攻下了一处重要的德军据点——阿尔贡蒙福孔村。这个村庄位于阿尔贡森林和默兹河中间，坐落在一座小山上，村中防御工事密布。接下来，当美军深入林区后，他们遇到了之前很多军队在这里遇到的一系列问题。首先，炮兵不能及时跟进；其次，德军前线虽然不堪一击，但防线火力较猛；另外，美军中年轻军官们经验不足。于是，一周后美军不仅精疲力竭，而且缺乏人手和物资，德军也已调来了几个师对该地区进行增援。此时，潘兴坚持美军独立作战的缺陷慢慢暴露出来。他必须依赖英国远征军和法军的空中优势，也完全仰仗法军的火炮和炮兵。森林中不仅道路稀少，而且较为狭窄，这给缺乏经验的美军后勤运输部队造成了很大的困难，所以当时每条路上都拥挤不堪。其中有步兵，步兵身后有炮兵，有从前线运下来的伤员，有运送食物、水、弹药、牲口饲料以及其他物资的人员，甚至当时有些部队为寻找食物和水竟从前线返回。

面对这种局面，潘兴使用了一些手段，从英军和法军那里调来了10万名擅长后勤运输管理的人员。因为人员拥挤，潘兴急不可待地将战线继续向前推进，所以这场攻势并不只是以摧毁德军突出部作为目标，而是美军与强大的德军进行正面交锋。像之前很多攻势一样，这场攻势也有自己的特点。福煦计划

◎ 阿尔贡森林阵地中的14英寸轨道重炮正在向德军阵地开火。

◎ 美军308步兵团在阿尔贡森林占领了德军的第二道防线。

能在尽可能多的地区对德军形成牵制，所以希望这场攻势能继续下去。实际上，在北方其他几场攻势也已展开。

潘兴将军队一分为二，而且到攻势结束时，即一战结束当天，潘兴指挥的士兵包括飞行员在内超过120万人。在这场攻势中，美军阵亡2.6万人，受伤9.6人，是美军在一战中伤亡总数的一半。

在一战中美国并没有经历多少大战，但这场攻势就是其中之一，而且后来美国政府对这场攻势进行了隆重的纪念。然而，不可否认的是这场攻势仍然算不上是一场胜利，毕竟切断德军运输线这个战略目标最后并没有完成，同时美军的真正伤亡数字也值得怀疑。在这场攻势中德军也遭受到了相同的损失，另外协约国在北方发动的攻势也缓解了潘兴军队当时的压力，如果考虑到这两个因素，上面的结论就不难理解了。在这场攻势中美军士兵表现出的那种不惜任何代价猛攻到底的决心令德军高层非常吃惊。然而，可能我们还会提出这样的疑问——这场战役仅因为士兵表现出来的这种士气就能认为它算作成功？

◎ 在撤往兴登堡防线的德军士兵。

> 很可能在将来的什么时候我们会把阿尔贡战役与1917年爆发的凡尔登战役、索姆河战役、帕斯尚尔战役以及贵妇小径战役放在一起相提并论。虽然它是美国人在20世纪进行的首场大战，但代价过于昂贵，结果却收获甚微。

第五阶段：斯卡尔普河

在潘兴发动阿尔贡攻势当天，福煦又出了一记重拳，下令朱利安·宾率领远征军第三集团军开始行动。第三集团军当时位于斯卡尔普河地区，他们刚收复阿尔贝以东和以北地区，身后是一片狼藉的索姆河战场。此时朱利安·宾已做好发动远征军第二大规模攻势的准备。另外，当时法军也已经发动了多场攻势，所以德军接下来必然会命令新征召的后备军进行反击。后来，第三集团军取得了辉煌的战果，重新占领了索姆河地区的村庄，并成功突破了重兵布防的兴登堡防线，将战线继续向前推进至德军防线后的开阔地带，直至那个神秘国度的边缘。当时远征军空中优势占尽，坦克数量众多，而且各种物资充盈，可以说“冲向莱茵河”指日可待。

第六阶段：伊普尔和比利时

9月28日，即斯卡尔普河攻势爆发后的第二天，黑格发动了又一轮攻势，其目的是肃清比利时海岸沿线，并向布鲁塞尔推进。如往常一样，第一场战斗异常艰难，持续了两周。结果英军损失惨重，但是盘踞在伊普尔附近据点的德军开始后撤。接下来，远征军气势如虹，三周后就攻至里尔和布鲁日，而且整个西线战场都在向前移动，其西端已经从伊普尔以北的尼乌波尔特海岸推进至

◎ 顶着协约国重火力的德军士兵正在撤退。

荷兰边境的根特，往德国方向移动了50英里。

黑格在4月11日曾发布过一道将军令，但此时他又瞅准时机发布了“背水一战”的宣言。当曼京为实现福煦提出的“所有人并肩战斗”这一战略而发动攻势后，所有将军可以自由并受到鼓励甚至被命令去冒险，这在一个月之前还似乎是天方夜谭。8月22日黑格的将军令中就这样写道：“一个月前冒险只会招致罪行，但现在应该是一种职责。”但可惜的是在这道将军令中他还要求规定一条“新”纪律：“只能对即将夺取胜利的战线进行增援，而不是遭遇阻力的阵地。”很明显一战此时已进入尾声，所以黑格要确保远征军全线在西线战场上能继续对德军造成威胁，赢得胜利，而对大幅缩减投入这一要求并不在意。

> “只能对即将夺取胜利的战线进行增援，而不是遭遇阻力的阵地。”现在任何一名优秀军事史专业学生都能指出这后半句话的不妥。如果他能说服黑格，那么他就能拯救英国，拯救英国人民，拯救在战争中伤亡的100万人。当然，说服黑格并不容易。

◎ 1918年11月10日，德皇威廉二世（左四）离开德国，前往荷兰避难。荷兰陆军少校范戴尔在荷兰边境的伊斯顿迎接德皇入境。军事失利使得德国、奥匈帝国和奥斯曼土耳其面临一系列经济和政治危机。10月29日，德国基尔港水兵起义之后，国内出现的一系列危机，迫使德皇退位离境。

终结之始

随着10月最后几天很快过去，德国人的努力也渐渐变成了徒劳。在德国国内到处民怨沸腾，同时西班牙流感和食物短缺一起爆发，两者犹如战争一样对德国人的士气造成了很大打击。在德国，议会在霍亨索伦王朝的统治下一直比较羸弱，但此时它的声音越来越大，而且开始涉足到其权责范围之外的一些事务。当时，德国议会并没有批评兴登堡这个曾在东线取得过一系列胜利的人，这个极具讽刺意味的人物，而是逼迫他的第一幕僚鲁登道夫辞职。鲁登道夫在10月的最后几天对德国的未来做出过预言——“两周之后我们将失去皇帝，失去帝国”——但这也没有挽救他的命运。鲁登道夫的预言后来的确成真。11月9日柏林宣布德皇威廉二世退位。

10月28日时，德国海军调集军舰前往岸边锚地，准备进行最后一次尝试，试图席卷英国北海海域。这项计划由德国海军高层策划，但因为他们没有提前告知政府，所以政府并没有批准。10月29日时，一些德国海军水兵积极响应这一计划。然而，有些人拒绝为军舰上的锅炉点火，拒绝起锚。于是很快就引发了一场兵变。接下来，德国海军高层虽放弃了这一计划，但已经造成了不可挽回的损失。仅仅一周之内，基尔港和威廉港中的主要海军基地就被发动兵变的水兵和当地军工厂及造船厂工人组成的委员会所控制。当时，也有士兵被派去镇压兵变，但后来竟也加入了兵变组织。

此时，德国政府不得不向外界谋求和平，希望尽快签订一个可以接受的条约。德国特使频繁往来于德国和一些中立国之间，最终一些德国议会的代表穿过了协约国军队防线，与协约国代表商谈了和平条款问题。关于和平条款，其实可谈寥寥，德国必须无条件投降。经过一段时间的讨价还价，双方终于达成了一致意见并签字。后来，战争在11月11日上午11时正式停止，德国时间为中午12时。

◎ 1918年10月3日，在西线最后的战役中阵亡的澳大利亚和美军士兵遗体，被收集起来下葬。

至于和平条约、战争赔款、领土分割以及其他细节问题双方将继续会谈协商。

一战落幕

在1918年11月11日上午10时58分时，战场上已基本偃旗息鼓，都在等待着停火一刻的到来。然而，这时一个叫乔治·普赖斯的加拿大士兵从本方战壕的护墙中探出头来，结果被一名德军狙击手射中，随即倒地而亡，当时子弹正中其心脏。虽然在停战后的几年甚至几十年里仍有很多人因为伤病接二连三地死去，但普赖斯却是西线战场上最后阵亡的一名军人。后来，他被就近埋在圣西姆福里安村附近的军事公墓。与他墓地相隔只有十几码远的地方就埋着第一个在西线战场阵亡的英军士兵——十六岁的约翰·帕尔，他当时倒下的地方也在附近。就这样，英国在西线战场的战争宣告结束，但让人不可思议的是第一名士兵倒下的地

◎ 1918年11月11日，一战停战日，英国民众聚集在白金汉宫外庆祝。

方和最后一名士兵阵亡的地点是如此接近，只不过相隔了1442天。

“加入一战”“能终结所有战争的这场战争”“1914年可以回家过圣诞”这些口号这时也已成为历史。后来，在凡尔赛召开了一场大会商讨德国投降条件以及战争赔偿问题。1919年6月28日，一战正式结束，此时距普林奇普开枪射杀斐迪南并导致一战爆发正好整整五年。

五帝国之灭亡

由于受到一战的直接影响，四大帝国——俄国、奥匈、奥斯曼土耳其以及德意志——在战争中或战后相继瓦解并从历史中消失。前三者在一战爆发前其实已衰亡多年，一战只是加快了它们解体的速度。德意志一直以来并不是一

◎ 德国也同样为停战欢欣鼓舞。归国的德军士兵像英雄般受到欢迎。

个真正意义上的帝国，其领土只不过是一些古老帝国在非洲进行殖民扩张后的延伸，现在的德国是一个共和国。

在一战初期，英国还是当时世界上最大而且最富有的帝国，但一战结束后不到三十年间，英帝国庞大的框架慢慢消失。其原来的英联邦自治领，比如澳大利亚、加拿大、新西兰，都纷纷独立，但仍然效忠英国女王。印度则发展成了一个独立的共和国。一战结束五十年后，英帝国大厦已经只剩下少数几个直辖殖民地，但这些殖民地仅以英联邦的形式继续效忠女王，而且职责有限。欧洲统治世界的时代，欧洲大陆少数几个国家控制并管理世界其他国家的时代，一去不复返了。

一战并没有对处于远东的日本造成直接影响，但在一战中幸存的这个帝国终于在二战中战败。如今，日本仍然保留帝制。

附录一 一战主要人物

在一战中涌现出了很多英雄，有些在这本书中已被提及，比如沃尔特·塔尔和德里昂上校，他们创造的辉煌在历史的长河中将永不褪色。他们的故事已经超越一战本身，化成了一个个不朽的传奇。

英国有桑赫斯特皇家军事学院，而法国则有圣希尔军校。德里昂上校的名字就被记载在圣希尔军校的史册上。如今圣希尔军校在录取每一名志存高远的新学员时，都会以德里昂上校这位法国军事史上的英雄的名字为他们一一命名。而且所有“德里昂上校”在训练期间都会前往他的墓地参观，在临走时他们都会在墓前留下一块纪念牌。在纪念牌上他们纷纷写下了自己的希望：希望在德里昂上校的感召下也能成为一个永载史册的英雄。

2006年，全世界黑人的代表沃尔特·塔尔也再次回到了公众的视线之中。当时他的一尊塑像在南安普敦城被揭幕。塔尔在参军之前曾是南安普敦城足球俱乐部的一名球员，在这支球队效力期间他表现非常优秀。

另外，其他像布雷特中尉和查瓦希这样的英雄也都被各自所在部队的士兵以及家乡的人民所敬仰。

这些英雄的丰功伟绩一直以来都不容人们置疑，人们的疑问主要是针对那些在一战中运筹帷幄和指挥历史上最庞大的一支联军的将军们。这些将军都有谁？法金汉曾口出狂言道：“英军是一支虎狼之师，但这些虎狼尽被一些蠢驴牵着鼻子走。”这些将军是否真的如法金汉口中的那些“蠢驴”？作为军人，他们究竟称不称职，是否当时在经验不足或训练不够的情况下就被匆忙推上了这场大战的战场？这些将军中是否有谁属于“驴人共存型”或是“纯蠢驴型”？诸如此类的问题还有一大堆，列也列不完，更不用说要对这十几支军队中数以百计的将军的能力一一进行分析。下面介绍的这些将军都来自西线战场，并非随意选择，所以当时其他战场的很多将军在这里就不做过多介绍，比如俄国的布鲁西洛夫和土耳其的凯末尔·阿塔图尔克等。布鲁西洛夫1916年在东线发动的攻势是历史上最成功的大捷之一。凯末尔·阿塔图尔克堪称“现代土耳其之父”，另外他也是加利波利战役中的胜利者。

英国及其附属国

在一战中英国远征军涌现出了一大批将领，其中有数百人成了将军。当时除将军之外，还有一些重要的人物参与到战争之中，比如为组建远征军付出了巨大心血的基钦纳。然而，这里将讲述的是远征军中的将军们，因此并不会涉及像基钦纳这样的重要人物。在这些将军中属查尔斯·汤森德爵士最名不副实。在远征美索不达米亚期间，他在攻占巴格达时遭遇完败，从此便声名狼藉。虽然他也非无名之辈，但在这里我们并不打算对他进行详述。另外，还有一些将军也本该被写进来，比如海军的费希尔，英国皇家海军的创建者，在日德兰海战中，杰利科正是指挥着由费希尔缔造的英国皇家海军给了德军公海舰队沉痛一击。此战之后，英国皇家海军由贝蒂统帅。再比如像“英国皇家空军之父”特伦查德。现在互联网上已有很多关于这些将军的简短传记，因此这里就不再赘述。

约翰·弗伦奇爵士

英国远征军刚组建时，弗伦奇出任总司令一职。面对这支由10万人组成的军队，刚开始他在指挥上捉襟见肘，但后来随着远征军的不断壮大，他也逐渐进入了角色。弗伦奇这个人平时喜怒无常而且老谋深算，同时他还坚信人有贵贱之分。另外，他记仇积怨的本事也是出了名的，这种性格与远征军中和谐的氛围相悖。当时，远征军正处于一段关键时期，因为勒卡托战役和洛斯战役即将爆发。

弗伦奇出生于1852年，在他三岁时父亲去世，不久母亲也被送进了精神病院。弗伦奇十四岁时就加入了英国皇家海军，当时这个年纪参军也比较普遍。二十二岁时，弗伦奇又转入陆军服役。在陆军，他逐渐官至帝国参谋总长。1913年，他在参谋总长任职期满后，被授予陆军元帅。然而，1914年3月爆发的卡勒兵变给他的军旅生涯涂上了污点。卡勒位于都柏林外围，是英国在爱尔兰最重要的军事要塞。当时，在阿尔斯特的六个郡县爆发了一场反对阿尔斯特脱离都柏林以自治的叛乱。于是，英国政府要求在卡勒驻守的军官立即率军前去镇压，但很多军官公开宣布拒绝执行命令。眼见一场兵变即将爆发，这时弗伦奇站了出来，力挺这些军官，支持他们违抗政府要求镇压阿尔斯特反对独立分子的命令。这段历史是盎格鲁—爱尔兰政治中最为复杂的一个时期。弗伦奇因为参与其中，结果和他的姐姐，这个他当时唯一在世的亲人，关系日渐疏远。

◎ 英国远征军首任总司令约翰·弗伦奇爵士。

弗伦奇在卡勒兵变之后被迫从总参谋长的职务上退了下来，而且在接下来的数月中虽然一直是陆军元帅，但没有参与过任何军事事务。然而，一战爆发后，他又被重新起用，执掌远征军。

> 弗伦奇在男女之事上很不慎重，尤其爱和那些军中幕僚的妻子搞私情，当时人尽皆知。在一战爆发几年前，他从黑格那里曾借来了一笔2000英镑的巨款，用于疏通关系，遮掩他做的一些风流韵事。在当时，不论是向人借钱还是借钱给别人，干这种事在《武装部队军纪条例》中都是严令禁止的。

在1914年和1915年，英国军方情报遭到泄露，而弗伦奇很可能是造成此次事件的最关键人物。他这人平时口风很紧，很少将情报向政府高层报告。不过，当他面对《泰晤士报》的记者科洛内尔·雷平顿时又常常口无遮拦。结果，对于有些消息《泰晤士报》的读者有时比政府知道得还早，比如在弗伦奇将洛斯战役的失败归咎于缺乏弹药这件事上。除此之外，还有很多其他的例子。当时英国政府正忙于英国历史上最大规模的一场战争，但为了解前线战事，政府有时竟依赖一家报社的记者。

1915年，英国远征军在战场上遭遇了几次失败后，弗伦奇被解除了远征军总司令之职。被解职后，弗伦奇出任本土军总司令。虽然弗伦奇此时仍具有一定的影响力，但只在一旁袖手旁观，看远征军司令和陆军部的政治家们无休止的争辩。

道格拉斯·黑格爵士

黑格当时在英军军官中非常与众不同，尤其在骑兵军官之中。人们总将他和做生意联系在一起，因为他的家族就是靠酿酒发迹。生意场上的成功并没有使黑格一家获得很高的社会地位。然而，从军后黑格却风生水起。虽然后来有人对他颇有微词，但当时年轻的黑格在军中扶摇直上并不是靠耍什么政治手腕或赶上了什么好的机遇，而是因为在南非时的突出表现，尤其是获得伊舍勋爵的青睐。当时，伊舍勋爵正准备对他的军队进行改革。这支军队之前由剑桥公爵统帅长达五十年，此人非常保守，所以在军队中很多改革迟迟没有被推行。

> 伊舍勋爵比较赏识那些既富有又英俊潇洒的年轻未婚军官，因此黑格有幸成为他当时改革委员会的重要成员，从此登上了军事舞台的中心。

黑格有一个姐姐在英国王宫做亚历山德拉王后的侍女。黑格在1902年取得布尔战争大捷并回到英国，凭借这种关系被当时的新国王爱德华七世任命为副官。只要手下的人富有而且对他礼遇有加，爱德华七世就根本不问他们的出处。1905年时，黑格已是阿斯科特赛马周期间温莎城堡的一位座上客。当时，他看中了亚历山德拉王后另一名侍女多萝西·维维安，于是立即开始向她展开追求，一点一滴的时间也不浪费。结果，不到一个月之后，两人走到了一起。他曾这样说道："为什么不尽快结婚？要知道我在处理要事时，当机立断的速度比这还快呢。"成婚之后，黑格继续担任国王副官一职，并真正进入了皇室的权力中心。

◎ 接替弗伦奇爵士出任英国远征军总司令的黑格将军。

黑格曾考过高等军事学院，但不幸名落孙山。这时，他的人脉关系起了作用，最后以总司令门徒的身份被推荐免试录取。当时，高等军事学院录取的学员中有两成的名额是通过推荐免试录取，这些人一旦被录取也并不是一件不光彩的事。黑格虽然起步较晚，而且在三十八岁时仍只是一名上尉，不及当时很多其他人，但是他在南非作战出色，为伊舍勋爵和皇室取得了辉煌战果。在1899年至1904年这五年中，他一次又一次获得提拔，最后终于成为英军中最年轻的少将。虽然当时很少有人能像黑格这样一路平步青云，但是要对他提出质疑也并不容易。

至一战前夕，黑格已身为中将，而且是奥尔德肖特军事训练营的总指挥。一战爆发后，黑格担任英国远征军第一军司令。

> 黑格不善言辞，尤其是在众将士面前，这一点后来被人们广为诟病。在一战前进行的最后一次奥尔德肖特军事训练营的运动会上，他对获奖学员进行颁奖时曾这样说道："你们跑得很快，我相信你们在遇到敌人时跑得会更快。"当时学员们听了这句话并不吃惊，毕竟他说话令人咋舌的本领早已出了名。

在成为第一军司令之后，黑格并没有取得什么突出战果，而且在勒卡托之战时我们也见识到了他的惶恐。然而，他总能与国王保持一致。但需要说明的是，这种一致其实是出于国王的意愿。因此，黑格就是通过这种渠道谋取了一些个人利益。虽然黑格很少在公共场合公开指责弗伦奇，但他能很迅速地指出弗伦奇性格中的缺陷和能力上的不足。弗伦奇一直在努力，这一点他从不怀疑，但是他认为弗伦奇努力得还不够。在当时的环境下，黑格对于至高权力的欲望几乎显露无余。因此当1915年弗伦奇遭到解职并返回英国时，人们对于黑格替代他成为英国远征军总司令并不惊讶。

在一战初期，黑格指挥的军队在人数最多时也没有超过5万人。因此，他需要时间学习如何统帅一支庞大的军队。这支军队后来共有五个集团军，而且每个集团军的士兵人数都是英国远征军在成立之初时士兵人数的三倍多。当时的战局需要每日求变，在这种背景下黑格根本不能停下学习的脚步进行总结。黑格除了要学习如何指挥一支人数多达200万人的庞大军队，还要吸取运用新式武器和新战术带来的教训，并处理好与政府高层的关系。

下面举两个例子来说明这一点。

在一战开始时，谁都没有想到将有200多万来自世界各地的士兵会在法国北部的旷野中作战长达四年。在这四年中每一种补给都要送到他们跟前。这些补给不仅仅只是军需品，还包括每一口食物，每一滴水。当时战场上的弹坑中也有水，但比较污浊，不可饮用，因为里面常常漂着有一两具尸体或一些淹死的老鼠。另外，坑中还可能会有毒气弹，毒气弹虽然未爆炸，但常有有毒液体渗出。可以说在其他任何地方没有哪个将军会面对如此糟糕的作战环境，更不用说像黑格这样的指挥官——自己缺乏经验，身边又没有任何受过基本训练能解决问题的参谋。结果，黑格的军队从一开始在人员调度和后勤运输方面就饱受挫折。在这种情况下，任何一支军队都会有同样的遭遇。

在一战的大部分时间里，黑格都受到英国首相劳合·乔治的压制。这两人之间的关系有时竟发展到完全对立的地步。劳合·乔治一直是英国议会的议员，能与支持他的工人阶级选民打成一片。另外，他口才了得，在当时几乎无人能及，人称“威尔士巫师”。如果把他放在历史上的任何时候，可能也是如此。虽然劳合·乔治并不信任黑格，而且对黑格动辄以巨大的伤亡代价换取胜利这样的决心难以理解，但劳合·乔治并没有足够的勇气将他解职，毕竟他当时根本找不出任何一个能比黑格还要出色的将军。而对于黑格，因为缺乏国内政府高层们的支持，他一直也在挣扎着。

> 劳合·乔治还被人背地里称为“威尔士山羊”，同样这个绰号也有来头。在当时的政治圈内，人们都知道他和秘书弗朗西丝·斯蒂芬森一直保持着暧昧关系。1941年劳合·乔治的首任妻子去世。两年后，他终于和弗朗西丝这个伴随他长达三十年的情妇正式结婚。

部下常常不奉命行事，这个问题也一直困扰着黑格。在1916年索姆河战役中，黑格频繁对索姆河地区的司令罗林森指指点点，迫使他扩大战果。然而，这在罗林森看来完全不可能。康布雷战役也是一个很好的例子。另外在1917年第三次伊普尔战役中，他一再要求高夫必须严格执行之前制订的计划，但结果适得其反，直接造成了帕斯尚尔的悲剧。他这种指手画脚的习惯最终使他丧失了对部下的控制。

支持黑格的人认为他取得了英国历史上最伟大的胜利。在一战最后的一百天里，他下令远征军从英吉利海峡海岸沿线起整体前移，覆盖整个西线战场超过一半的区域。然而，批评者指出，黑格之所以取得胜利是因为当时法国重新投入战斗，而且德国由于英国皇家海军的封锁已经被大大削弱。除了这些直接原因之外，当时摇摇欲坠的奥匈帝国也耗费了德国的大量资源，而且最让德国人惊愕的是，每周都有2万名美军士兵在法国登陆。

在改变历史进程的过程中，黑格吃的苦头比当时所有将军中的任何一位都要多。一战结束后，他也受到世界各地老兵的赞誉和尊敬。据说在1928年有就有多达10万名士兵参加了黑格的葬礼，并在德赖堡修道院中他最后的长眠之地列队向他告别。这座修道院位于苏格兰边界地区的比默塞德，离黑格家族的故居不远。然而，这种尊敬在1961年被肯尼斯·克拉克出版的一本书吹得灰飞烟灭。这本书名叫《驴子们》，在书中作者虽然将矛头指向黑格的前任弗伦奇，抨击他在1915年经历的一系列败仗。然而，后来人们纷纷借用此书谴责当时所有的高级将领，尤其是黑格。1963年时，约翰·特拉恩在《一名博学的军人——道格拉斯·黑格》一书中开始对此反驳。然而，后来越来越多唱反调的书籍、戏剧和电视节目相继出现，将黑格描述为一个对部下毫不留情的军人或普通人。结果，便当时人们心中对黑格仅存的尊敬荡然无存。如今，人们对黑格在历史中的地位仍存在两种截然对立的观点。有些人认为他只争朝夕，在逆境中不屈不挠，勇于承担责任而且有魄力；有些人则认为他刚愎自用，生性狐疑，所以他的部下都不愿为他卖命。另外，黑格在一战中的情报总长查特里斯对黑格以及他自己的评价也相当糟糕，因为当时他担心“头儿”会不悦，所以常常报喜不报忧。黑格在担任远征军总司令后期曾写下过一些日记。在日记中，他认为自己是上天派下来的，要完成神圣的使命。而当时几乎他身边所有的人都不敢指出他这种危险的自恋情结。

这些都交给读者来评判吧。可能您会认为黑格虽然官运亨通，但城府不深，政治嗅觉不灵敏，不知道去掩盖自己的缺陷，以防后人揭露。也可能您会认为黑格不仅天资聪颖，而且功勋卓著。在特拉法加海战和滑铁卢战役之后，当英国又一次处在危难关头，黑格毅然挑起了军队最高统帅的重任，而且后来取得了辉煌的战果。不论您抱有何种观点，您都会发现有很多学者也站在您的一边。如果十年或二十年后您又改变主意的话，情况也是一样。

> 黑格留下了一项福泽后人的丰功伟绩。在一战远未结束时，他就已经意识到在将来国家应该照顾那些当时在战场上奋不顾身的士兵们。于是，他开始将注意力转移到这项伟大而长远的事业上，并凭借自己的声望去很多慈善基金和组织进行游说。结果，当时涌现出了很多类似“黑格伯爵基金”和“英国退伍军人协会”这样的组织。这两个组织现在仍然闻名于世。

亨利·罗林森爵士

罗林森是一名步兵将军，但在一战爆发时英国远征军中的高级军官大多都是骑兵出身。他有一个绰号叫“一张牌”，这个绰号是当时的行话。身为将领的罗林森身上有时也会露出一些痞性。然而，他这个人还是敢讲敢言，而且非常愿意虚心学习，并不像后来人们传扬的那样糟糕。但他的不幸之处在于，他的名字永远和索姆河战役的失败联系在一起。现在几乎没有什么人能注意到他具备的那种叱咤风云的能力。比如，当时他很快就从毫无经验的第四集团军司令成功转型为一位能指挥千军万马的将军。1916年时，他率领一些没有多少作战经验的远征军士兵进攻德军的精锐部队。这些部队当时驻扎在西线最坚固的防守据点。甚至现在连指责他的人也都承认在当时的状况下他已经是圆满完成了任务。然而，为完成黑格下达的命令，他宁愿也决心以惨重的伤亡作为代价，这一点后来在很大程度上影响了他的形象。现存的档案显示，对于当时黑格设定的目标，有很多即使他自己完全清楚该如何实施，他也不能将自己的实施想法提出来。因此我们只能等到1918年时才看到罗林森在各种论战中占据上风。他主张要符合实际，进一步缩小攻势的规模，因为攻势越大伤亡往往越惨重，战果也越有限。他的这段经历一直是他的一个缺陷。

◎ 索姆河战役期间的英军第4集团军司令罗林森将军。

罗林森虽称不上一位伟大的将军，但也绝不是无头没脑之辈。当时这样的将领有很多，他们非常担心人员的伤亡，因为很可能会因人手缺乏而导致在战场上畏首畏尾，不敢放手一搏。

赫伯特·普卢默爵士

普卢默将军也是步兵出身。他身材高大，大腹便便，满嘴胡子，让人不禁联想到他可能就是毕灵普上校的原型。毕灵普是漫画家大卫·罗于20世纪30年代在其作品中塑造的一位退休军官，他不仅年老而且非常保守。虽然普卢默在外表上与毕灵普上校比较接近，但他是否就是这位漫画人物的原型当然也只是一个猜想。一战结束后，普卢默不仅被任命为殖民地总督，而且当选玛丽勒本板球俱乐部主席。另外，他还是英国上院的议员，平时也比较活跃。任何人都不会怀疑他是那个时代最杰出的军队领袖之一，只不过他的相貌却与这一身份不符。

一战爆发后不久，普卢默被任命为远征军第四军司令，接下来又派去执掌第二军，在西线比利时战场指挥作战，尤其是伊普尔地区。普卢默不但做事有条理，而且非常细心，同时在遇到问题时也极为冷静。1917年时，黑格改变了在伊普尔地区的战略部署，不再需要普卢默在该地区继续试图突破封锁以肃清比利时海岸沿线的德军力量。当时，黑格正急需一位比普卢默更有魄力、更敢于冲锋陷阵的将领，于是高夫成了理想的人选。就这样，这最后一击的机会便从普卢默的手上溜掉。普卢默的离去虽然比较出人意料，但当时远在意大利的英国士兵却正需要他。这些士兵当初被派到意大利是为协助当地军队尽快从卡波雷托战役的阴影中走出。另外，同样出人意料的是在第三次伊普尔战役结束前，普卢默又返回西线，正准备在冬季到来前拿下帕斯尚尔岭，结束该地区的战事。

对于帕斯尚尔一战，黑格认为军队统帅需要有那种不计代价、勇往直前的决心，而这种决心他认为普卢默并不具备。在他看来，普卢默自身有缺陷，能打的仗也有限，而且他对普卢默的士兵也比较担心。要不是对自己不利的话，当时黑格就挑一个像自己一样的人来取代普卢默了。

> 一战结束后，被封为“梅西讷子爵”的普卢默不论在国内还是在国外都是前第二集团军士兵艳羡的对象。一直以来士兵们对他的喜爱超乎想象，给他起了很多有意思的绰号，比如，他们一开始管他叫“普老爷子”，最后又都改口，亲热地叫他“老爸”。在当时，能享受这种待遇的将军还没有几个。

埃德蒙·艾伦比爵士

艾伦比号称“公牛”，他虽然是西线战场上的将军，但不怎么受人尊敬或爱戴。在一战初期，他是远征军骑兵师师长，后来在组建第三集团军时，他出任第三集团军的首任军长。艾伦比平时脾气火爆，因此他手下的军官从不敢向他提意见，尤其是与他的观点相左的意见。艾伦比和黑格的关系并不好。在阿拉斯战役之后，艾伦比和黑格怒目相向，然后他就被派往巴勒斯坦。这个结局对于这两个人中的谁来说是解脱，其实都不好下结论。

到了巴勒斯坦之后，艾伦比似乎完全换了一个人。在那里，他打出了骑兵这张牌，不仅用兵神速而且主动迎敌。对手薄弱的运输线比较长，这一弱点也被他抓住。另外，他还从不少熟识的英国军官那里学来了一些非常规的作战手段。这些英国军官都非同一般，对当地的部族群落了如指掌。其中托马斯·爱德华·劳伦斯最为人所知，他也被人称作“阿拉伯的劳伦斯”。艾伦比在巴勒斯坦担任指挥官期间攻占了加沙，因此他也成了自十字军东征之后第一个攻入耶路撒冷的信奉基督教的军队统帅。当时，他占领了大马士革和阿勒波这两座极为重要的城市。虽然身为耶路撒冷的征服者，但他对当地的政治问题和宗教问题考虑得极为周全。他第一次进城时不仅没有举办什么盛大的仪式，而且自己赤着脚，像一个虔诚的朝圣者。接下来，他下的第一道命令就是与当地传统的宗教守卫者一起对所有朝圣之地进行保护。这些守卫者来自三种不同的宗教。另外，他还颁布戒严令，宣布在耶路撒冷及周边地区实行戒严。这道法令措辞考究，堪称典范。

如本书所述，在一战战场上艾伦比并不是一个受人拥戴的指挥官，但在另一个舞台他却是当时那个时代当仁不让的明星。

> 如果后来的指挥官都能好好了解一下当时艾伦比的所作所为，那么20世纪后期的中东将会呈现另一番景象。

休伯特·高夫爵士

高夫是在战场上冲锋陷阵的骑兵的代表。其实，他也需要冲锋陷阵，毕竟这是他家族的传统。他父亲以及叔父都是将军，在印度兵变期间双双荣获维多利亚十字勋章。他的哥哥在南非战争中同样也获得了一枚。在一战前，当高夫在军中逐渐成为一名后起之秀时，这三人都还健在。

高夫生在一个声名显赫的盎格鲁—爱尔兰家庭，他的家人一直是统一主义的信徒。1914年3月在爱尔兰发生了卡勒兵变，在这次兵变中高夫第一次走进了公众的视线。当时，他是一名准将，统帅一支骑兵旅。这支骑兵旅就驻扎在卡勒。卡勒是英军在爱尔兰最重要的军事要塞，在都柏林外围。当时英国政府做出了一个非常有争议的决定，命令身为卡勒驻军指挥官的高夫制订计划，将军队开至阿尔斯特，以镇压反对阿尔斯特脱离都柏林以自治的政治组织——阿尔斯特志愿者组织。然而，在接到命令后高夫公开宣称他将拒不执行，而且高夫手下的七十名军官中有五十七人与他站到了一起。刚退役不久的帝国参谋总长陆军元帅弗伦奇也站出来支持这场迫在眉睫的兵变。当时，军中各级将士的心里极为矛盾，难以对阿尔斯特事件的对错做出明确判断，因此后来这次事件对弗伦奇和高夫都没有造成太大的影响。

一战爆发时高夫还只是个旅长，但很快就得到了提拔。他1914年任师长，1915年初在洛斯任司令，1916年中期任后备军司令。这支后备军就是后来在1918年德军发动攻势时伤亡惨重的第五集团军。

在一战中，高夫有很多次几乎被解职。据说他不顾手下将士的安危，要求他们像他自己在一战初以及在狩猎时那样敢于铤而走险。因此，他受到了不少指责。在政治上高夫也没有什么城府，如同他在卡勒兵变中表现的那样比较幼稚。然而，对他来说不幸的是，他这个人非常容易接近，而且容易受到他人的影响。当时黑格就看准了他的这个特点，只不过未充分利用。高夫的哥哥约翰·高夫是一个纯粹的现实主义者。他是英国远征军司令黑格最理想的参谋长，只有他才能让黑格听得进去一些建议。然而，在1915年2月的一次行动中约翰·高夫不幸逝世，因此他对黑格的这种影响从此消失。虽然后来休伯特·高夫也站在了黑格的身边，但他沉稳不足。

1916年爆发了昂克尔河战役，在这次战役中英国远征军大败，宣告了索姆河战役的结束。高夫离解职最近的一次战斗就发生在昂克尔河战役之后，甚至是在第三次伊普尔战役开始前。当时，黑格已经明确了进攻方向，但高夫却漫不经心，无视黑格的命令，结果造成大败。后来，当普卢默取代高夫成为司令时才赢得了一些胜利。这次失败并不是这位骑兵出身的将军自作主张的唯一例子，在1918年的那次边打边退的行动后，高夫终于因此丢掉了司令的职位，其实这次行动恰恰证明了他的高明所在。高夫直到1963年才去世，是个高寿之人，因此他的名声最终得到了恢复。

艾尔默·亨特-韦斯顿爵士

无论谁要盘点一下在一战中有哪些英国远征军将军作战才能欠缺或指挥不当，亨特-韦斯顿肯定不会被漏掉。他就是这样一个典型，不仅碌碌无为，而且凶残成性。现在人们还能记起亨特-韦斯顿第八军团第三十一师在塞尔遭受的重创。在塞尔战役的第一天，由于他指挥不当，这个师伤亡惨重。可能有人已经想不起来他在加利波利赢得的美名——“辣手摧花”。至于他在索姆河战役中的表现也就不需再提。在1915年爆发的居利岭战役中，他下令第五十二（苏格兰低地）师在没有火炮掩护或采取牵制的情况下，贸然对一个坚固的土耳其要塞发动了一场攻势。结果，在几小时之内这个师超过三分之一的士兵或是阵亡，或是受伤，或是被俘，共计5000余人。然而，这场大败竟被他说成“只不过死了几个狗崽子”。对此他的士兵极为愤慨，尤其是他那些来自埃尔郡苏格兰低地的同乡，虽然当时他刚成为当地的第二十七任亨特斯顿领主。

亨特-韦斯顿不仅是一个拥有政治话语权的将军，而且在1916年10月索姆河战役逐渐进入尾声时被选为英国议会议员。这对于英国来说简直是祸上加祸，一方面因为这样一来即便他再无能也几乎不可能被解职，另一方面在政治高层中他将会谋得一席之地，而当时能得到这种话语权的将军寥寥无几。在政治上，亨特-韦斯顿胸中并无大志，他的追求似乎只是维持自己的声誉，以免将来人们在书写官方正史或者回忆录时，把他的名字列入批判名单之中。他的议员生涯直到1935年时才结束。1940年，亨特-韦斯顿不幸从亨特斯顿城堡的一个塔楼上坠下身亡，原因不详。

> 如果要列一个一战英国杰出将军表，亨特-韦斯顿也会是其中之一。然而，他在各方面的拙劣表现，加之他总是赖在将军的高位不下，使他当仁不让地成了庸才的代表。

阿瑟·柯里爵士

关于这位加拿大将军有很多传闻和佚事，让人总不知该信哪个好。柯里曾做过股票经纪人，但赔了一大笔钱，也曾卖过地，结果业绩很糟糕。当时，因为挪用客户的资金，他正面临被起诉的尴尬境地。就在这时，一战爆发，他也因此得救。另外，他又因为丢失军服资金而被调查过。在一战前，虽然他在生意场上经历了一次又一次的失意，但在民兵组织中却很得意。到1914年时，他已是所在民兵团的团长。一战爆发后，他是为数不多的奔赴欧洲战场的加拿大军官之一。

柯里个头不高，而且肩膀挺不起来，即使穿上军装也其貌不扬。而且他后来再次遇上了麻烦，被牵扯进了一起军队资金（1万英镑）丢失事件中。因为这件事，当时黑格和其他人都打算将他解职，但是英国政府将他保了下来。毕竟柯里不仅在经济方面在行，而且身为参战的加拿大军团的指挥官（当时他已经荣升为加拿大军团司令），丢失的1万英镑与这两方面比起来根本不值一提。

在一战中，加拿大士兵与其他很多国家派出的士兵一样，都没有经历过殖民战争，因此并没有形成什么能进行自我约束的军事传统，只有一些小型的军事机构。虽然明知这些先天性的缺陷，但这些士兵仍放荡不羁，同时他们又遇上了一个同样放荡不羁的司令。

1917年，柯里的加拿大军团在战场上取得了一个又一个胜利，其中比较突出的如在当年先后拿下了维米岭和帕斯尚尔岭。这些胜利也创造了一项纪录，柯里从中获得的经济收益比在整个一战期间任何一支军队所声称的都要高或与之基本持平。

一战中加拿大军团的士兵一直以来都有一些看似奇怪的地方。比如，这些士兵中有将近一半的人并不是土生土长的加拿大人，而是移民，而且很多是英国移民。在一战中，这些英裔加拿大人在这支“业余”军团中绽放出了一道道别样的光芒。如果让这些人穿上英国远征军军服，可能有时还让人感觉有点别扭。

现在很多人认为，在一战中柯里当时几乎被劳合·乔治任命为英国远征军总司令，替代黑格。当时，劳合·乔治正四处寻找合适人选。这件事听起来值得玩味，常被加拿大人所津津乐道，而且劳合·乔治在他的回忆录中的确也提到了他当时的这个打算。然而，其实柯里当时不仅年纪较轻，而且只是一个军团的司令，尚不具备统帅全军的经验。尽管如此，这些原因根本改变不了柯里的确是一名杰出军人的事实。他不仅屡立战功，而且不忘他的同胞和他的祖国对他的重托，并时刻将自己士兵的安危记在心中。随着肩上挑的担子越来越重，他的形象也越来越高大。另外，为了避免使加拿大军团被编入艾伦比或高夫的军队中，柯里曾大声疾呼，因为他认为这两个人的指挥风格与他们格格不入。后来，黑格答应了柯里的这个要求。在所有远征军的部队中，黑格最青睐的就是加拿大军团。但话又说回来，当时黑格也别无选择，毕竟柯里受到加拿大政府的重视，需要向他的政府高层们保证本国士兵的人身安全。

在1918年底一战即将结束时，柯里反对签署停战协定。他主张继续战斗，直至将德国完全打倒，以防止这个国家将来对世界和平再次造成威胁。他坚信，如果不取得彻底的胜利，还会发生一场世界大战。届时德国一定会以自己并没有在地面战场上投降作为借口，宣称他们在一战中并没有战败。后来柯里的所有预言，除了时间不准确之外，其他都一一变成了现实。德国人在1940年以后果真卷土重来，并不是如他所推测的在1940年之前。德国人的这一系列行动柯里只看到了序幕，并没有看到过程，因为他在1933年11月就已经去世。

> 柯里去世后，加拿大人对他非常怀念。人们常常想起这位英雄的那句名言："让炮弹去冲锋陷阵，而不是血肉之躯。"

约翰·莫纳什爵士

1914年6月28日斐迪南大公遇刺，就在这个日子的前一天莫纳什迎来了自己的五十岁生日。在一战爆发前，莫纳什并非一名全职军人，只是从事土木工程工作的一个普通人，先后拿到了土木工程的学士、硕士和博士学位。同时，虽然他年过百半，但仍是民兵炮兵分队的一名上校，不仅刻苦用功，而且知识渊博。当时，他给自己下达了一项任务——要了解军队中的每一个兵种。于是，他像学习自己拿手的土木工程一样开始钻研火炮和步兵战术等。莫纳什德语说得非常好，而且阅读德文也完全没有障碍。当时，只要能找到任何与军事有关的德语出版物，他都拿来并好好研究。在一战中与他曾一起共过事的人说，从一战开始到结束，他的话中没有哪句不涉及战争，没有哪句不是围绕如何打好仗这样的话题。

莫纳什习惯在所读和所看中寻找灵感，所以他的计划总是充满想象力。他把军队看作一个有机联系的整体，各兵种只有协同作战，才能实现共同的目的。在这个整体中，步兵只是一个组成部分，并不是一支矛，好让其他兵种挥舞着它去冲锋陷阵。有些人认为如果训练得当而且装备精良的话，炮兵和步兵之间完全能形成默契的配合，而且这两个兵种联合进攻的效果也会得到改善。在进攻中，步兵只需紧跟着火炮即可，而不需要冲在前面去冒险。其实，莫纳什就是最早提出这种见解的人之一。另外，他还像柯里一样，他也总希望能用最小的伤亡代价换取最大的胜利。

莫纳什虽然年纪很大，但还是获得了向上提拔的一个又一个机会。1918年5月时，因为在维莱—布勒托纳取得大捷被任命为澳大利亚军团司令。接着，在一战最后的一百天之内，他凭借自己出众的指挥才能，取得了一个个胜利。当时，虽然有的人比较倾向于推荐莫纳什为协约国军队总司令，但像柯里一样，莫纳什的资历也比较浅，而且担任高级指挥官的时间不长。相比之下，可能莫纳什还更逊于柯里，毕竟到1918年中期时他还只是个师长。当时，劳合·乔治在笔记中写道，如果柯里取代黑格，那么将任命莫纳什为柯里的参谋长。劳合·乔治并不是说说而已，他当时的确有这样的打算。如果1918年黑格下，柯里上，这更能显示他是一个秉公无私之人。

虽然莫纳什生于一个德国犹太人家庭，但他的家人在19世纪针对犹太人的迫害中幸免，而且后来莫纳什在军队中也没有受到任何歧视且屡获战功，尽管他有着德国血统，尽管当时反闪族（即反犹太主义）运动高涨。因此，当时澳大利亚军团的士兵，像加拿大军团的士兵一样，有幸能在一位英明的指挥官的领导下英勇作战，并没有重蹈英国远征军士兵的覆辙。当时英国远征军不仅管理松散，而且指挥时常也不得当。

> 莫纳什的墓碑上只刻下了他的名字——约翰·莫纳什。他就是这么个人，生时谦逊，死亦淡然。

威廉·罗伯逊爵士

早在十七岁时威廉·罗伯逊就参军入伍，成了第十六长矛轻骑兵团的一名骑兵。在二十四岁时，成了军士长。在1888年，也就是他二十八岁时，他的顶头上司梅拉德上校建议提拔他为骑兵军官。当时英军需要培养军需官和其他指挥将领，这对于罗伯逊来说非常难得，毕竟他原来只是一名普通士兵，而此时一下子就成了一个骑兵团的中队长。然而，在第十六长矛轻骑兵团服役花费比较大，他根本负担不起。当时，这个骑兵团中有很多军官在国内驻扎时就欠下了一大堆账单。后来，梅拉德上校动用他的人脉，安排罗伯逊进了第三龙骑士警卫团。这个警卫团的基地设在印度，不仅花费少，津贴也高。梅拉德在使尽了浑身解数帮罗伯逊进了这个警卫团后，还将第十六长矛轻骑兵团的所有人召集到一起，让他们拿出一些物品给罗伯逊，以缓解他当时的困境。梅拉德自己赠了一把剑，一名军官赠了一套骑兵团军官专用的马具，轻骑兵团中的中士赠了一个镀银的小盒子，其他人也都有所表示。最后，罗伯逊带着第十六长矛轻骑兵团捐赠的物品远赴印度履职。

罗伯逊虽是新官上任，但当时他的年龄也已不小。不过值得庆幸的是，罗伯逊找了一个好妻子，米尔德里德·帕林。帕林的父亲帕林中将对罗伯逊这个身无分文而且又非行伍出身的女婿并不满意。他认为他女儿应该按照他的意愿找一个不仅年轻而且前途无量的军官。后来，当罗伯逊一路青云直上之后，帕林中将这才对这段婚姻做出妥协。

> 当罗伯逊刚参军入伍成为一名骑兵时，他母亲写给他的第一封信让他受到的打击很大。在信中，他母亲提到罗伯逊参军入伍让她非常难过。其中有一句是这样写的："这事我谁都不会说。在你死后，我希望能亲手将你埋在土里，而不是看到你那沾满鲜血的衣服。"虽然他母亲的话让他非常沮丧，但他一直都和家里人有联系。他母亲的这封信他一直保存着，而且后来他在自传中还提到此事，提到这封让他立志奋发图强的信。也许就是这种强烈的自尊心让他始终没有停下学习的脚步。其实，罗伯逊从小时候起就一直非常好学。在他家乡有所学校，他在那里一直上到了十三岁。当时，他的学习成绩总是名列前茅，那段时光让他非常难忘。

罗伯逊是一个非常有上进心的人。在印度期间，已是中尉的他还认真学习各种语言。后来，他不仅说的一口流利的印地语，还精通当地其他五种语言，而且拿到了证书。这不仅使他加深了对当地的了解，还使他与手下的士兵之间增进了感情。对于罗伯逊这个一穷二白的人来说，当时他拿到的语言证书不但给他带来了额外的津贴，而且更重要的是鼓舞了他更加奋发图强。在一战爆发前时，罗伯逊虽已荣升上校，但只能领一半的薪水，而且已有一年没有干什么正式的工作。就是在这种境遇下，他还在坚持学习，手里拿着字典，一本一本地啃德文火炮战术手册。先前为能进入高等军事学院学习，他还自学过法语，希望自己在语言方面能全面发展。如不能进入高等军事学院，他就不可能一展抱负。

在战场上，罗伯逊也是一名骁勇善战的军人。1895年时，他曾参加过奇拉特尔营救行动。在这次行动中他英勇负伤，但因此也赢得了一枚英勇勋章。其实，他更擅长的是从事参谋工作。在一战前，他曾在情报部门工作过。后来，他又被派到康贝里高等军事学院学习。当时在他这个级别被派去学习的军官中他是第一个。

之前我们已经读到在新沙佩勒战役之后，当时已是参谋总长的罗伯逊（也被士兵们称作“哥儿们”）如何给史密斯-道林恩传话，告诉他他已被解职这件事。当黑格成为英国远征军总司令后，他需要一个可靠的人在伦敦维持他的政治利益，于是罗伯逊这个忠实门徒成了理想的人选。就这样罗伯逊被黑格派往伦敦担任英国皇家参谋部参谋总长一职，成了他的千里眼，顺风耳。虽然只是名义上军队的指挥，罗伯逊一直都坚定自己的职责，在国内为黑格辩护，同时偶尔也为在法国作战的英国远征军代言。当时，劳合·乔治和黑格之间一直不和，因此夹在远在法国的远征军总部和近在伦敦的政治家们之间，罗伯逊经常非常尴尬。

1918年中期时，罗伯逊失去了劳合·乔治的信任，被排挤出陆军部，担任本土军东部军司令。这个职位其实有名无实。虽然紧接着他就被提拔为本土军总司令，但是他也不能表达自己的不满，因为他只需要回想一下他的前任弗伦奇的遭遇即可。弗伦奇在被解职后担任的也是本土军总司令这个职位。

美国

“黑桃J”潘兴

当一战的各个主角先后下台时，有个国家却登上了这个舞台。这个国家就是美国，而且这个舞台还为这个国家造就了一位非常著名的将军——潘兴——人称“黑桃J”。

潘兴与很多英国将领一样，在一战前一直在忙于殖民战争。这些战争有的发生在美国本土的印第安人领地，有的在墨西哥、菲律宾和古巴。另外，潘兴还在内布拉斯加大学做过教授，从事军事研究，还曾指挥过西点军校的学员。当年在尤利西斯·格兰特的葬礼上，就是这些学员一路护送着灵柩。能指挥这些学员，潘兴一直非常骄傲。

1917年时，美国宣布参战。一开始他们只派出了一支不到2.5万人的部队，但在宣布参战的几天后，就大量增加派出士兵的数量。因此，美国参战士兵人数几乎每周都在上升。到1918年底，潘兴军队的规模到达了250万人，是所有一战参战国家中人数最多的。

当时潘兴的最英明之处在于，他清楚地认识到虽然美国士兵的加入能缓解盟国在战场上的压力，但这些士兵大多是新兵，没有什么战场经验。只有在这些士兵做好了充分准备之后，才能派他们上场，对此协约国只能耐心等待。因此，当时美军所有部门所做的工作就是进行备战。潘兴是个实用主义者，同时也是个大大方方的人，很快他就认识到了美军还是需要盟国的帮助。于是，当盟国提出需要美军步兵的增援时，潘兴就爽快地答应了，但开出的条件是英军和法军必须提供炮火掩护。另外，还要向美军派出后勤补给专家，毕竟当时战局紧张，美军根本没有时间训练出这方面合格的专家。

当年美国宣布参战时，潘兴已有五十七岁。两年后，他被任命为美军参谋长，同年被授予将军军衔。潘兴是第一个深受美国人民爱戴的将军。除他之外就是道格拉斯·麦克阿瑟。麦克阿瑟在1955年他七十五岁生日当天也被授予将军军衔。同样，在1976年乔治·华盛顿也被追授为将军。后来，美国还将华盛顿的军衔进行立法，规定他的军衔无人可以超越。于是，从那以后，“将军”就不再沿用，直至今日。

法国

在一战爆发前的四十年里，法国各军团的将领只有一个目标，收复失去的阿尔萨斯和洛林两省。当时这些人都想在战场上一展身手，因此都在积极备战，训练士兵。一旦发起进攻，他们就会由守转攻，步步为营，决心将从此走上正道，一雪前耻。

然而，1894年爆发的“德雷福斯事件”打乱了法军备战的节奏。阿尔弗勒德·德雷福斯是一个年轻有为而且前途无量的军官。当时，他因为被认为是德国间谍而遭到逮捕并被定罪，后来经重新审定后又被赦免，并被法兰西共和国政府称赞为英雄。如此戏剧性的发展过程使当时法军中出现了两大对立的阵营：一方是以大家族或贵族为代表的右翼，这些人多信奉基督教或天主教，认为德雷福斯这个犹太人军官犯有叛国罪；另一方是以下层军官为代表的左翼共和党人，这些人一直坚决反对教权，认为此次事件完全是一场反犹太人的阴谋。这些下层军官因为要听命于这些与他们意见相左的将领，所以在军队中长期饱受煎熬，于是心中仇恨的种子逐渐开始萌芽。在一战爆发前的二十年和平岁月里，两大阵营之间对于此次事件的争论最后终于一步步上升到了道德的高度。当时，每一名军官就是在这样的环境中成长起来的。

在前面我们已经介绍过“第十七号计划”。在一战爆发前的几年，这项计划一再被修改，而且法国人过于重视计划中的某些细节，以至于根本没有对德军的动向进行预测，尤其在一旦爆发战争的情况下。因此，后来当法国人知道德国的“施里芬计划”后大为震惊。他们之前根本没有料到德国人会入侵比利时，没有料到德国人会在阿尔萨斯和洛林两省设下陷阱，然后坐等法国人打来，而法国人几乎掉进了这个陷阱。如果毛奇能再神机妙算一点，法国人可能在1914年就已经缴械投降，一战也不会爆发。

约瑟夫·雅克·塞泽尔·霞飞

霞飞在一战爆发之前被任命为法军参谋长。现在一提到他，人们脑中浮现出他的经典形象——沉着冷静、泰然自若。

霞飞的食量很大，而且在晚上睡觉时不希望被人打搅。如果有什么重大事件发生，即使弄得人心神不宁，他也不希望被搅扰了好梦。在一战时，他曾打算放弃凡尔登和其他要塞，但如果遇上什么坚不可摧的堡垒，哪怕付出人头遍地的代价也要将之拿下。在一战爆发后的第一个月里，他一口气革了五十多名将军的职，尤其是那些缺乏进攻锐气的人。这种锐气，霞飞认为是提升法军士气的关键。其实，在一战前，他就已整肃了这样一批高级将领。不过所幸的是，当时他有福煦这样的幕僚。福煦在一战前是法军高等军事学院的院长、他在从事教学的过程中，将一系列的战争理念和理论都灌输进了一批又一批年轻高级军官的脑中。这些战争理念和理论与霞飞一贯倡导的几乎一致。因此，后来这些年轻军官被霞飞委派到一个个重要指挥岗位之上。

1914年，当法军从比利时前线回撤至马恩河地区时，霞飞的沉着冷静在法军由守转攻的过程中发挥了关键性作用。他在马恩河战役中的胜利，以及后来收复西线北部的成功，让他广受赞誉。在1915年时，霞飞在香槟发动攻势。虽然此次攻势代价惨重，但他后来仍然有可能保住自己的参谋长之职。然而，凡尔登战役的大败最终使他在1916年12月被解职，而且像之前弗伦奇一样，也被调往别处并被授予“法国元帅”这样的荣誉头衔。在接下来的两年中，在各种团体或组织都能看到他忙碌的身影。虽然身份是法国的全权代表或是法军代表，但他已丧失了实权。

后来霞飞又重新掌权，担任最高战争委员会主席，但时间不长。最高战争委员会当时是由英国首相劳合·乔治倡导成立的，其目的在于剥夺黑格对英国远征军的指挥权。这个委员会在一开始并不具备太大的权力，这种情况直到1918年的一次危机后才得到改变。但这时霞飞已被福煦解职，而且他的继任者也遭受了相同的命运。最后，福煦掌握了最高战争委员会的决策权。

一战结束后，霞飞回到了他位于凡尔赛附近的寓所，并在当地的政府中任职。同时他还开始写战争回忆录，一直到1932年去世。去世后他就被埋在了那里，这个20世纪法国风云人物的故事就这样结束了。

罗贝尔·尼维勒

尼维勒不仅英姿飒爽，而且从他母亲那里学得一口流利的英语。随着一战大幕的拉开，他也开始了平步青云的军旅生涯。在1914年的早些时候，他还只是个炮兵上校，但在当年年底时被提拔为旅长。六个月之后，被任命为师长。接着，仅过了一个月，又被任命为军长。1916年时升至司令，几个月后为北方集团军司令。至当年12月31日时，已取代霞飞成为法军总司令。因为相貌英俊，再加上英语又好，所以尼维勒当时受到英国政府高层的欣赏。也就是在这个时候，劳合·乔治首次建议将由他统帅英国远征军。

然而，尼维勒在取代霞飞成为法军总司令的几个月之后便遭到了重创。当时，他发起了“尼维勒攻势”，即贵妇小径战役。结果，法军一败涂地。紧接着，在1917年时法军又爆发了兵变。于是，尼维勒在1917年5月被解职，并被派往北非，从此在人们的视线中消失。他在担任法军最高指挥官的期间是自1870年以来法国军事史上最耻辱的阶段。能与之相提并论的只有1940年的法国投降。

尼维勒死于1924年3月，现在这个时间几乎被人忘却了，即使对于众多学者或传记作家也是一样。

菲利浦·贝当

贝当的一生都充满矛盾。即便在他逝世六十多年后的今天，我们也很难对他在历史中所处的地位进行界定。我们都知道在一战中他曾是一名将军，而且立下了赫赫战功，这一点不容任何人质疑，但这也只是问题的一个方面。问题的另一方面在于他在二战中成了纳粹德国的傀儡，出任法国总统。

贝当是个心直口快之人。在一战爆发前，他曾说过他根本不相信第“十七号计划”的提出者格朗梅松的花言巧语，而且对于那些将复仇主义奉为信条而不考虑其实用性的人他更会口无遮拦。当时，他总在思考着这场一触即发的战争，思考着工业化会怎样改变这场战争的性质。他只用几个字来描述他的战争哲学——“火炮威力无穷”。以这种信念为基础，他总结出了这样一个观点：士兵与武器及战场之间的关系应该更实际一点，格朗梅松的高谈阔论过于理想化。

在政治方面，贝当可以被归为左翼阵营。每逢周五，每当那些信奉天主教的右翼军官重视的日子来临前，他都会备下好酒好菜款待部下，因此把自己塑造成为一个在要塞城镇及时行乐的快乐单身汉的形象，与非天主教教徒划清了界限。

在一战爆发前，贝当只是个上校。他的第三十三步兵团驻扎在阿拉斯。当时，他的步兵团吸引了一大批想在战场上冲锋陷阵的年轻军官，戴高乐就是其中之一。但后来，戴高乐对于自己在凡尔登被俘一事一直不能释怀，认为这是一个奇耻大辱。在他看来，一个真正的法国军人，一定要与德国人战斗，战斗，再战斗。贝当是戴高乐的第一个指挥官，他对贝当非常敬仰。当戴高乐大儿子出生后，他就给他起名为贝当。

在本书前些章节，我们已经对贝当有所介绍，比如曾指挥凡尔登战役，比如在尼维勒被解职后被任命为法军总司令。后来直到1931年，他才从总司令的职位上退下来，并进入政界，但当时他已有七十五岁高龄。很快贝当的个人魅力和声望就使他成为法国政府中最具影响力的人物。然而不幸的是，法国在1940年投降时，他出任维希共和国元首，与侵略法国的敌人竟然站到了一起，此举确实并不明智。

1945年德国投降后，贝当因为叛国罪受到审判，而且当时法国人群情激奋，说他罪该万死。最后对于是否批准将贝当处死的决定权落到了新总理戴高乐的手中。作为贝当先前的门徒，戴高乐并不忍核准这项死刑判决，于是改判为终身监禁。这位此时已有九十岁高龄的前法国民族英雄后来被囚禁在远离大西洋海岸的耶岛上，在一间狭小的监牢中度过了余生。虽然贝当年事已高，而且最后在监牢中大小便失禁，但他续娶的妻子哈丁夫人始终深爱着他，在他死后也是如此。这段真挚的感情让人一直唏嘘不已。

贝当死后就被埋在耶岛上的一间破败的小教堂的院落之中。

斐迪南·福煦

和霞飞一样，福煦也来自比利牛斯山地区。法军中有很多人并没有什么宗教信仰，但福煦是个虔诚的罗马天主教教徒。他先后担任过参谋长和高等军事学院教授，并在一战爆发几年前荣升高等军事学院院长。福煦不仅善于思考，笔头功夫也了得。他写过两本关于现代战争理论的书，这两本书当时引起了极大的反响。

在一战初期的前线战役阶段，福煦还只是个军长。但后来很快便被重用，先被任命为司令，接着被提拔为北方集团军司令，负责振兴“第十七号计划”。然而后来，因为1915年指挥不当和1916年凡尔登失利，福煦在1916年12月29日被解职。而两天之后他的导师霞飞也遭到了同样的待遇。虽然被解职，但当时意大利急缺军事顾问，所以福煦就被派往了那里，从西线战场上消失。

在1916年底至1917年初的这段时间里，尼维勒被委以重任，取代了福煦，但他担任北方集团军司令的时间很短。在贵妇小径战败后，尼维勒即遭解职。此时，贝当已是法军总司令，他正缺一个参谋总长，于是福煦再次得到召唤，成了法军中级别仅次于贝当的统帅。

1918年3月时，由于战局紧张，协约国在杜朗进行了一次会晤。在会晤中，各国同意成立一个最高指挥联合委员会，但唯一的条件是该委员会的总司令一职必须由法国人担任。当时贝当不仅无暇担任此职，而且他也不是最合适的人选。最后，这个在当时仅具象征意义的职位落到了福煦的身上。于是，这位法军参谋总长在会议现场当即被任命为协约国军队总司令和法国元帅。这也揭开了协约国在接来下七个月的时间里发动六场大规模攻势的序幕。这六场攻势前后持续时间长达七个月，最终将一战画上了句号。

一战结束时，福煦接受了德国的投降要求。后来，福煦不仅被英国授予英国陆军元帅还获得了其他很多荣誉。他建议将战后德国的新边界线划到莱茵河地区而且协约国要在莱茵河对岸的德国领土上驻军，同时要削弱德国的军事实力，防止再爆发新的大战。

在一战后进行的和谈中，福煦的上述观点遭到参与和谈的很多协约国政治家们的批驳。看到这些人之间如此不团结，他不禁感叹道："我们签署的并不是一张和平协约，而是一张休战二十年的协定。"

在签署停战协定时，福煦已是六十八岁的高龄，但在他的预言成为现实之前，就已经去世。作为一战中法国最具影响的人物之一，福煦在1929年去世后，他的遗体被安葬在巴黎荣军院中拿破仑的墓旁。

德国

德国军队一直崇尚普鲁士精神，因此他们在一战开始之前就早已做好了准备。在德国，兵役制度非常完备。德军士兵与其他国家士兵相比，不仅服役时间最长，而且接受的训练更具实战目的。在德军中，士兵必须学习武器知识，军事理论家也能自由研究和论战，这在当时欧洲所有的军队中都难以想象。结果，在一战爆发时，德军已是一支装备最精良的军队，有明确而实际的目标。但不幸的是，德国的国家意志和军国主义交织在了一起，因此随着一战的不断深入，德国开始对其他国家虎视眈眈。

德军这支合唱团唱出的唯一错误的音符就源于其独特的普鲁士军事传统：德皇永远是最高战争统帅，全军唯其马首是瞻，同时贵族也是各支军队和军团的指挥官。在每年训练期结束时进行的演习中，德皇都会亲力亲为。而且巧合的是，每次他加入的一方都能将另一方打得落花流水。

为了弥补这些贵族在指挥上可能存在的天生缺陷，他们的参谋长往往被统治阶级赋予了非同一般的权力。比如，虽然德皇身为全军统帅，但掌握实权的却是参谋总长毛奇。后来当兴登堡当上德皇储的参谋长之后，他也成了德军中最重要的角色。在这里顺便说一句，兴登堡这个例子其实比较复杂。他虽然名义上只是个参谋官，但实际上俨然如贵族一般，也是军队的统帅。他自己也有参谋长，这个人就是鲁登道夫。当时，兴登堡打算给鲁登道夫安上一个“第二参谋长”的新头衔，但鲁登道夫心高气傲，不愿甘于人下，最后选择了“第一军需官”这个称号。在后来的三年里，德军所有军事行动都由鲁登道夫发号施令。

> 如果战争能按照既定的计划进行，那么在德军中，有名无实和有实无名也没有太大的分别。作为军队统帅，贵族赢得了民心，而军人也获得了升迁，得到了荣誉和同行的认可。因此，当时德国的风云人物大多都出自这两大阵营。

赫尔穆特·约翰·冯·毛奇

毛奇生来就是德军统帅。他的叔父，赫尔穆特·卡尔·冯·毛奇，史称

“老毛奇”，担任普鲁士军队参谋长长达三十年。他曾策划过一系列的军事行动，比如普法战争和奥普战争。这两次战争为俾斯麦最终统一德国扫清了障碍。赫尔穆特·约翰·冯·毛奇，又称“小毛奇”。他年轻时不仅果敢坚毅，而且作战勇猛。当时，他叔父为培养中层军官兴建了一所高等军事学院。当他从这所学校毕业后，被其叔父任命为自己的贴身副官，高级参谋。当时，他三十四岁，这个年龄也说得过去。在任职期间，毛奇有幸得到了德皇的赏识。等到他叔父退役后，他就顺理成章地成了德皇的副官。

就这样毛奇一步一个阶梯往上爬，终于在四十四岁时被授予中将军衔。如果我们现在审视他的履历，就会发现他当时并不是平步青云，而在每一个阶段他都取得了不俗的成绩。但是当他当上了德军参谋总长时，人们开始怀疑他的能力。然而，当时他最主要的竞争对手却认为他完全胜任。

在一战爆发且“施里芬计划”也宣告失败的情况下，毛奇陷入了之前所有战略部署都不愿面对的困境：法国人在西线一直战而不败，俄国人在东线也开始进行战争动员。这种困境让毛奇苦不堪言。在1914年底德军从马恩河回撤至德比交界处的行动即将结束时，毛奇终于病倒。此时，他已有六十六岁高龄。接着，他辞去了军中职务，但十八个月后还是病故。他去世当天是滑铁卢战役的纪念日，6月18日。

顺便补充一下，毛奇与一名英裔南非女子育有一子，名叫赫尔穆特·詹姆斯·冯·毛奇。长大后，他成了一名国际学生，学习法律，而且受人敬仰。当时，他是德国早期国家社会主义（即纳粹主义）组织的一名成员。1944年“七月阴谋”之后，有5000人被希特勒围捕，200人被处决，他就是其中之一。极为矛盾的是，作为一个希特勒的反对者，他曾建议放弃刺杀希特勒的行动，因为担心一旦行动失败会将一些人暴露。将来当德国成为一个民主国家之后，这些人就可能是这个国家的领袖。现在看来，他的这个建议的确不无道理。

埃里希·冯·法金汉

◎ 小毛奇的继任者，一手策划凡尔登战役，却未能达到预期目标的埃里希·冯·法金汉将军。

在1899年至1901年期间，法金汉在中国曾参与过镇压义和团的运动。后来，一直担任普鲁士陆军大臣，直到1913年卸任。1914年9月，他接替毛奇任德军参谋总长之职。

人们对于法金汉并不陌生是因为他发起的那场凡尔登战役，这场战役对于法国人来说仅仅意味着一场杀戮。然而，德军也伤亡惨重，共损失32万人的人力成本。“人力成本”这种叫法在当时还是第一次出现。凡尔登战役使德国不能及时转身面向东方的俄国。当时俄国并没有坐以待毙，布鲁西洛夫为减轻法国压力发动了一场攻势。结果俄国大败奥匈帝国，使其后来在东线战场上发挥的作用非常有限。

凡尔登战役后，法金汉不仅丧失了位于东线的兴登堡和鲁登道夫的支持，而且丢掉了西线将领对他的信任，于是被解除参谋总长之职，并被派往东线担任德军第九集团军司令。在东线，他打了不少胜仗，一举将罗马尼亚击溃。接下来，他又被派往中东对抗艾伦比。但在与艾伦比的较量中，他又像当时在担任参谋总长时那样对进攻总是犹豫不决。这一点与艾伦比重视军队机动性的风格比起来截然不同。艾伦比的军队完全建立在骑兵和铁路的基础之上。后来，在加沙战役中艾伦比大败法金汉。法金汉回到德国后，辞去了军中职务。在1922年，法金汉去世，时年61岁。

保罗·冯·兴登堡和埃里希·鲁登道夫

一提到这两位中的任何一个，另一个也都不能不提。兴登堡出身贵族，是军队统帅，而鲁登道夫是在战场上运筹帷幄的参谋长。其实，兴登堡在1911年就已经退役，但因为冯·普里特维茨在东普鲁士遭遇败仗，所以就又重新出山。鲁登道夫在德国实施"施里芬计划"时是德军的一个参谋，指挥军队入侵比利时。在1914年底时，获得提拔，被兴登堡任命为参谋长。

虽然兴登堡的将帅才能不容置疑，但在退役将军名单之中，他并非最德高望重之人。相比之下，当时的鲁登道夫人尽皆知。此人英勇果敢，不惧任何危险或质疑。一旦他下定决心，就完全置自身安危于不顾，也不计任何代价。

当二人在东线取得了一系列大捷之后，1916年末他们顺理成章地取代了法金汉。当时，德皇已经对法金汉这位参谋总长失去了信心。于是，兴登堡出任此职，鲁登道夫担任第一军需官。虽然鲁登道夫有指挥千军万马之才，但偶尔过于自信。至于兴登堡，他不仅老谋深算，而且处事冷静，二人配合起来一直比较默契，直到一战结束。

兴登堡和鲁登道夫是纳粹主义在德国形成燎原之势的主要推手。1925年时，兴登堡当上了魏玛共和国总统。当时虽然他年事已高，而且只是名义上的总统，但他任命希特勒为德国家社会主义政府的总理。至于鲁登道夫，早年他也是纳粹主义的支持者之一，在1923年11月还积极参与了"慕尼黑暴动"。他认为德国要恢复军事自尊并重整军备，国家社会主义是最好的道路。我们也知道，这也是导致二战爆发的原因之一。按照他的逻辑，国家的宗旨就是给军队提供足够的武器弹药以发动战争。所以如果他后来看到希特勒一路平步青云直至走上权力巅峰，他一定会非常欣慰，因为希特勒走的就是这条路。兴登堡死于1934年，鲁登道夫死于1937年。

格奥尔格·布鲁赫米勒上校

德军中有很多人在一战中功勋卓著，如果要给他们排个序，列张表，那么格奥尔格·布鲁赫米勒绝对能够入选。他能入选并不是因为军衔有多高，而是因为取得的战绩。布鲁赫米勒在一战爆发前就已经退役，但同样后来又重新出山，担任一个步兵师的参谋，当时身为上校。在后来的三年里，他一直是东线德军中最权威的火炮专家。1917年底时，他又回到了兴登堡和鲁登道夫的阵营。到一战末时，他已经是德军所有作战部队的火炮战方面的权威，排兵布阵自有一套。虽然布鲁赫米勒军衔不高，但当时整个西线战场到处都需要他。因为在接下来的几场大战中，不论是防守还是反击，都需要他进行指挥。在一战中，他取得的最辉煌的火炮战胜利是在1918年春的皇帝会战期间。在皇帝会战每个阶段初期，协约国军队最坚固的防御据点在他的火炮面前都灰飞烟灭。另外，协约国军队后方的运输线也饱受他的打击。1919年时，他再次退役。后来他写下了一系列火炮战术教科书，直到1948年去世。

巴伐利亚皇储鲁普雷希特

巴伐利亚是德意志联邦中的一个王国。这个王国虽然一直缺乏像普鲁士王国那样纯正的军国主义传统，但贵族往往也都担任军队统帅，在战场上真正发号施令的也是一些参谋长，只不过他们的出身并没有贵族那样高贵。巴伐利亚皇储鲁普雷希特，作为一名军人他不仅勇猛果敢，而且屡获战功。一战爆发后，法军向洛林推进时，当时身为第六集团军司令的鲁普雷希特对此沉着应对，下令加强防守。后来在法军士气大落时，他下令发动多轮反击，结果致使法军至少伤亡10万人，而在整个前线战役中，法军的伤亡总数才约20万人。这场大战之后，鲁普雷希特随即被提拔为陆军元帅，指挥位于西线的德军北部集团军，直至一战结束。

> 一战结束后，德国帝制被废除，因此鲁普雷希特也丢掉了巴伐利亚的皇位。他也像小毛奇一样，从一开始就反对国家社会主义。1938年时，他逃出德国，从那以后就在意大利过着流亡生活。1944

年德国占领意大利北部，虽然他当时成功地甩开了追踪和缉捕他的人，但他的妻儿却相当不幸，被关进了集中营。鲁普雷希特于1955年去世。

如果按照鲁普雷希特母亲的世系族谱来论，他也是英国王位的继承者之一。

普鲁士皇储威廉

普鲁士皇储威廉是德皇五个儿子中的长子，因此从小就受到军国主义传统的熏陶。一战爆发后，被任命为司令。起初，德皇在众人面前曾训诫过他，让他对他的参谋长言听计从，不能说个不字，结果弄得他非常尴尬。然而后来威廉逐渐有了主见，而且指挥才能慢慢地被培养起来，但尚未到足智多谋的地步。当时，他在西线东部统帅三支军团。1916年2月进攻凡尔登的部队，就来自这些军团。当时，法金汉下令一开始将进攻火力集中到默兹河西岸，即凡尔登突出部的东面，但结果德军几乎遭到致命打击。面对这种情形，威廉及时介入，建议将突出部北部全部纳入攻击范围之内。后来，法金汉听从了这个建议。

1916年8时，威廉要求德皇对参谋总长施压，让他下令终止德军在凡尔登的行动，毕竟这项行动在当时已经毫无意义。于是，法金汉当月就被解职，接着威廉终于成功地说服了他父亲。后来，威廉曾提过，从占领杜奥蒙要塞的第一天起，他就第一个建议停止进攻凡尔登。对此，人们一直都表示赞同。

另外，威廉当时也是德国主要人物中第一个认识到德国其实败局已定的人。1917年时，他他对当时的总理贝特曼·霍尔维格说德国获得和平唯一的希望在于立即停止战争。然而，霍尔雅格断然回绝了他。

后来，威廉继续统领军队，继续作战。虽然在1918年取得了一些不俗的战果，但当福煦发动最后攻势后也经历了不少失败。一战结束后，他从军队退役。当时，不仅在德国国内，而且在国外，很多人都说他是“笑脸迎人的凡尔登屠夫”。这个称号，威廉一直耿耿于怀。后来，他在书中对自己在一战中的行为并没有表达出任何歉意，一再指出进攻凡尔登当时并不是他的主意，而且一开始也没有人理会他的建议。

> 一战后虽然德皇和威廉被禁止回到德国，但从1923年起威廉得到了豁免。希特勒在上台后，并没有获得威廉的支持。当时威廉已下定决心，只要能在德国生活，就决不会再参与任何政治。威廉偶尔会写一些回忆录，但在大多数时间里都和家人过着隐居的生活，直到1951年去世。

附录二　军队构成

在一战中英国远征军的基本作战单位是步兵营。一个团中步兵营的数量在两到三个不等。步兵营中的士兵往往都来自同一地区，而且步兵营的名称一般就以该地区的名称命名，这样士兵的凝聚力能得到加强。在远征军中，团并非实体单位，而是将几个步兵营（一般是两个）结合在一起的具有象征性意义的“母体”。在一战前，英军中的步兵营要么由英国士兵构成，要么由英属殖民地国家或地区的士兵构成，比如印度、非洲、加勒比地区、亚洲或大洋洲国家。同样，对于士兵来说，团也是一个母体概念，他们要完全服从它的命令，而且是属于这个集体的一个部分。在一战中，远征军各团凭借自己与当地的联系，招募了很多士兵，组建了不少新营。有的团招到的人比较少，但像伦敦团、达勒姆轻步兵团、曼彻斯特团有大批士兵报名。

每支军队的管理模式虽可能不尽相同，但都有着相同的一套指挥体系。下面将由下往上进行介绍。

班　最基本的军队单位，一般由八至十人组成，指挥者一般是下士。如果把团比作一个大家庭，那么每个班的士兵就是兄弟。士兵们每天都在这个小圈子中活动。有些地方团组织严密，因此在同一个班中服役的士兵很可能从小就已经熟识。三个班合在一起往往被编为一个排。

步兵排或骑兵连 指挥官一般由中尉或少尉担任。一个步兵排往往有三个班，共四十至五十人，并设有一个小型指挥所。排长负责领导全排士兵，副排长则辅助排长管理具体工作。担任排长的都是第一次被提拔上来的中士，但在和平时很多中士却选择继续做一名老兵。因此，有的老兵在刚开始参军时，他将来的排长当时可能还只是个娃娃。大多数中士都不愿意担任指挥官，这两种角色之间的鸿沟一直难以填平。

步兵连、骑兵中队或炮兵排 指挥官一般都由少校担任，有自己的指挥小组，需要考虑后勤保障问题。连队的主要职责，打个比方，就是得让枪能打得响，炮能轰得出。一个步兵连一般由四个排组成，一个骑兵中队则由四个骑兵连构成，而一个炮兵排往往下设两个炮兵小队。连队指挥部除了对整支部队的作战行动做出部署之外，还是部队和向部队提供武器弹药、食物以及其他后勤补给的部门之间的重要纽带。

营 一个营大约由1000名士兵组成，下设四个连。此外，营指挥部还会配备一些特别部门。营长一般由中校担任，而且有三十名左右的军官辅助。副营长主要负责营指挥部的日常管理，一般由大尉担任。营中还设有军士长一职，军士长虽不经过军队的正式委任，但也扮演着非常重要的角色，不仅管理部队的日常纪律，还管理中士以及营长以下的军官。军需官及其部门人员负责物资的存储和补给。在营指挥部中，通信部门是一个人员比较密集的地方，毕竟在当时不论是下达命令还是传递军情唯一的方法还是要靠“跑腿”。营指挥部中还有一些医务人员。这些医务人员中一般有一名英国皇家陆军军医队的军官。可能还有一名军医中士，也来自陆军军医队，其他则是一些护理员。一旦战争打响，就可能急需担架员。在这种情况下，营中的军乐队成员往往就充当这一角色。

骑兵 与步兵营相比，骑兵团稍有不同。骑兵团人数较少，一个团大约600人，但人员结构与步兵营没有太大差异。主要不同之处在于骑兵团完全是一支依赖战马的部队。不仅需要饲养600多匹马，还需要配备马医、兽医以及饲养人员。这样一来，骑兵团的人员总数并不比步兵营少。据说在一战中草料运输是任何军队在后勤补给方面都最头痛的问题。骑兵团下设骑兵中队，骑兵中队再往下是骑兵连。这一点与步兵营“营—连—排”这样的结构并不一样。

炮兵 几乎所有军队中都有炮兵，炮兵部队结构一般呈“旅—排—班（或小队）”这样的三级结构，同样也与步兵营的结构并不相同。然而，与步兵和骑兵相比，炮兵最明显的区别在于这支部队一般都被拆散，然后被编入各种部队。在步兵师或旅中，炮兵排常常是一个半独立的单位。轻型火炮排下设两个炮兵小队，配有六门火炮或榴弹炮。轻型火炮排一般指的是骑兵旅或英国皇家野战炮兵部队中的皇家骑乘炮兵排。英国皇家要塞炮兵排同样下设两个炮兵小队，并配有六门重型火炮，但这支部队往往在师级部队或军团才会配备。1915年8月时，皇家要塞炮兵的第一个超大铁道火炮被运抵法国，当时每个要塞炮兵排都配有两门12英寸口径的重炮。这些长长的大家伙都源自英国海军“无畏”号战列舰上的重炮，有效射程达25000码。

旅 从这一级开始，军队的日常事务由将军负责，而且从这一级开始部队才被称为军队。一个旅一般由四个步兵营或三个骑兵团组成，并有一个小型的指挥部，最高指挥官是旅长。虽然像骑兵旅这样依赖战马的部队可能会配备不少马夫和士兵、服务人员等等，但在一战刚开始时，旅指挥部中一般只有大约四到五名军官。每个旅中的人员结构往往比较紧密。比如，警卫旅中绝对不会有任何非警卫营存在。同样，新军阿尔斯特旅中也不会有非阿尔斯特营的士兵存在。一个旅一般由四个营构成，人数在4000左右。但随着一战的不断深入，越来越需要各种专门军种，因此一个旅的人数也随之增加到将近5000人。有些旅几乎是一些同乡营的扩充版。举个例子，1916年7月1日索姆河战役打响的第一天在塞尔遭受重创的第九十二旅就由东约克郡团的四个同乡营组成。这四个同乡营分别是第十营、第十一营、第十二营和第十三营，都在赫尔组建。在当天早晨进攻结束后，这个旅伤亡人数达1600人，如此惨痛的代价让赫尔人悲痛不已。

师 旅以上是师，一个师的指挥官是师长，师长往往由少将担任。从师这一级开始各种武器才能在战场上被协调运用。一个师一般由三个旅构成，人数约1.2万人。此外，还有一个约1000人的独立先锋营以及炮兵排、工兵小队、通信班、运输火车、兽医和医务人员等。如果加起来，一个师的师长指挥的人数大约有1.8万人。师的人员构成相对固定，其下设的几个旅在战争中也总是联合在一起。和某些旅一样，有些师与地方的关系非常密切，比如说第三十六（阿尔斯特）师。

军 师的上一级是军。在军这一级中将是指挥官，负责指挥军队，调度资源。与低级别指挥官相比，中将所能调度的资源非常广泛。一个军可能由一个或两个甚至三个以上的师构成，而且往往是针对某一次军事行动。行动结束后，如果其中的任何师出现重大人员伤亡，就会在将其他师补充进来。一个师一般都有自己的炮兵部队或其他下属部队，这些部队都由军领导。如果要发动一场特别攻势，可能还会调集更多的部队进来。但也有可能因为别处战事吃紧，自己的某些部队因此被调走。在发动一场重大攻势前，军往往会配备一些铁道兵、先锋部队、医务人员，甚至是一支骑兵师，以冲破敌军防线。但如果战局起伏不定，这些人员可能又会随时被抽调。因此一个军的人员总数可能有4万到10万人。

集团军 军在功能上是一个完全独立的单位。将军是一个非常重要的角色，其影响力涉及从作战谋划到实施再到巩固战果的各个方面。在其权力管辖范围之内，将军对战斗的每一个环节都有决定权。一支集团军的统帅往往指挥一至两个军。在其权力管辖范围之内，统帅对战争的总体进程进行控制。打个比方，从前线的救护站，到大量的死伤急救站，再到野战医院整个战场医疗体系，再加上铁路及运河运输、战前训练学校、修理厂甚至面包师和炊事员都由集团军统帅领导。另外，航空队也包括在内。如果再进一步划分，有很多人员都在其管辖范围之内。英国远征军在一开始时就是一支独立的军队，由两个军和一个骑兵师组成。然而，到一战中期时，仅在西线战场就有五支由英国和英自治领士兵组成的集团军。每支集团军的人数比远征军刚成立时的人数要多三到四倍。

在进行定点进攻的情况下，师长和其上级，即集团军统帅，在职责上有很大不同。比如说，在索姆河战役中罗林森将军当时就是集团军统帅，负责制定作战战略和命令军队进攻。在这场战役的不同阶段有时涉及的步兵师就多达五十二个，而且战线绵延将近14英里。后勤和作战的每一个环节都由罗林森负责。后勤包括食物、饮水、避难处、燃油、饲料、武器弹药以及在残酷的前线战场战斗的士兵最急需的物品。此外，还涉及伤病员的救治。从救护站，到后方医院，再到如何将伤病员送回英国也都由罗林森领导。在作战方面，罗林森根据英国远征军总指挥部的战略方针，统筹火炮支援、空中侦察、前线进攻以及已夺目标的防守。所有这些行动，从一开始的策划到实施黑格那在五个月后“一举拿下”的最终决议都由罗林森定夺。在战争中的某个阶段，师长一般只有一项任务要完成。比如，在战斗打响的第一天夺取某个村庄或据点，然后接下来的行动可能由其他师的师长接手。因此，很多将军会面临巨大的角色转变问题，常常发现自己应付不过来，尤其是之前在和平时期担任营长或连长而在战争中被提拔为旅长、师长或级别更高的军官。其实，这也非个人之过错，只不过是因为当时英国及其自治领在战争中投入了大量资源，结果造成战局紧张。一开始，这个结果，除基钦纳之外，出乎所有人的预料。但后来，很多人终于慢慢适应。

最高野战司令 即英国远征军总司令。一开始由弗伦奇担任，但后来被黑格取代。在战略上，黑格的职责是统帅西线战场，并有最终发言权，比如是否批准发动大规模攻势或采取某些重要行动。同时，他还需要向国家和政府汇报远征军士兵的作战情况，并保证所有士兵的安全。此外，黑格还要与法国及其他国家军队的司令进行合作。如果这些国家有士兵被编入其麾下，他也要对他们的安危负责。我们都对加拿大、澳大利亚和新西兰军队在战争中发挥的作用比较了解，但常常忽视了印度、葡萄牙、南非以及其他国家的军队在一战前

◎ 1918年11月11日，英国远征军总司令黑格将军（前排左二）与他部下的主要英军将领合影留念。

线做出的贡献。同样，保证中国、印度和埃及劳工的安全也在他的职责范围之内。当时，黑格是一个名副其实的帝国军队统帅。

英国远征军的总指挥部位于靠近勒图凯的蒙特勒伊，这是一个非常庞大的机构。随着一战的不断深入，由于远征军人数不断增多和战局也越来越扑朔迷离，总指挥部的工作人员一度增加到约2000人。总司令就是依靠这些人获取的情报以及指挥部中军事专家的建议，对西线战场的战局做出决策。

总指挥部中的参谋总长统领所有参谋，是总司令的左右手，负责总指挥部的日常管理。副官长的责任是对远征军各单位进行管理。比总指挥部中每个部门的负责人级别要高的是军队司令，比如空军、炮兵、步兵部队司令，还包括像工兵、医务、情报、运输与后勤、军法处的负责人。

黑格的总指挥部有一个鲜明的特点。他认为，一个人，哪怕他原来穿的只是“粗衣布褂”，只要能提高部下的办事效率，他就会毫不犹豫地对他进行提拔。比如，艾瑞克·格迪斯就是众多例子中最典型的一个。格迪斯是总指挥部中一个重要部门的负责人，他之前曾是英国东北铁路公司的副总经理，没有任何战地经验。在1916年中期，由于得到黑格的帮助，他被授予少将，负责管理远征军所有物资的运输工作。当时索姆河战役已过渡到第二个月，铁路和其他通道的压力非常大，而罗林森的战略计划又非常注意细节，所以这次提拔非常及时。

附录三　其他部门

航空队

在1911年前，飞行器还没有得到英国军队高层的重视，因为高层中骑兵出身的人居多，黑格也不例外。当时，黑格认为飞行器只能用于体育比赛，而且骑兵也觉得飞行员不可能取代他们去进行军事侦察。然而，后来由于英国皇家工兵部队的大力资助，英国军队中出现了第一批军用飞行器。当时，英国皇家工兵部队一直是创新者和冒险家的乐园。从1863年起，他们就对飞艇表现出了浓厚兴趣。到1888年时，飞艇学校也正式归于这支部队管理。

> 虽然在一战前英国军队高层中有很多人没有意识到军用飞行器的重要性，但随着战争不断推向深入，他们都承认了英国陆军航空队在战争中起到的重要作用。

1911年，军用飞行器获得了第二次跨越式发展。当年，意大利军队在与土耳其人的战争中就使用了飞行器，而且结果很成功。在英国方面，英国皇家工兵部队组建了航空营。当时，这支新部队向英国军队中所有部队的军官都抛

◎ 1918年6月21日，停留在法国圣欧莫机场的英国皇家空军第85中队。

出了橄榄枝，邀请他们加入。然而，申请加入者不仅必须持有皇家飞行俱乐部颁发的飞行执照，而且得支付75英镑参加军事飞行训练。只有飞行训练后成绩达标，之前支付的钱才能如数退还。

短短一年以后，航空营就被重组，并更名为皇家陆军航空队，下设海军航空队和军事航空队。1914年7月时，军事航空队又独立出来，成为英国皇家海军航空队。

随着一战不断推向深入，人们也认识到了制空权的重要性。在一战后期，英国皇家陆军航空队这支成立才六年的部队在战争中扮演的角色与现代空军几乎并无二致。当时他们开展了很多军事行动，比如军事侦察、空中补给、战术轰炸和战略轰炸。1918年4月1日，英国皇家空军成立。这支新部队的成立标志着空中力量的重要性开始真正被重视起来。

在一战中，双方在空中的优势此消彼长，并不固定。飞机数量和飞行员训练时长是取得优势的主要因素。另外，不断改善空中战术也至关重要。然而，新型飞机的研发常常更能改变战局。因此，当时双方负责飞机制造的工程师们一直在致力于速度快、飞行高度高、易于操控、续航时间更长的飞机的研发。

皇家工兵部队

英国皇家工兵部队的职责是为军队提供多重保障。随着一战的不断深入，战场的保障需求越来越复杂，因此工兵部队的职责范围远比英国远征军中其他军种要大。英国远征军成立伊始，军中仅有6%的士兵佩戴着工兵帽徽。到1918年中期时，远征军的士兵总数已非常庞大，而工兵几乎占到到总数的12%。在1914年时全世界军队中的工兵人数共计2.5万，这些人中只有1.2万人是常规士兵。四年后，即1918年，工兵人数达到31.4万人。

皇家工兵部队负责的工作主要包括：

◎ 英国皇家工兵部队正在安装毒气弹弹头。

- 信息传输，比如电话通信、信鸽、信件
- 建造与维护桥梁、公路
- 修建标准轨距和窄轨距铁路
- 管理内陆河道和一些海岸港口
- 从1917年末起管理横跨英吉利海峡的驳船船队
- 修建军火库以及其他仓库
- 为远征军在英国以及西线战场后方搭建临时营房
- 挖掘预留战壕
- 钻井并埋设供水管道，负责供水调配
- 排水
- 为满足军队对石头和木材的需求进行采石或伐木
- 释放毒气，并防御敌人的毒气攻击

- 负责伪装设备的设计和实验，并在后方两家工厂进行生产
- 负责爆破

至一战末时，每月经工兵部队仓库中转的物资就多达14万吨。

劳工营

一战自始至终对劳工的需求都非常大，但这一问题一直不能得到圆满解决。在一战初期，挖沟、筑路、防守据点和进攻设施的修建以及其他方面繁重的工作都由先锋营的士兵承担。另外，随着战争不断演变成阵地战，这些士兵承担的任务也越来越多。在必要时，所有作战部队的士兵也都会被命令参与进来。所以当时一旦进入“休整期”，士兵们就都放下枪，拿起锹。

但由于战事的发展，皇家工兵部队劳动营、先锋营以及非作战劳工团的

◎ 打扫战场的一战中国劳工。

营连已满足不了需求。到1916年时，双方都将战争俘虏当作劳工使用，但他们并不需要参战。1916年，法国与中国政府达成协议从中国运来5万名中国人担当劳工。当时，这些中国劳工来自八个不同省份。接着，英国也不甘下风，也从中国征召劳工。到1918年时，英国的中国劳工人数达到9.8万人。后来，英国又招募了10万名埃及人、2.1万名印度人、2万名南非人以及从其他自治领招来的人。这些人和当时英军的战俘组成了劳工营，其人数在1918年底时达到30万。英国招募来的中国劳工中有将近2000人死于法国，其中很多都受到当时西班牙流感的传染。后来这些人，与阵亡的英军士兵一样，也被安葬在英联邦战争公墓委员会负责管理的公墓中。

> 一战结束后，中国劳工并没有从法国撤离，仍然在那里清理战场，其中就包括清理战场上未爆炸的炮弹。

皇家后勤部队

后勤补给是任何部队都必须重视的一个环节，因为这牵涉到食物、饮用水、服装以及用于隐蔽和防御的物资如何集中、如何运送、如何分配的问题。

所有在西线前线的军队也不可避免地要面对这一难题，但在战前他们根本没有想到问题会如此严重。到1918年时，这里有50万匹马要饲养，要钉蹄铁，上轭，装马鞍，还得搭建马棚。每月单是草料就要运来1.5万吨。除马之外，西线前线还有300万名士兵。他们每月需要的面包就有4万吨。另外，对火炮弹药的需求也在不断增加，尤其是大口径火炮弹药。这些弹药个头很大，运输比较困难。对于步兵来说，他们希望炸弹、手榴弹以及机关枪和步枪的子弹也能源源不断地被送来。由于当时战争已经进入了阵地战阶段，所以像铁丝网和尖木桩等防守设施用量很大。修建和维护战壕及掩体也需要大量木材和金属板。士

◎ 1918年9月，协约国军反攻期间，赶着驴车的英国皇家后勤部队在行动，图中为一头被步兵炮弹弹片炸死的驴子。

兵们还需要饮用水、庇护所、服装、通信以及每日配给的少量朗姆酒。

所有这些物资的补给都需要修筑一条条公路，需要兴建一条条标准轨距铁路和窄轨铁路。然而，修建这些公路和铁路也需要物资，需要从康沃尔运来石料，需要枕木和铁轨，需要煤和柴油来发动火车。

虽然英国皇家工兵部队在修路方面起到了很大作用，但物资调配则是英国皇家后勤部队和他们协作的结果，而且英国皇家后勤部队的主要职责就是负责物资运输，所以当时这支部队被称作“运输大军”。与英国皇家工兵部队一样，随着战争的发展，英国皇家后勤部队人数的增长速度也令人难以想象。到一战末时，已超过30万人。

一战中的女性

由于战争的需要，大量男性被征召入伍，进而导致了女性角色的转变。当时，制造业几乎都在忙于战争物资的生产，而男性劳动力大量流失，于是工厂中开始出现女性劳动的场景，尤其是在像生产军需品这样的工厂。办公室、农场、商店，这些一直以来都是男性的领地，此时为了维持下去也不得不招募女子。从此，女性从琐碎的家务事中被解放出来，从事各种工作。因为军需品奇缺，在很多新建的军工厂的车间里，女工占绝大多数。

◎ 1917年6月27日，英国野战志愿医护队女性救护车司机在法国埃塔普勒的合影。一战期间，共有约8万名妇女在非战斗岗位为英军武装部队服务，即使不用身处第一线，她们也会面临德军的毒气攻击和空袭威胁。

磷是烟幕弹和照明弹的原料之一，生产这些东西免不了要与磷打交道。然而在一开始，这项工作的危险性并没有被意识到，因此工人中常有人患上磷毒性颌骨坏死这种病，其症状是“下巴呈暴突状”。当时，工人一般都将午餐带到车间，因此食物很容易受到磷的污染。牙齿和牙龈吸收磷后，造成脓肿和坏死。有时会感染颌骨甚至大脑，造成严重毁容，让人长时间痛不欲生，直至死亡。

在19世纪末20世纪初爆发的南非战争（也被称作布尔战争）中，当时英军的构成还比较简单，士兵大多都是自愿参战。直到1902年，英军才组建了一支比较专业的军事护理队——亚历山德拉王后护理队。当年这支护理队的人数较少，不足300人。然而，从一战打响的第一天起，广大女性就决心也要在这场战争中有所作为。虽然加入王后护理队的条件非常严格，但当时还是有很多人提出了申请。同时，很多社会名流，比如萨瑟兰公爵夫人以及威斯敏斯特公爵夫人，也纷纷出资在法国建立医院，以缓解医疗服务缺乏的问题。对此，英国军方一开始并没有给予过多关注，甚至有时还十分反对。然而，后来当战争造成的伤亡情况达到了史无前例的程度时，军方医疗机构终于不堪重负，于是个人对军方医疗的无偿资助也渐渐得到了认可。在一战后期，在英国以及西线战场的多所医院中，亚历山德拉王后军事护理队中护理人员的数量一度超过了1万人。

1907年，一些女性志愿者成立了急救护理队，在战场上提供辅助医务服务。她们学会了如何骑马，如何进行急救处理和传递军情，因此即使在机械化战场前线，也能发挥自己的作用。然而，如果想加入急救护理队，需要自备马匹，所以最终能如愿以偿的人并不多。1914年8月时，有6名急救护理队队员随第一批英国远征军士兵到达了法国，当时这些人的身上总共只有12英镑。虽然她们一开始遭到英国军方高层的白眼，但后来却受到警卫旅和比利时军队的欢迎。到1916年时，急救护理队建立的第一家医院每月治疗受伤士兵就多达几百人。除此之外，护理队的队员们还经常开着救护车运送给养，从事一些医疗服务以外的工作。

急救护理队毕竟只是一个民间组织，不可能解决英国军方面临的难题。当时，英国军方急需征召大批女性以缓解医疗服务人员不足的问题。1916年时，陆军女性医疗辅助队宣告成立。该组织的成立使得英国各行各业的女性能在法国一展身手。从一战一开始，英国远征军副官长内维尔·麦克雷迪爵士就一直不遗余力地支持像陆军女性医疗队这样的新兴组织。他认为应当鼓励广大女性投身到一战从事服务工作，而且应该像对待她们的男同事那样对待她们。然而，因为传统偏见，这些女性在当时发挥的作用并没有像麦克雷迪期望的那样。此事现在虽然已过了一个世纪，但我们仍然能够理解当时的情况。然而，麦克雷迪当时对这些新兴组织的支持使它们迅速崛起。至1918年时，在法国战场服务的英国陆军女性医疗辅助军队的成员就超过了6000人。当时，虽然英国高层对女性投身战场还有很多顾虑，但结果这些人中只有21人怀孕生子；此外，也只有37人因为能力或纪律问题而被解职。在一战后期，英国陆军女性医疗辅助队成了法国战场上最靓丽的风景。在这些人中，有的从事机修工作，有的担当司机，有的负责做饭，有的专注烘烤面包，有的传递信息，有的在远征军总部服务。当时，在战场前线也经常可以看到她们忙碌的身影，有时运送给养，有时帮忙搭建浴室，有时修理淋浴设施，有时则开展灭虱行动。

> 麦克雷迪当时废除了军中的一条要求所有军官都得蓄须的规定。他本人一直以来就对蓄须特别反感。在废除规定当天，他带头将胡须剃掉。他这种我行我素的作风可能受家人以及亲戚的影响，他父亲就是一个著名演员，而且虽然他几个舅舅比较传统，他们不是牧师就是在海军服役，但在他母亲家中从事艺术工作的亲戚也不少。

医疗服务人员

在一战前，英国远征军中从事医疗服务的人并不多，只有军医官、军医官助手以及担架员。自一战爆发后，这种情况发生了巨大变化。从前线阵地到后方依次设立了救护站、野战急救站、死伤救护站和后方医院等一整套的医疗服务体系。有些伤病员甚至直接被送回英国国内进行治疗。

当时还成立了一些专科医院。1917年查瓦希在伊普尔突出部后方接受腹部手术的那家医院就是其中之一。另外，一些神经科专业医生也组建医院，对弹震症以及其他一些心理方面的问题进行治疗。在假肢技术方面，虽然当时的发展速度并不快，但人们已经开始寻找木头以外的其他材料用来制造假肢。因为这些专科医院的治疗非常专业，所以当时伤病员的死亡率大幅下降，是一战中最低阶段。即使在一战结束以后，也是如此。直到二战末期青霉素的出现，

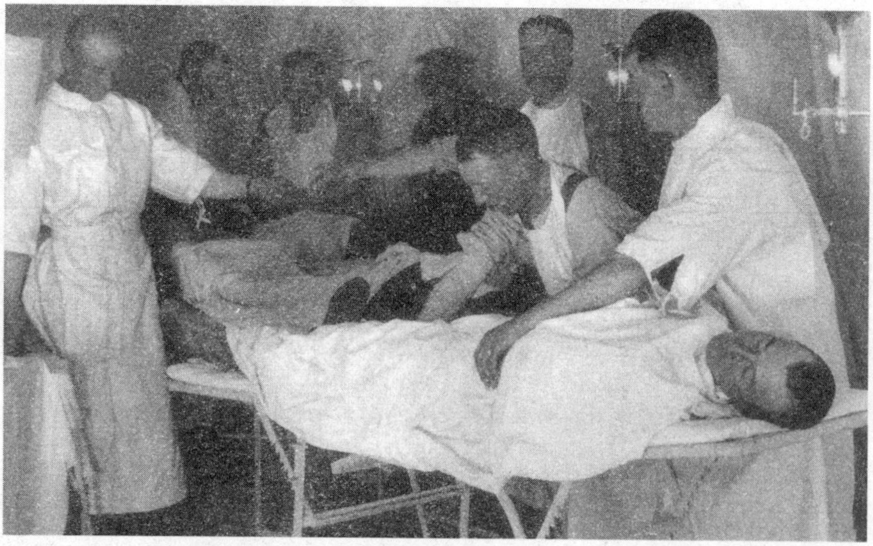

◎ 英军第3野战医疗团在伊普尔的野战医院里进行手术。

伤病员的死亡率才进一步下降。现代医学观点认为伤口能否得到及时处理是决定伤者能否存活下来的一个非常重要的原因。虽然当时将伤病员从满是弹坑的战场运下来非常困难，比如从像第三次伊普尔战役战场那样，虽然当时受伤士兵的数量巨大，但经过紧急处理后伤病员的死亡率的确大大下降。

当时，在英国国内一个个医院如雨后春笋破土而出。这些医院大多都由个人自发组建，各种房屋和建筑都成了这些医院的病房，而且房屋的女主人往往担任护士长这一角色。乡村医院组织、圣约翰救伤会、红十字会组织以及其他一些医疗组织都积极提供医疗设备，训练医务人员，传授临床经验。另外，各地的公司以及社会名流也都出资购置救护车以及专业医疗装备。仅在什罗普郡，在1915年底前就出现了13家新医院，专门救治一战中的伤员。在1916年至一战结束这段时间内，该郡中又出现了18家这样的医院。这些医院大多是乡村中较大的房屋改建而成，有的原来则是学校。

> 军队士气受很多因素影响。士兵负伤后，如果能得到及时专业的救治，对他士气的提升有很大帮助，能让他更临危不惧。

附录四　武器装备

火炮

实际上，火炮可以分为三类：远程火炮、短程火炮和迫击炮。远程火炮的特点是炮膛较长，这样设计的目的是炮弹在发射后能准确击中远距离目标。这种火炮是进行准确打击的理想武器，比如说攻击敌军前线后方距离较远处的目标。另外，铁路、公路交会处和桥梁、指挥部也常常都是远程火炮的攻击对象。远程火炮的独特作用在于如果其射程比敌军的一般火炮要远，那么炮手根本不需要参加局部战斗就能远距离有效地瓦解敌军的火炮阵地。远程火炮的这种功能也被称作“反火炮”能力。

一提到短程火炮，人们就会联想到那些与一战有关的典型图片：如果需要向前方1英里或10英里处发射一枚重弹，炮兵先会在笨重的短膛榴弹炮旁忙活一通，然后将炮口对准天空，接着炮弹会被发射到几千英尺的高空，最后以几乎与地面呈直角的角度下坠。炮弹落到地面之后瞬间就会被引爆。这种火炮是摧毁战壕、地堡以及局部地区运输线的理想武器。在战场上如果能看到什么巨大的弹坑，往往就是这种武器造成的。有些弹坑大得几乎与坑道爆破后留下的弹坑一样大。

◎ 英军的381毫米口径榴弹炮，这种短程火炮的炮管明显比远程火炮短。

这两种火炮的炮膛都是膛线炮膛。所谓膛线炮膛是指火炮的炮膛内部刻有螺旋形沟槽。007系列电影在开始时就展示了与这种结构类似的手枪枪管。炮弹要与炮膛内壁贴合，但又不能太紧。在炮弹底部一般都有一块质地较软的金属，比如说铜或铁，其表面呈肋状突起。当炮弹被发射时，炮膛中的膛线会驱使这块金属转动，进而使整个炮弹也旋转起来。这样炮弹在飞行过程中自身稳定性会得到加强，不仅使准度大大提高，而且射程也会变得更远。橄榄球运动员在传球的过程中将球旋转，为的是能达到相同的空气动力学效果。

第三种火炮是迫击炮。迫击炮的炮膛很短，而且内壁光滑，因此准度不及其他火炮。但它也有自身的优点，比如结构简单，易于携带，体积较小，可以在前线使用。在挖掘战壕时，在离敌军前线距离数码远的地方，往往会留下很多凹处以部署迫击炮发射高爆炸药或毒气弹。必要时还能向对方阵地发射照明弹，将对方阵地照亮。虽然几乎所有军队中都配有迫击炮，但有些是为了追求技术的卓越，有些只是为了追求简约。追求简约的例子中广为人知的是斯托

NOT . ON . SI

◎ 英军的305毫米口径远程火炮，远程火炮的炮管都很长。

◎ 正在开火的一门法军220毫米迫击炮，迫击炮的炮管比榴弹炮更短，更适合充当近战火力支援武器。

克斯迫击炮。这种迫击炮就是为前线战壕而设计的，它能将一枚直径3英寸的炮弹射到800米远之外。因此这种迫击炮是防守武器库中一个非常有威力的补充。一个技术熟练的迫击炮小组1分钟能发射25枚炮弹。如果用它来攻击没有任何掩护的步兵群，其威力惊人。在一战后期，西线战场上投入使用的斯托克斯迫击炮的数量就超过1600个。

另一种在前线战场经常使用的迫击炮是李文斯抛射炮，其发明者是英国皇家工兵部队的李文斯上尉。起初，李文斯指挥英国皇家工兵部队中的一个连设计出了一种能将毒气释放到敌军区域的装备。其操作步骤是先在无人区埋设很多软管，然后将软管与本方前线战壕中的毒气罐连接起来。但他也发现这种装备的效果并不明显。当时，除这种装备外，李文斯还痴迷于古希腊的火焰抛射器。后来，他设计了一种能将一个点燃的圆桶发射出去的武器，圆桶中能装2加仑的易燃液体，结果，李文斯抛射炮诞生。这种抛射炮，其实也就是将一根长4英尺，直径宽约8英寸的金属管埋于地下，金属管以某种角度指向1英里之内的德军目标。金属管底部有点火装置，该装置可以由电控制。炮弹一旦被射出，在飞行到最高点后开始下坠。这种抛射炮在设计时其射程并没有被定得太远，因此炮膛制造起来并不复杂，也不需要采用什么非常坚硬的材料。当时，李文斯抛射炮在西线战场中的英国远征军阵地上非常普遍。在一战末期，战场上随处可见一排排的李文斯抛射炮被架设在专门建造的壕沟中，而且可以做到数百个抛射炮齐发。抛射炮能将重达30磅的毒气弹或燃烧弹掷向敌军阵地。1917年在梅西讷山脊战役中，英国远征军先是爆破了17条坑道，接着1500个抛射炮几乎同时发射，给攻击部队提供了强大的炮火掩护。

一战开始前，人们对火炮还未形成统一的观点。到1911年时，法军还仍然坚信在现代战争中只有重量轻、机动性强的野战火炮才能派上用场。对于像凡尔登这样的要塞，则只需要少量的大口径火炮。因此，法国人克服了很大困难，才制造出了一战中威力巨大的一种火炮——75毫米口径野战火炮。这种火炮灵活机动，稳定性高，射击精准，发射速度快。当时，英国远征军已经从布尔战争中吸取了教训，也认识到火炮灵活机动的重要性，制造出了一种13磅马拉野战火炮。后来，这种火炮成了英国皇家野战炮兵部队的常规武器。远征军中的另一支炮兵部队——皇家要塞炮兵——使用的则是重型攻城火炮。除英国人之外，德国人也是混合使用这两种不同的武器。轻型野战火炮需与快速反应部队协同作战，重型攻城火炮则负责攻击像在列日周围的那些堡垒。

随着战事的发展，双方越来越陷入了一场在战壕中对峙的局面。防御工事修得越来越坚固，混凝土掩体和据点也在战场上陆续出现。这些目标对于主要用于防守的小口径野战火炮来说可谓攻不可破。当一战进入尾声时，双方使用的火炮都能发射直径为420毫米的炮弹，而且炮身重达一吨。另外，火炮远距离攻击的准度也大大提高。当时，除最坚固的据点之外，这些火炮几乎可以轰平一切。这在一战爆发前几乎难以想象。在重型火炮发展史上，有一个最极端的例子。在一战后期，德国人为了从75公里之外攻击巴黎，研制出了一种超远程火炮。这种火炮非常庞大，要靠铁路来运送。

攻击巴黎的这种超远程火炮叫作“巴黎大炮”。这种火炮是一种超大型武器，炮膛长30米，射程超过75公里。炮弹的实际重量约

90至100公斤，几乎是当时战场上双方炮兵部队中最大的榴弹炮重量的十分之一。在使用的过程中，这种大炮炮膛的磨损情况非常严重，炮膛口径变得越来越大。因此在制造大炮炮弹时，炮弹也被造得越来越大，这样炮弹就一直能贴合大炮炮膛的内壁。当时，这种大炮德国人造得并不多，投入战场使用的可能只有3个。其中一个在第一次发射时发生爆炸，最后只剩下两个对巴黎造成了威胁。当德军即将溃败时，这两个大炮被运回了德国，并被销毁。此外，大炮的制造图纸也被烧毁。德国人想尽了办法避免使这种武器落入他人之手，以免将来自己的城市遭受攻击。

火炮，根据其性能和炮轰计划，可以发射各种不同的炮弹：

榴散弹 其核心是高爆炸药，而且炸药周围包裹着几百个直径约6毫米的铅弹珠。炮弹中有一条引线，引线能将炮弹在飞行到敌人上方时引爆。引爆后，炮弹中的弹珠会飞向四面八方，包括下方。如果需要攻击躲在战壕中的敌人，如果面对的是数量众多但没有掩护同时又抱作一团的敌人，发射这种炮弹会取得很好效果。炮兵和将领一直都认为榴散弹的弹片完全可以炸毁铁丝网。然而，后来他们在为索姆河战役进行战前炮击时，铁丝网基本安然无恙。

高爆弹 这种炮弹中装填的都是高爆炸药，可以在落地时或落地后短时间内被引爆。前者适合打击地面部队、装备以及铁丝网，而后者适合摧毁战壕以及地下掩体。随着战争的发展，炮弹引爆技术也不断得到提高。到一战后期，很多高灵敏度引爆装置被研发出来，配备这种装置的炮弹在落地之前，哪怕只刮擦到铁丝网也会立即被引爆。

毒气弹 一战早期时要进行毒气战往往得由士兵背上毒气罐，接着指派他们前往本方阵地前面的无人地带，然后这些士兵再打开毒气罐阀门，让风把毒气吹到敌方阵地，所以当时这种战术存在很多问题。后来法国人发明了一种毒气弹，这种炮弹由火炮发射，可以进行远距离攻击，甚至敌人阵地后方较远

◎ 德军炮兵在装配轰击巴黎的炮弹。

的区域都在其攻击范围之内。当时这种毒气弹在战场上不仅引起敌军士兵的巨大恐慌，而且大大影响了士兵的机动性和后勤补给。

烟幕弹　在进攻中如果有烟雾的掩护会非常有利，不仅能迷惑防守士兵的视线，而且能影响防守火力的准度。

照明弹　在夜晚进行防守反击或驱赶敌军侦察机时，照明弹不可或缺。这种子弹能产生极强的光亮，照亮大片区域。

在一战中，战场上的主角是火炮，而且在所有大规模的战役中都是如此。当时，几乎所有军队都配有火炮。

毒气

一战中，第一次毒气战发生在1915年的第二次伊普尔战役中。当时采用的毒气是常见的工业氯气。这种气体容易制造，而且也比较稳定。然而，这种毒气的解毒剂也随手可得。只需拿出一张手帕将其折叠，接着在上面排一点小便，然后再用手帕掩住口鼻即可。因为人的尿液能和氯气发生化学反应，这样能降低氯气对人体的危害。当时，很多士兵也知道这种化学原理。

然而，后来危害性更强的毒气，比如光气和芥子气，相继被研制出来。

◎ 1916年，德军在索姆河地区发动的一次毒气进攻。

光气在与人体接触的短时间内还不会造成什么危害，但一旦进入肺部，就会和肺中的水分产生化学反应，进而生成二氧化碳和盐酸。盐酸能腐蚀肺黏膜，致人死亡。这一过程虽然很缓慢，但非常恐怖。芥子气分为很多类，大部分芥子气和皮肤接触以后都会引起皮肤的剧痛感，而且皮肤表面会产生水疱。虽然这种气体并不致命（死亡率大概只有1%），但以军事的观点来看，这种效果非常理想，因为与阵亡的士兵相比，伤病员要消耗更多资源。1860年时，德国就已经制造出了芥子气，当年有一名英国化学家在其文章中就提到过此事。其实，很可能早在1822年时德国就已经在实验中制造出了这种气体。从实验室中的气体变成战场上的武器，德国在促成这种转变上花的时间可能的确有点长。

在一战中，总共至少有17种不同的气体被不同的军队在战争的不同阶段使用过。虽然所有军队都使用毒气，但因为双方在化学研究上的优势此消彼长，所以每当新型毒气被研制出来，对方的反毒气防御可能也会技高一筹。当时使用的毒气有很多种，但最主要的往往具有以下特性：使人窒息，接触皮肤后皮肤会起水疱或催泪。毒气战的主要目的并不是消灭对方士兵，而是使之受伤。士兵一旦受伤后，等待着他们的往往是生不如死。

随着一战的不断升级，毒气成了战场上的一个重要主题。各方势力，不论是进攻还是防守，都纷纷采用毒气。在早期进行毒气战时，士兵先得把毒气罐背到前线。接着将这些毒气罐连接在一根软管上，软管前端安装有一个长长的喷嘴。然后，再将喷嘴掷向前方的无人地带。因为离喷嘴很近，所以往往释放毒气的士兵会受到伤害。而且如果一旦风向发生任何改变，毒气就很可能吹向本方战壕。后来，这种方法得到了改进，一个个复杂的毒气抛射方法或装置相继被研制出来，比如采用火炮发射和李文斯抛射炮。至1918年时，西线战场上发射的所有炮弹中有将近四分之一被装填了毒气，而不是高爆炸药。一战时的气象资料显示，在毒气战的早期阶段，协约国军队在西线战场占据的天气优势比德军明显。因为当时的风向大多都是从协约国军队防线后方吹向德军。如果风向在短时期内不变，德军就很容易受到协约国军队的威胁。尽管如此，进行毒气战有时也是一件祸福相依的事情，比如英国远征军1915年在洛斯时的遭遇。

火攻

火攻这一概念第一次被记载下来是在公元570年。在当时，火扮演着一种超级武器的角色。拜占庭帝国就是凭借这种超级武器统治着大片领土长达一个世纪。在那个时代，用于火攻的助燃剂一直是最高军事机密。但后来，拜占庭人发明的“希腊之火”逐渐失传。在此后的几个世纪中，军事家们设计出了很多用于火攻的方法和装置。有的是将在焦油中浸渍过的动物尸体点着后用石弩投掷出去，这些尸体能越过被围城池的城墙。有的使用带有金属喷嘴的皮管，皮管与一个简易的打气筒相连。这种喷火装置在地中海地区的帆船海战中十分奏效。

在一战中，最早在战场上采用火攻的是德国人。1915年7月在霍赫伊普尔突出部中的英国远征军阵地，他们使用了这种战术。当时的那片战场，现在已是一个休闲公园。火攻一开始取得了德国人预想的最佳效果。后来，英军通过

◎ 正在使用火焰喷射器的德军士兵。

◎ 1916年7月1日，英军在索姆河战役期间使用的火焰喷射器。

大举反击才修复了受到这种神秘武器冲击的阵地。

虽然一战自始至终各方都使用一些喷火器，但结果往往不太理想。身背这种武器的士兵在战场上非常醒目，因为这种武器块头不小，而且喷火兵在进行攻防时容易吸引步兵和机关枪手的注意。另外，德军中携带喷火器的步兵都隶属于一些特种部队，其服装上印有骷髅模样的标志。据记载，这些特种兵中从来没有一人被俘虏过。当时，喷火兵是坦克周围的辅助力量，能有效攻击地堡和小型掩体。然而，这些士兵的攻击范围非常有限，仅在30码之内。到了一战末期，坦克上也装上了喷火器，其射程达到60至75码。

机关枪

一战中各国使用的机关枪都源自一个英国人在1885年的发明。此人生于美国，名叫海勒姆·马克沁。在马克沁发明的枪问世之前，当时已有很多种手摇式机械枪，这些枪大多以曲柄结构为工作原理。曲柄结构装置能使枪的很多

◎ 德军的马克沁机枪阵地。

◎ 1918年4月12日，第4次伊普尔战役期间，英军士兵架设李文斯机枪（刘易士机枪）守卫铁路线。

枪管旋转起来，每根枪管中的子弹会依次从枪膛发射。枪管中子弹的装填和退壳则由另一个机械结构控制。那时最著名的曲柄结构机械多管枪是加特林枪。在美国内战时，南北双方使用的就是这种枪。

马克沁发明的机关枪是第一个真正非常实用的机械枪。其实用之处在于，一旦一颗子弹被射出后，这颗子弹产生的后坐力能使下一颗子弹自动装填就位，完成一“轮”的转换。如果长扣枪的扳机不放，这一轮一轮的转换会一直持续下去，子弹将源源不断地被打出去。至1914年时，机关枪出现在了战场之上，其射程在1英里之内，每分钟发射的子弹多达600发。然而，当时的机关枪还存在一个问题——长时间射击后，枪会发烫，容易卡住。于是人们用一个注满水的冷却套将枪膛周身包裹起来，然后再将冷却套与一个独立的水箱连接起来。马克沁的弟弟一直与他合作制枪多年，但后来二人因为一种无烟火药的发明专利从此不和，结果马克沁的弟弟获得了这项专利。到1914年时，所有军队都在使用无烟发射枪械。马克沁在钻研机关枪时，他在一家公司拥有产权，而这家公司也一直在支持他进行这项工作。1912年时，他在这家公司的产权被维克斯公司买下。后来，维克斯公司对马克沁机关枪进行了精心改良，不仅将枪的重量减轻，而且提升了稳定性和有效射程。此后，马克沁机关枪的升级版——维克斯机关枪——开始在英军中推广。

维克斯机关枪的有效射程在2000至2500码之间，但如果射击目标是集团作战部队，有效射程会更远，最远能达到4000码。如果进行无间断扫射，这种枪每分钟能射出600发子弹，而且弹壳从枪中被弹出后往往会在空中划下一个菱形轨迹，这种菱形轨迹是小是大取决于枪与射击目标距离的远近。另外，枪与众多被击中的目标之间形成的区域被称为“命中区”。维克斯机关枪的命中区最大能达到200码长，50码宽。用这种机关枪对命中区中的目标进行无间断扫射，一般都是在危急关头不得已而为之。虽然周身有水冷降温套包裹，但枪膛还是会很快变烫，进而会影响射击的连续性。这种枪的枪身安装在一个三脚架之上，枪身可以旋转。因而在用这种枪进行射击时，一般在3到4秒之后（能打出30至40发子弹）要将枪口向左或向右转动一下。因为枪身可以左右转动，所以命中区域扩大，而且有时其命中区域几乎比本方负责防御区域还要大。

在一战初期，机关枪班一般配备两挺机关枪，十名士兵。每个步兵营或骑兵团中就设有一个这样的机关枪班。然而，当时很多骑兵团并不情愿机关枪班加入进来。他们认为这种笨重的武器与骑兵团反应迅速的特点并不相符，而且很可能在部队进行侦察或突袭时成为累赘。直到1915年底时，机关枪才成为战场上的一种重要武器，很多部队纷纷建立机关枪连。当时，每个步兵旅或骑兵旅中就设有一个机关枪连，而且每个师还会再增设一个，由其直接领导。

就这样，机关枪虽然笨重，但和火炮一样也成了一战战场上一种不可或缺的武器，而且几乎所有军队都专门组建了独立的机关枪连。与此同时，一种新式的轻型机关枪也被研制出来——李文斯机关枪。李文斯机关枪的重量仅是维克斯机关枪的一半，而且零部件也少。这种枪不仅易于携带，而且士兵在行进中也可以进行射击，任何步兵只要稍加练习就可以使用自如。当时李文斯机关枪在各个军队广为使用，每个步兵营大概配备有五十挺。

重型和轻型机关枪使用的子弹一样，都是一般的步枪子弹，因此军工厂和运输线的压力被减轻不少，而且步兵营中枪械武器的弹药也实现了统一。然而，后来维克斯机关枪经过升级改造，抛弃了传统的点303口径子弹，使用了0.5英寸子弹。于是这种新式机关枪被称为重型机关枪，而传统的点303口径的枪被重新命名为中型机关枪。

坦克

“成功有许多父亲，但失败永远是一个孤儿。”按照这种说法，坦克也有很多父亲，多得能列一个长长的清单。坦克这一概念是当时很多方面发展的结合，但最终履带的出现使其成为可能。没有履带，包上装甲的车辆也是不能

◎ 1917年4月10日，经过阿拉斯城镇废墟，开赴前线的英国坦克“铁公爵”号。

驶过坑坑洼洼的地面的。1914年，由于丘吉尔的大力支持，一些内燃引擎动力强劲的民用车辆上被安装了轻型装甲，并架设了机关枪，还配备了一些能进行后膛装弹的武器。这给这种下有履带、上有装甲并能进行自我驱动的机器的驾驶人员带来强大的火力保障。

在一战前，这种车辆，还是一个不切实际的想法。首先，当时的技术过于粗糙而且又太不稳定。另外，这种车辆的行进速度甚至比人步行还慢。当时的那代人对这种车辆并没有表现出极大的热衷，他们仍然对骑兵的速度和作用青睐有加。

将一辆陆上之舟浑身装满甲板并配备轻型野战火炮的这种想法源自于厄内斯特·斯文顿少校。此人也是一位想象力丰富的英国皇家工兵。当时，他一直在思考这个问题，如何使士兵挺进到与敌人机关枪距离最近的区域，并摧毁他们的阵地。后来，他想到了这种机动性较好的装甲武器，并把这个想法带到了英国皇家战争委员会，结果被拒绝。然而，当时海军大臣丘吉尔也是该委员会委员之一。他对斯文顿的想法很感兴趣，于是以海军部的名义资助他，秘密地成立了陆舟委员会。丘吉尔深知，如果此事公开进行，基钦纳和陆军部一定会认为他又打算插手战事，将不会再让他的水兵上岸作战。毕竟英国皇家海军（第六十三）师已经充当步兵加入了英国远征军在加利波利和法国的战斗，而这支海军部队一直被认为是丘吉尔的私人卫队。后来，丘吉尔赢得了以劳合·乔治为首的军需部以及其他人的支持，因而说服了陆军部承认并采纳制造一种有实战效果的车辆的建议，这种车辆就是以斯文顿之前建议的车辆为原型。

从本质上说，早期的坦克只是一种能使轻型火炮靠近敌方阵地并用近距离武器对其实施打击的平台。但到后来，坦克的样式发生了很大改变，比如车上的轻型火炮被改为了重型火炮。有的坦克则被设计成了装甲车，里面可以容纳十人左右的步兵小队。

此外，坦克扮演的角色也不再单一。除用作炮艇之外，坦克还可以牵引装甲车。这些装甲车一般负责运送弹药、铁丝网以及步兵在夺取敌军阵地后防止敌军反扑时需要的其他物资。

手榴弹、钉棒及其他

由于战壕战不可避免，因而出现了各种利于在战壕中作战的武器和装备。

在拿破仑战争时期，手榴弹就已经在战场上出现，而且往往用于攻城。德国是第一个制造出能用于实战的手榴弹。一战前，德国为了备战存储了大量手榴弹和其他榴弹。这些榴弹可以被安装在普通步枪上进行发射，步枪发射的距离比用手投掷的要远。当时，英国也发明了一种手榴弹——马克1型手榴弹。但是这种手榴弹不太稳定，而且容易造成危险，常常被士兵投出不远后就在战壕周围突然爆炸。1915年加利波利战役时，英国临时制造出了一种“易拉

◎ 1917年，正在准备进攻伊普尔协约国阵地，手持手榴弹的德军士兵。

罐式”手榴弹。顾名思义，这种手榴弹是在一个易拉罐中放入炸药，同时罐口有一根引线，引线可以用火柴点燃。

一战中所有军队都把手榴弹作为攻击战壕的理想武器。到1915年底时，马克5型手榴弹，即米尔斯手榴弹，已在西线战场投入使用。当时英国军工厂平均每周能生产出25万枚这样的手榴弹，而且这一数字在后来继续攀升。在进攻或突袭中，一个爆破兵一次最多能携带24枚手榴弹，每枚重约一磅。同样爆破小组的其他成员也随身携带很多手榴弹。据统计，在一战中协约国军队士兵投出的米尔斯手榴弹总共多达7000万枚。

在战壕战中有时需要抓取俘虏，在这种情况下使用步枪或者手榴弹往往会弄巧成拙。因此各种手工制作的钉棒和棍棒成了每一支前线部队的常备武器。一旦在战壕中与敌人进行徒手对决，步枪用起来会非常不便。然而，对于战壕突袭士兵来说，他们也没有什么参照来改进他们在进行战壕战中使用的武器。现在在西线的每一个博物馆中都能见到当时这些人曾用过的武器，其中狼牙棒、短棒、沙袋和匕首居多。

坑道挖掘

严格说来，坑道挖掘并不是一种武器。但通过坑道挖掘可以将大量炸药在某个特定时刻埋设在某个特定地点，以达到某种特定的目的，因此完全可以称得上是一种武器。

当时，很多军队中出现了一个新的军种——坑道挖掘连。这支部队往往由指挥官直接领导。英国远征军在一开始组建时，还没有这样的一支部队，直到1915年初才宣告成立，隶属于英国皇家工兵部队。早期的坑道挖掘连中的士兵往往是步兵营中经验丰富的采矿工人，当时蒙茅斯郡团的两名矿工最先在战场上从事这项工作。一个坑道挖掘连通常由500人组成。由于这种工作的专业性非常强，所以坑道挖掘兵的招募和训练也越来越科学。到1916年时，英国远征军中已有约20个坑道连，澳大利亚军团中有2个，加拿大军团中有2个，新西兰军团中也有1个。另外，还建立了坑道挖掘学校和坑道救援连。为管理这些连队的挖掘设备，澳大利亚军团中还专门组建了一个坑道挖掘服务连。

实施坑道挖掘是为了达到以下三个目的，这三个目的通常交织在一起：

1. 最主要的目的是从地下攻击敌军。首先，挖掘出一条坑道通到敌军阵地下方；接下来，在坑道尽头开凿一间小室或一个小型洞穴并在里面埋上炸药；然后，将电控引线与炸药相连并将引线顺着坑道往回布，一直布到坑道口；最后，将坑道口回填，这样炸药在引爆后就会向上产生巨大的冲击力。

2. 第二个目的是防止敌军挖掘坑道。为了达到这个目的，同

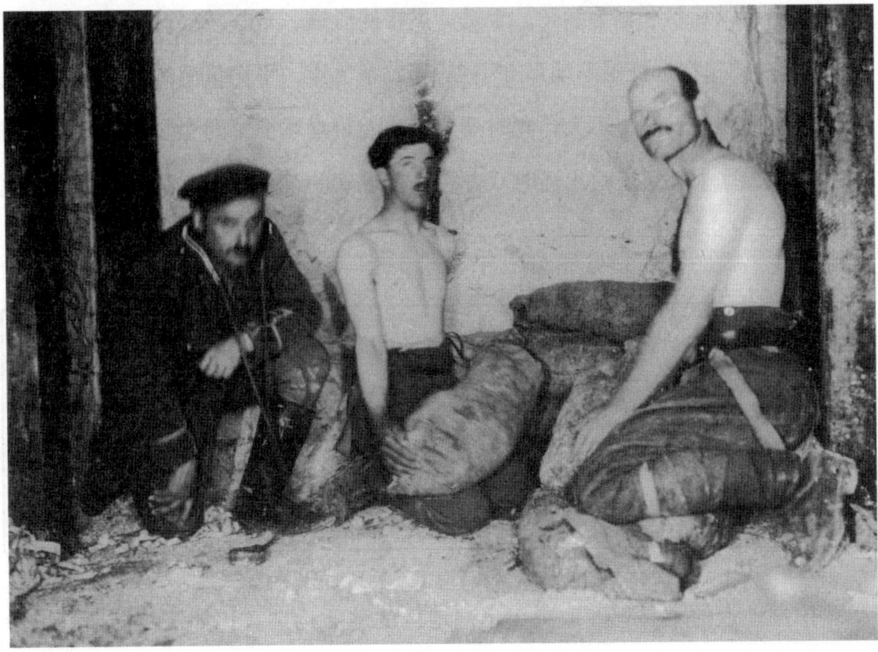

◎ 1916年6月，索姆河战役期间，正在进行坑道作业的英军工兵。

样也需要从本方前线地下开始向敌军阵地方向挖坑道。在挖掘的过程中，如果遭遇敌军坑道，将其拦截并摧毁。

3. 第三个目的自然是防止敌军也以同样的方式来刺探本方的坑道挖掘情况。另外，还可以在坑道中窃听敌情。

有两件事可以说明当时双方在坑道挖掘方面进行的较量。

黑格在策划1916年索姆河攻势时，他希望普卢默能指挥其第二集团军在伊普尔也发动一场攻势，防止索姆河计划有变。于是，普卢默下令士兵在梅西讷山脊下凿出了24条长约3英里的坑道。因为要清理挖掘出的泥土，所以这项工作需要耗费大量的人力，比如坑道挖掘兵和劳工。当时，英国远征军在伊普尔突出部的所有其他备战工作都不得不为其让道。

在1916年5月31日时，黑格与法国总统、总理以及陆军大臣在蒙特勒伊会面。在此次会面中，法国人告诉黑格法军遭受到的打击远比远征军要惨烈得多，他们还以凡尔登作为例子。于是，黑格回应道，自那年1月1日以后，仅在152天之内德军在远征军阵地下方引爆了653条坑道，平均每周30条。虽然被引爆的坑道很多而且坑道不大，同时受到影响的只是远征军的一些前哨或战略防御据点，但这个数字反映出当时双方在进行攻守的过程中都非常重视坑道爆破的作用。

一旦一方和另一方在挖掘坑道的过程中遭遇，就会爆发小规模冲突。这种冲突虽小，而且使用的武器也只是些棍棒或匕首这样的武器，但往往是你死我活的较量。另外，双方又都位于地下，离地面至少60英尺，坑道中光线黯淡，常常只能靠蜡烛或台灯照明。

挖掘地道的难易程度取决于不同地区的地质构造。比如法兰德斯（离伊普尔不远）的表层土是砂质河流沉积物，再往下是厚厚的一层既重又黏的蓝黏土。伦敦下方也是这样的土质。在一战中，由于战火，法兰德斯的表层土中古老的地下排水系统遭到破坏，因而造成了该地区地面不少区域积水严重。在这里挖掘坑道必须用水泥对坑道四周进行加固，同时还得用水泥来进行防水。当时，远征军甚至把伦敦地铁项目中使用的钻孔机运到法兰德斯，但结果并不理想。面对烂泥和黏土，钻孔机根本无用武之地。最后，不得不改为手工挖掘。挖掘人员完全处在黑暗之中，而且周围没有任何声响，空气也很污浊。然而在索姆河地区，下层土是白垩，坑道挖掘起来相对容易，速度也非常快，不像在法兰德斯根本离不开工程机械。因此，在索姆河地区双方如火如荼地展开了坑道爆破和反坑道爆破的较量。

附录五　西线战场

本节附录介绍了一些目前西线战场上的遗存和后来相继建立的公墓或纪念建筑，为避免主观之嫌，介绍的同时并未对曾经发生在这些战场上的诸多战役做出更多的评判。

英国及英联邦国家战争公墓

在一战中，英国及其自治领的军队在西线战场伤亡惨重，因而后来在那里修建了数量众多的战争公墓。另外，比利时有613个，法国有2940个。这些公墓都由英联邦战争公墓委员会管理，其运转资金由英国及相关自治领提供。英国出资80%，加拿大出资10%，剩余的由澳大利亚、新西兰、南非和印度共同承担。这些公墓的规模大小不一，有大型的国家纪念公墓，也有小型的陵园。大型公墓如位于伊普尔突出部的泰恩床公墓，该公墓是世界上最大的英国战争公墓。与此公墓相隔不到6英里处还有一个小型陵园，陵园中没有任何坟墓，只有一座座墓碑耸立，共计177个。这些墓碑上镌刻的是在1916年4月28日被活埋的坑道连士兵的姓名。当时他们被埋在了一座小山丘下，而现在这一个个墓碑就立在了这个山丘之上。这些大小不一的公墓陵园，可以说，都是在诉说着当年战场上的某一个故事或某一段历史。

后来越来越多的人知道了这些公墓，而且每天前来瞻仰的人也络绎不绝。但一些处于偏远地区的公墓，从其访问留言簿来看，每年参观的人加起来也不过十个。其实，现在的人们前往一战战场，并不只是为了参观公墓，而是去和那些看得见、摸得着的历史遗存进行亲密接触。这些游客中有一些并非走马观花式的人，有些景点会引得他们流连忘返，让他们一次又一次地前来。每一座公墓，不论大小，都有一个中心建筑——一个高达4米的巨大十字架。这十字架往往立于一个基座之上，位于公墓中最显眼的位置。如果是超过400人的大型公墓，还会建有一座巨大的纪念碑。纪念碑大多用波特兰石雕刻而成，呈长方体，形状宛如一个灵柩台或一个空的墓穴。

所有英联邦国家的战争公墓在建造时都经过了一番深思熟虑。当初，大英帝国战争公墓委员会就意识到一旦公墓建成会有很多人前来祭奠他们的亲人或朋友。于是，委员会的委员们希望把这些公墓也建成英国式的花园，种上各种灌木和花草，让这些长眠在这里的人以及他们的亲人或朋友倍感亲切。

公墓中的每一座坟墓都有一座墓碑，墓碑也采用波特兰石制成，形状、大小都是统一规格。碑面上部刻有死者的姓名、级别以及当时所在部队的番号。大部分坟墓都是一墓一人这样的一一对应，但偶尔也有例外。如果当时在安葬时，几个人的遗体缠在了一起，难以分开，就进行合葬。如今，只要在这些公墓中沿着一排墓碑走上一回，就会让人切实感受到厚重的历史氛围。可能您会问上一句，这些人都来自同一支部队吗？还是在同时阵亡？这些问题的答案可能涉及当时的时间、地点以及人物。另外，如果您还有其他问题的话，其答案则可能会涉及过程以及原因。

在安葬前，如果遗体难以辨别，此人生前在军队中的级别以及其所在部队的番号可能也难以得到确认。但关于逝者的任何信息，只要能搜集到，都被刻在墓碑上。几乎在所有的公墓中，都有太多太多这样的墓碑——“一战无名军人之墓”。

很多初次前往西线战场参观以及一些尚未去过的人对当地的参观线路有很多不解，不解为何在每一条线路中都必有公墓。其实，大部分公墓就是当时士兵倒下之地或很多人负伤之处。比如要去帕斯尚尔游览的话，所到之处必然包括泰恩床公墓。这座公墓就坐落于一片掩体和堡垒周围，而这些工事在1917年夏天的那场战役中是双方争夺的最主要目标。

每一座公墓的入口处都建有一间小屋，经由小屋可以进入一道长廊，长廊中一般都备有一本纪念簿和一个名单。纪念簿供参观者签名留念，而名单上则记录的是公墓中逝者的相关信息以及逝者当时在该地区进行的战斗或战役。

德国战争公墓

德国战争公墓有很多不同之处，处处彰显出肃穆的氛围和条顿式的墓葬风格，这也是德国战争公墓民间维护联盟所希望达到的效果。这个联盟与英联邦战争公墓委员会一样，负责维护在一战中阵亡的德军士兵的公墓，但不同之处在于该联盟乃一由民间自愿发起的慈善组织。在1918年和1919年，由于德国国内出现饥荒，而且国家也分崩离析，所以当时的政府不愿也拿不出钱来开展公墓的维护工作。1919年12月，这一民间联盟宣告成立，致力于对一战中德军死难军人遗体的保护。游客可能会发现，在德国战争公墓的每一座坟墓中安葬的遗体往往不只有一具，这一点与英国以及英联邦国家战争公墓的情况并不相同。其实，这反映出了德国人的另一种人生哲学——生为战友，死亦战友。

目前在西线战场德国战争公墓共计只有7个，3个在比利时，4个在法国。当时，很多法国公社并不愿意拿出土地来安葬他们先前的敌人，于是民间联盟利用他们有限的资源从一开始就建造大型公墓，修建一座座超大坟墓，集中安葬大量遗体。另外，规模较小的陵园中的遗体也被迁往其附近的大型公墓中。

虽然如此，最后在这7个战争公墓中安葬的德军士兵也就只有20万人。这些人要么独葬，要么合葬，要么集中安葬在一起。一直以来，人们认为当时在战争中，很多乃至大部分德军士兵的遗体都被运到一些超大火葬场，并被火化。然而，这一观点还有待证实。

伊普尔突出部

伊普尔门宁门　晚8时是令所有前往西线参观的游客最震撼的时刻。门宁门是伊普尔城中的一道拱门，一条马路从中穿过，通向位于东北方向的门宁。每当晚上8时整，伊普尔城消防大队的军号手就会准时站在这道拱门的正中央，吹起“最后的岗位”这首军人葬礼号。日日如是，年年如此。这个仪式开始于1928年7月1日，但之后中断了将近四个月。1929年11月11日得到恢复，从那以后每天晚上都如期举行。后来二战爆发，德军于1940年5月20日占领了伊普尔，此仪式再次受到影响。然而，当晚的这段礼号还是在塞尔的布鲁克伍德奏响，后来每天晚上也是如此，直至1944年9月6日这天。当时，在伊普尔城外围战争已经进入到了白热化状态，这时波兰的一名军号手勇敢地站到了这道拱门下，吹响了葬礼号。从那一天开始，这个仪式一直延续至今。同时，在布鲁克伍德这个仪式也被保留了下来，但时间改在了每月第一个周日的下午4时（格林威治时间）举行。

门宁门虽然只是一道拱门，但它寄托了人们对当时在伊普尔突出部战死以及那些甚至连遗体也无法辨认的军人们的哀思。所有失踪人员经“官方”统计共计55900人，他们的名字都被刻在了一块块石板上，而且这些石板也被镶在了伊普尔突出部纪念碑的正面。现在，由于修路、兴建房屋或田间耕作，在该地偶尔还会有一些新的遗体被陆续发掘出来并得到确认，因而失踪人员的总数也在不断减少。伊普尔突出部纪念碑的设计者是雷金纳德·布洛姆菲尔德，他是为阵亡将士及失踪人员建造战争公墓和纪念公园的三个主要建筑家之一。

法兰德斯战场博物馆 是西线战场，乃至所有一战遗存中最精致的博物馆。这间博物馆坐落于一座织物会馆之内，此织物会馆在中世纪时曾是一个织物及羊毛贸易中心。当时就是因为这个贸易中心法兰德斯和该地区才得到了长足的发展。然而，在一战中，法兰德斯织物会馆如同伊普尔城中的每一座建筑一样，也因为战火不断几乎被夷为平地。一战结束后，会馆才得以重建，而且完全仿照原样。重建后的会馆中陈列了大量的遗存，同时采用声、光、电手段并用的方法对当时伊普尔突出部的场景进行大规模的展示。虽然随着时代的发展馆中的陈列在经历各种变化，但仍有一些能让人在参观后非常难忘的物品。比如在所有一战诗歌中最著名的那首——威尔弗雷德·欧文的《虽死犹荣》。虽然现在西线战场还有其他一些博物馆，但这座博物馆无疑是最重要也是藏品最丰富的。

兰赫马尔克德国战争公墓 是德国在比利时的四个大型公墓之一，位于突出部北部。这些大型公墓中的坟墓大小不一，共埋葬着12.6万名德军士兵的遗体，单是兰赫马尔克公墓一处就约有44286人。其中19000人的身份得到了确认，而其他25000人的遗体一直不能确定。在兰赫马尔克公墓中，位于中心位置的超大墓穴里安放着16000名德军士兵的尸骨，这些人的姓名都被刻在墓穴周围的一个个花岗石石板上。参观这个公墓之后，每一名参观者往往会有与参观其他所有德国战争公墓时完全一样的感受，因为公墓的设计者追求的就是风格的统一。

在一战中，兰赫马尔克曾是1914年、1915年和1917年相继爆发的第一次、第二次和第三次伊普尔战争的战场中心。

圣朱利安十字路口 是德军在1915年4月22日进行毒气战的战场。后来，加拿大政府选择在此地修建国家战争纪念馆，其目的并非为了重现当时维米岭战役的残酷，而是纪念当时加拿大军团对英国远征军提供的及时支援。加拿大人的这次支援也是英国远征军发展史上非常重要的一个环节，屡屡被后人提起。当时，加拿大人也像英国远征军一样用自己熟悉的名称对周围陌生的地点一一命名。在他们口中，圣朱利安十字路口被叫作温哥华十字路口。

圣地森林 是当时在伊普尔突出部最初两军对峙线后方的一小块区域。当时，一旦有士兵在激战中迷失方向，他们都会先进入这片森林以确定自己的方位，然后再去找寻能与自己所在部队汇合的路径。如今，与圣地森林紧挨着的一小块林地是伊普尔突出部接待游客人数最多的一个景点，游客可以沿着枫叶大道前往这里参观。枫叶大道位于伊普尔市的南部，在门宁大道南面，距离门宁门只有大约3公里。在门宁大道的另一面，正对着圣地森林的就是贝勒瓦尔德游乐园。枫叶大道上有一块巨大的路标——加拿大62高地纪念碑。这块路标能指引游客如何前往位于这条大道南面的圣地森林。圣地森林景点中有一座小型博物馆，里面陈列着很多当年战争的遗存。博物馆门口有一家咖啡馆，里面也有纪念品出售。要进入博物馆，必须穿过这家咖啡馆。在博物馆后面，还有一些战壕和掩体，这些工事至今仍“保存完好”。虽然有后期加工的痕迹，但该景点现在却是伊普尔突出部参观线路上炙手可热的一处。然而，美中不足的是，景点中关于此处的介绍并不完备，而且博物馆中展出的手工制品也没有得到很好的保护。另外，景点中立体镜影像播放机中的配音稍显冗余。

加拿大纪念馆 位于枫叶大道尽头，离咖啡馆只有100多米。这座纪念馆中展出的是当时加拿大军队如何进行防守，如何进行撤退，如何收复霍赫、索雷尔以及托尔山这三座小山。62号高地就位于托尔山之中，如果从伊普尔城中心出发，步行到这里也就1小时，因此，当时这片高地完全在中程火炮的射程范围之内。

如果从加拿大纪念馆出来再返回枫叶大道这条主路，映入眼帘的第一个公墓就是圣地森林公墓，紧挨着那家咖啡馆。圣地森林公墓是一个合葬公墓，里面埋葬着后来在这里重新被发掘出来的英国远征军士兵的遗骸。当时，离这里较远的地方还散布着一些德军士兵公墓，公墓中既有德军士兵也有一些英国远征军的遗骸。后来德国人在建造兰赫马尔克大型公墓时，将那些公墓中德军士兵的遗骸迁走，而英国远征军的遗骸则迁到了这里。据英联邦战争公墓委员会统计，这里共埋藏1989人，其中只有637个的身份得到了确认，而剩下的将近七成的人都是“无名氏”。这一比例如此之高，从侧面也反映出伊普尔突出部公墓登记工作困难重重。

60高地 是当时伊普尔突出部战斗持续时间最长的战场，现在这里的一切都尽量保持原样。参观者如果站上了这块高地，周围的一切都会尽收眼底，能很好地体会当年这个制高点的优势。

泰恩床公墓 位于一片斜坡的顶端，这片斜坡与帕斯尚尔和伊普尔之间的平原接壤。在公墓墓园中高耸着一个大型十字架，十字架底座是一块巨大的波兰石。底座下方是一个庞大的地堡，这个地堡在一战时曾是帕斯尚尔城前的一处德军据点。现在整个地堡的顶部仍有石块覆盖，但地堡的混凝土基座有一部分已经露了出来。对此人们盛传当年在建造这个公墓时，英国国王乔治五世来此地视察，建议让人把地堡基座挖出一部分来。现在如果游客站在公墓的十字架前俯视下方平原，远眺6英里之外的伊普尔，就会深深体会到占据伊普尔突出部的任何一个制高点在当年是何其重要。毕竟这一地区常年经受雨水洗礼，而且占据制高点也能获得较为开阔的视野。站在坡顶，游客们能看到的还有下方的11850座坟墓，坟墓中的军人遗骸从突出部各地收集而来。大英帝国及其自治领的每支军队中都有人葬在这里，毕竟当时每年这里都战火不断，何况还是三次大规模战役的战场。现在，士兵们的坟墓一个接一个并排立在一起，而且这里也安放了近年来，由于建造工程或因自然水土流失而进行秋季农耕时，在这里发掘出的或自动露出的德军士兵遗骸。这些遗骸的数量每年都在增加。

公墓的后部是一面长长的半圆形墙壁，墙壁上刻有在伊普尔突出部阵亡的将士名单，然而他们的尸体至今仍不能得到确认。门宁门纪念碑上刻下了1917年8月以前在突出部失踪的人员名单，泰恩床公墓的这面墙上刻下的则是1917年8月以后阵亡的33000人的名字，同样这些人的遗体在死后也难以分辨。

这些人中包括1176名新西兰军人。

斯潘布鲁克莫伦 是一处爆破坑。1916年梅西讷山脊战役中英国远征军曾挖了很多坑道，斯潘布鲁克莫伦就是其中一条，这条坑道在1917年被爆破。位于索姆河地区的洛赫纳加爆破坑是现存的最知名的爆破坑，相比之下，斯潘布鲁克莫伦爆破坑现在几乎只是一个圆形的水塘。此爆破坑周围绿树掩映，灌木丛生，因而往往被人们称之为“和平池”。爆破坑周围的土地在20世纪30年代初被韦克菲尔德勋爵买下，后来他的继承人将这片土地拿了出来，交给当地一家慈善信托机构加以保护。现在这里可能是西线战场所有人流如织的景点中最宁静的一处。当年在进行坑道爆破时，爆破点中埋下的9.1万磅铵梯铝炸药将周围的泥土全部掀翻，形成了一道圆环形状的陡峭山丘。另外，不远处还有一个名叫克鲁伊斯特塔特的小型爆破坑，与斯潘布鲁克莫伦形成呼应。在路上，游人可以很容易望见这个爆破坑。虽然它现在被当地农夫用作灌溉池塘，但当年作为梅西讷山脊坑道战的重要组成部分，这一特点至今仍清晰可辨。

布痕瓦尔德　有一段从梅西讷山脊延伸而来的战壕。这段战壕多年来一直保存完好，现在属于凯默尔公社的范围。在对战壕进行保护的过程中，凯默尔公社依照当时德军在此地建造防御工事的图纸，尽量使战壕保持原样。现在在这个景点中有一处小型的混凝土地堡和一口深井。当年，德军士兵在此地也开挖了很多坑道，以探测英军的坑道挖掘情况。游客从这口深井下去，就能进入这些坑道，一探究竟。

阿图瓦

阿拉斯与维米岭　是阿拉斯市周边众多重要景点中最知名的两处。阿拉斯市位于阿图瓦省的中心。

洛雷特圣母院　是一个大型的法国国家纪念公园，同时也是一个公墓。

该圣母院坐落于一座小山的山顶。这座小山与东北方向的兰斯矿渣堆以及东南方向的维米岭，形成了一个三角地带。这个三角地带是1914年及1915年初爆发的两次阿图瓦战役的战场。当时，法军发动攻势试图打退在该地区的据点中固守的德军，但结果伤亡惨重。现在在纪念公园后面有一个博物馆和一个游客中心，但该景点的核心建筑是一座古罗马风格的大教堂和一座小礼拜堂。在这两座教堂中埋葬着在法国各种战争中死去的无名士兵的遗体。其中，还包括一名在二战集中营中死去的无名受害者。

纳维尔圣瓦其特德国公墓 位于法国境内的西线战场。在该地区，德国战争公墓仅有三个，而纳维尔圣瓦其特公墓就是其中之一。这个公墓中有一片人造林地，里面并排安葬着44,000名德军士兵的遗体，这些人死于一战的各个时期。墓园中没有任何中心建筑，只有一排排阴森的金属十字架。墓园的西侧就是洛雷特圣母院至阿拉斯的公路。任何一名前往一战前线阵地参观的游客，对于像纳维尔圣瓦其特这样为数不多的德国战争公墓，都不能错过。这些公墓能让人更好地理解德国人纪念一战中死去的军人的独特方式。

维米岭 建有一个加拿大国家纪念公园，该公园从山下开始一直延伸到山上。在山下区域，游客可以跟随导游参观目前仅存的一条还比较安全的一战坑道以及战壕。这些战壕都经过翻新，而且用水泥袋和挡板加固。在这里，游客可以切身感受到英国远征军在1917年发动攻势时，一些坑道被爆破后的场景。另外，这里还有一个小型游客中心。

在维米岭之上，有一座纪念碑，纪念碑呈连体双塔形状。双塔立于一块基座之上，塔高30米，放眼望去非常雄伟，而且双塔表面贴有白色大理石，十分耀眼。建造这座纪念碑选用的石料是赛吉特石灰岩。这种石料产于克罗地亚，色泽纯净。另外，双塔的底座也十分特别，由1.1万吨的混凝土筑成。后来，这座纪念碑经过两年的修缮于2007年4月9日——维米岭战役九十周年纪念日——重新向游人开放。当天，英国女王伊丽莎白二世亲自参加了纪念碑的重新揭幕仪式。

在纪念碑四周的墙壁上，共刻有11000多个名字。这些名字代表的是在一战中阵亡但遗体难以确认的加拿大士兵。

如果站在纪念碑脚下向东远眺，杜埃平原（从维米岭一直延伸至比利时的英吉利海峡港口城市）上的景色会尽收眼底，您也会深刻领会当时这个德军据点的战略作用。

利奇菲尔德坑公墓 是英联邦战争公墓委员会管理的一个小型公墓，离维米岭不远。公墓中安葬着58名士兵的遗体，其中57人为加拿大士兵，但每个人的具体身份都难以区分。这些人的阵亡时间应该是在1917年4月9日或10日的维米岭战役中，后来他们被合葬在一个巨大的墓穴中。说是墓穴，其实当时只是坑道爆破后形成的一个大坑。他们的姓名在墓园墙壁的饰板上被一一列了出来。另外，在这个大坑旁还埋着另一名士兵。

阿拉斯公墓 埋葬着从1916年春至1918年8月这段时间在阿拉斯地区阵亡的英国远征军士兵的遗体，共计35000人。然而，所有坟墓的墓碑上都没有姓名。其中就包括沃尔特·塔尔。另外，公墓中还安葬着约1000名飞行员，他们的遗体同样也是无法区分。阿拉斯公墓中共有2650座坟墓，公墓后方是“枪决墙”。在二战中，有214名法国游击队员和抵抗组织成员就在这道墙前被处决。

索姆河

在索姆河地区，值得参观的战争遗存有数以百计。有些景点光顾的人很少，但也有些景点一天的游客接待量就有好几百人，而在旺季更是达到成千上万。下面列出的景点都是值得一看的地方，能让游客对当时索姆河战役的战场和规模有些许了解。在对所有景点进行介绍时，假设游客正面对着德军战壕，并按照现在普遍采用的从北到南、从左至右的顺序。

塞尔 是一个小村庄，当年索姆河战役中英国远征军第三十一师同乡营就在这里战斗过。现在在该地区种有一片纪念树林。如果游客站在这片树林的入口，就能清楚地看到一道战壕，当年的索姆河战役英国远征军就是从这道战壕中发起的。从树林入口向塞尔望去，眼前看到的先是一片开阔的原野，接着是一道道战壕，视线尽头则是位于山坡之上的这个村庄以及村庄中的工事。如果您翻到前面章节（索姆河战役），再查阅一下当时英国远征军第三十一师接到的任务，就很容易想象为什么后来该师在这大约100码长而且只有几百码宽的区域内竟然伤亡了3600人。

纽芬兰公园 位于博蒙阿梅尔，是为纪念在索姆河战役第一天中死去的纽芬兰团的士兵而建造的公园。纽芬兰团的一个营参加了这场战斗，与英国远征军并肩作战。当时，他们并没有加入加拿大军团。当天除纽芬兰团的这个营之外，战场上并没有其他英国自治领的军队。现在在这个公园中，游客很容易就能找到当时这个营失利的地方以及Y型沟。公园中的每一个墓地，每一座纪念碑，无不在诉说着7月1日那天及后来在该地区战斗的激烈程度。

现在加拿大政府正开展一项解说员项目。他们招来一些加拿大年轻人，并对之加以培训，然后再将他们派到这个公园担任解说员，向游客讲解7月1日当天及后来战事的发展。任何游客，再怎么研读书本，再怎么在公园中转悠，再怎么在大脑中凭空想象，都不及花点时间去听他们讲解一番。

蒂耶普瓦勒 是位于山坡之上的一个村庄，是当时索姆河战役中一场拉锯战的战场。英国远征军计划在7月1日就夺取这个目标，然而直到1916年11月索姆河战役将近尾声时才完成这个任务。后来，为纪念在索姆河战役中伤亡的士兵，英国在这个山坡顶上——整个索姆河战场的制高点——修建了一座巨大的拱门。拱门的设计者是埃德温·鲁琴斯爵士。纪念碑四周的墙壁上刻下了72000士兵的名字，但这些人的遗体无法区分。这座纪念碑位于突出位置，而且高耸入云，从几英里之外的各个方向都能看到。

阿尔斯特塔 是为纪念远征军第三十六（阿尔斯特）师的士兵而修建的一座塔。这座塔仿照了北爱尔兰唐县克兰德博耶庄园的标志性建筑——海伦塔。当时，第三十六师在启程前往西线战场之前，就在这座庄园中进行了战前训练。阿尔斯特塔几乎就耸立在施瓦本堡垒上方，而这座堡垒就是阿尔斯特人在7月1日当天要夺取的目标。现在阿尔斯特塔对游人开放，站在塔顶即可鸟瞰该地区的战场。

公路的另一侧是蒂耶普瓦勒森林。当年第三十六师的先锋部队就是沿着公路在这片森林中穿行，一直行进到昂克尔河，而且最后跨越了这条河流。现在，在这片森林中正在进行一项非常重要的工程——发掘当年的战壕。一旦工程完工，就能在阿尔斯特塔景点工作人员的安排下参观这里，这些战壕一般不向游客任意开放。

阿弗吕伊　位于阿尔斯特塔通往阿尔贝的公路的路边，掩映在一片森林之中，是一个小型的但别具兰开夏郡营地风格的公墓。在这片森林后还有一个叫马丹萨尔的公墓。这个公墓非常特别，因为所有墓碑并非由雪白的波兰石制成，而是红色的石灰岩，这在英联邦战争公墓委员会管理的公墓中比较罕见。

阿尔贝　是一座小城，位于索姆河战场中英国远征军阵地的心腹。城中有一座经过重建的古罗马风格大教堂，教堂塔顶金光闪闪。每当人们看到塔顶的亮光时，就会想起圣母的传说。这座小城的地下有很多古老的隧道，其中有一条被改建成了阿尔贝博物馆。博物馆的入口很容易找，就位于大教堂大门的旁边，门口有一门二战时期的轻型火炮。博物馆中陈列了大量战场上使用过的手工物品，这些物品很好地再现了当时远征军在战壕中的生活。除此之外，博物馆还挑选了很多精品向游客展示，比如双方当时使用的步枪以及其他武器。对于很多游客来说，这个博物馆虽然并不华美，比较古朴，但是是索姆河地区最有趣的一个。

洛赫纳加坑　是一处坑道爆破坑，在1916年7月1日早晨7点28分由英国远征军对坑道进行爆破后形成，位于拉布瓦塞勒村之后，阿尔贝至巴波姆公路的右侧。洛赫纳加坑目前几乎是索姆河战场最后一个不仅没有积水而且游客可以看到的爆破坑。此外，这个坑直径约200英尺，深达80英尺，这一点不得不令很多人惊讶。尽管如此，这两个数据与其在形成初期时相比起来已经大为缩减。一直以来当地人都想将此坑填平，用于耕种，直到后来理查德·邓宁将这片区域买下后才保住了这么一个足以证明当时坑道爆破威力的大坑。然而，由于大批游客的涌入，洛赫纳加坑腐蚀严重，毕竟游客们都想沿着坑口走上一圈。关于此坑的保护工作正不断得到重视。

目前，洛赫纳加坑是索姆河区域又一处值得一看的景点。大部分团体游客都纷纷前来，而且他们常常在此坑的周围放上许多罂粟花花环以示纪念。

德文郡战壕 位于D64高地，靠近曼塞尔树林，在马梅特村南500米。虽然德文郡战壕景点只是一个小型公墓，但也被列入了很多旅游路线图之中。前文“马梅特的战斗”一节讲述了当时德文郡士兵战斗的情形，比如上尉邓肯·马丁就曾预测他的部队在7月1日的进攻中可能遭受的命运。现在这位上尉的坟墓就在这个公墓中，与他紧挨着的是《战斗之前》这首诗的作者诺埃尔·霍奇森。这首诗写于1916年6月29日，当天夜里就是原先计划开始发动索姆河攻势的时间。而两天后，霍奇森就失去了生命。

从公墓出来后如果去马梅特参观也会有不小的收获。因为当你站在马路上回头看时，就能看见当时德军机枪小队（当时这个小队的位置就在现在的公墓中）看到的场景——所有德文郡人都冲出战壕，为夺取目标正踏进一块毫无掩护之地。

德尔维拉森林 是西线战场上非常重要的一个地方，尤其对于南非人来说。在这片森林的中心建有南非公墓和博物馆。当年在森林入口处（公路的另一侧）有很多南非士兵驻守，后来这些人中有很多人在这里阵亡，他们的坟墓就在现在的南非公墓中。

这些曾在这里战斗并失去生命的南非士兵中有很多都是布尔人。这些人在一战爆发的十几年前还曾和英国人发生过战争。然而，在一战中，南非军团，不仅在西线战场而且在德国本土的一些省份以及德在非洲的殖民地，都发挥了重要的作用。

佩罗讷　是一个小城，位于索姆河地区英国远征军阵地以东，属于法军的势力范围。这里每逢周六都有一个热闹的集市。现在位于小城中心位置的城堡要塞被改建成了一战历史馆。如果说阿尔贝博物馆散发的是古朴的风格，那么佩罗讷历史馆彰显出的则是现代的气息。来此馆参观的游客，有很多对它的印象非常深刻。馆中展出的物品琳琅满目，参观后让人受益匪浅。然而，也有些人并不这么认为。他们觉得这里阴森恐怖，毫无人情味。尽管如此，这个历史馆算得上是该地区重要的景点之一。

维莱–布勒托讷国家公墓　位于阿尔贝西南5英里处，在维莱-布勒托讷至科尔比的公路的路边。公墓现在所处的位置在当年是澳大利亚军团曾激战过的地方。1918年澳大利亚士兵在莫纳什的率领下进行了一系列的抵抗活动，终结了德国在这片西线战场实施的皇帝会战。此公墓是鲁琴斯的又一个建筑杰作。在修建公墓的过程中，因为当时经济大萧条，工期被耽搁了一段时间，最后在1938年竣工。虽然墓园中记载了所有在西线战场阵亡的澳大利亚士兵的名字，但同样墓碑都是无名之碑。

埃纳河

埃纳河位于索姆河以南，兰斯和阿尔贡以北，属于西线但是法国领土。该地区与伊普尔市周边一样，易守难攻。一旦德军控制各处高地并巩固工事，这里就形成了一道道天然的屏障。因此法军每次对该地区展开进攻，结果都无功而返，而且伤亡惨重。

直到1918年英国远征军才将这里拿下。1918年4月，远征军挫败了德军皇帝会战的第一次攻势。之后经过休整，他们一举攻占了埃纳河地区。然而，后来德军又发动了布吕歇尔/尤克攻势，在埃纳河地区的高地贵妇小径给了远征军重重一击。

现在遍布在该地区的纪念碑和公墓无不折射出当年战争的残酷。公墓中有很多是为英国远征军士兵而建。有的士兵在1914年从蒙斯撤退至这里时阵亡，有的则死于德军1918年发动的布吕歇尔/尤克攻势中。

贵妇小径 是连接沙维尼翁与克拉奥讷的一条步行小道，与埃纳河北岸平行，其在法国境内的区域也是西线战场的一部分。这条小径在法国军事史中的位置，犹如英国人眼中的门宁路。在小径沿途的任何地点，您都可以停下来，眺望埃纳河南面的一个个山坡和凹处。这时，您一定会发出由衷的感叹，感叹当年的法军将领是多么愚蠢，竟然野心勃勃地企图攻克对面山脊上占尽天时地利的德军据点。除一战之外，在此战略要地还发生过其他一些战争，比如拿破仑曾在这里赢得了克拉奥讷战役的胜利。这场战役的规模虽不大，但随后拿破仑率军挺进滑铁卢，结果遭遇了惨败。现在这里就树立着一尊拿破仑雕像，这雕像让人很容易联想到那场战役。另外，据记载，这里在1939年还曾是一场小规模坦克和火炮战的战场。现在这里有很多公墓，公墓中详细记载了1914年塞内加尔军队在这里战斗的情形以及他们的伤亡情况。另外，还记录了1918年美军和意大利军队在这一小片区域作战的情况。

龙洞 既是博物馆，也是游客中心，由一个地下工事改建而成。当年，德军将此地下工事扩建成了一个地堡，后来该地区的德军守兵就驻扎在这个地堡中。龙洞就在贵妇小径上，位于切尼和克拉奥讷的中间。

于尔特比兹 离龙洞只有几百码远，从这里继续向东走，就能到达克拉奥讷。在这片狭小的区域内，有很多法军士兵公墓，这些士兵在1814至1815年，1915至1917年以及1940年曾在这里战斗过。

加利福尼亚高原 离克拉奥讷不远。高原中有一条小径，这条小径从这里开始，接着穿过一片林地，林地中布置了大批的实景模型。这些模型逼真地再现了当时在该地区发生的战斗的场景。漫步在这条小径上，就能体会到它在历次重要战斗中扮演的重要角色。这条小径的名称取自一战前这里的一处休闲场所。当时，游人在里面人们可以喝茶，可以谈天说地，别具加利福尼亚风格。

凡尔登及其他地方

凡尔登战场的大部分地区在一战后和二战前的这段时间都没有向游人开放。结果，遍布这里的堡垒、地堡以及一道道战壕只能孤独地面对大自然的风吹雨打。这里的公墓与西线战场的其他公墓相比，不太为人所知。

凡尔登　是一座历史遗迹之城。圣路附近就有一处重要的历史景点。另外，二战时，巴顿将军从诺曼底的圣梅尔埃格利斯出发，沿着解放大道，穿过凡尔登，抵达比利时的巴斯托涅，在那里和德国人展开对决，直到1945年德国投降。现在在圣梅内乌尔德至凡尔登的公路上就能看到解放大道的里程数。

凡尔登是沃邦在前线要塞城市设计方面的又一杰作。当时，他在凡尔登周围很多关键的制高点修筑了能鸟瞰整个城市的堡垒。普法战争后，法国才开始重视巩固要塞城市的防御能力。但在这之前，沃邦的区域防守的思想早已确立。

凡尔登城内各处有很多博物馆和公墓。

考雷森林　位于凡尔登地区北部。如果您前往此景区参观，得先上通往斯特奈方向的D964公路，出凡尔登城后4公里处转入通往博蒙的D905公路，接着沿这条主干道再走4公里即可看见这片森林。景区的停车场附近就有三处景点。第一处是德里昂上校当年的指挥处，该景点就在去往穆瓦雷—弗拉巴的公路的路边，一条宽约50米的大道通向那里。指挥处的后面是当时德里昂和他那些年轻部下的坟墓，德里昂的坟墓位于正中间。走过这些坟墓，然后穿越D905公路后进入位于停车场后面的森林。进入森林后，如果按照路牌的指示继续向前走，就会看到一座标有德里昂当年不幸中弹而亡之地的纪念碑。如果再往前多走几步，就能看见德里昂最初被安葬的地方。当时，德里昂死后德国人为他举办了庄严的葬礼。

杜奥蒙公墓及骸骨室 位于凡尔登要塞的最高点。公墓呈长方形，卧于狭长的山脊之上。墓园的中心位置有一座钟楼耸立。钟楼的地下室中存放着在凡尔登战场阵亡的13万具遗骸。透过钟楼基座墙壁上的窗户，游人可以隐约地看见这些堆积如山的骸骨。如果进入这个地下室，就会发现其内部不仅狭长而且宽敞。灯光透过橘黄色的玻璃灯罩洒下一片昏暗的赤橙。墙壁上贴满的一个个饰板，以纪念在凡尔登战役以及其他战役中死去的法军士兵。这间存放骸骨的地下室，可以说，是法国的一个奇迹，也是世界的一个奇迹。另外，钟楼前的公墓中还安葬着约13,000具遗体。

杜奥蒙要塞 位于杜奥蒙公墓和骸骨室附近。目前，在凡尔登有两座要塞保存完好，进去参观不但没有危险而且会受益良多，杜奥蒙要塞就是其中的一座。现在在这个要塞中，有些火炮还未被挪动过。另外，要塞以及要塞中物品的加固和保护工作正在有条不紊地进行。

沃克斯要塞 也在附近。雷纳尔少校当年在此要塞中进行英勇抵抗的故事，现在俨然成了一部可歌可泣的史诗。和杜奥蒙要塞一样，游客在沃克斯要塞也可以不需导游陪同，自行游览。如果游客对当时史实或所见物品不甚了解，要塞中的讲解员会细致耐心地解答。

四烟囱洞 位于高原之上，也是一处主要景点。和其他主要景点一样，这里的标识也非常清楚。这里在1916年6月曾发生过一场持续四天的激战。当时，这个洞也名副其实地成了一个避难所，里面躲藏着数百名受伤的法军士兵，正等待从凡尔登突出部撤回城内。当时，法军并没打算将此洞建成据点，而是用作营房、指挥部和避难所。

弗里德特雷工事 并不如杜奥蒙要塞庞大，而是一个小型防御工事。当时，这个工事内有少量士兵，平时这些士兵都驻守在附近的战壕中。另外，工事周围还配有一些装甲车，每辆车上架设两至三挺机关枪，提供火力支援。在索姆河战役后期，法军攻占了这座工事，对其进行了加固。

纪念馆 其实是一个小型博物馆，位于平原上被战火毁坏的弗勒里村，离杜奥蒙公墓不远。纪念馆中陈列了很多与战争有关的物品，比如火炮、军装、步兵武器及医疗设备。陈列的中心是该地区的一个小型沙盘模型。此模型与凡尔登战役结束后其他地方的地形几乎如出一辙。

弗勒里　是高原上毁于凡尔登战役战火的九个村庄之一。这九个村庄虽然后来再也没有得到重建，但是在每个村庄的中心位置都修建了一个小礼拜堂。游人往往在看到这些礼拜堂之后才知道周围原来曾是一个村庄。在弗勒里村，礼拜堂和之前刚提到的纪念馆毗邻，而且这两栋主要建筑的前面以及该村庄本身都有清楚的标牌。现在这个村子虽然仍弹坑密布，但基本被树木覆盖。穿行其间游人能深刻感受到在1916年绝大部分的时间弥漫在这个村庄上空的硝烟。

凡尔登城以南　如果沿着去往圣米耶尔的公路向南行驶30公里，就会看见默兹河，看见默兹河旁的运河以及前文中提到的那条公路和铁路。到这里时，游客会更加深刻地认识到一旦这些交通主干道像1915年开始那样从东面被封锁，凡尔登的防御工事即使再坚固也无济于事。

圣米耶尔和蒙特斯岗　位于德军突出部顶端右侧。如果穿过圣米耶尔向东行驶，15公里之后就进入了突出部的中心地带。在这里能看见蒙特斯岗上的美国纪念碑。这座纪念碑建于一个坐落于两座小山之间的火山口之上。在伍福尔平原上，这个高耸的火山口是天然的制高点，可以对圣米耶尔突出部进行防御。现在，位于火山口顶部的美国纪念碑正俯视着曾经的突出部和战场。在西线战场的景点中，如果要列出一些值得驾车50公里前去参观的地方，那么，除了凡尔登杜奥蒙的骸骨室之外，这里应该也能算上。游客不需要事先了解这里的地形，也不需要看什么图片，只要站在美国纪念碑前放眼望去，圣米耶尔突出部的全景就一览无余。将这座纪念碑建在这里，的确理所应当。

“饥渴战壕”　从圣米耶尔返回时，可以顺便参观这些战壕，D907公路南段设有该战壕的行车路线标牌。1915年，决心将德军赶出突出部的法军就是在这些战壕中与德军激战的。当时，法军一开始一举攻破了德军的四道战壕防线。然而，让人惋惜的是，后来他们既没有攻破第五道，即最后一道防线，也没有在身后炮弹横飞的情况下全身而退。后来，法军后方的食物、饮水、弹药都未能突破德军的炮火送至前线。尽管如此，前线指挥官安德烈还是率领他的步兵连坚守阵地，直至五天后，因为饥渴难耐他们才走出战壕，缴枪投降。现在，为纪念当时安德烈及其部队的英勇行为，这些战壕以及战壕周边地区都得到了保护。

附录六　伤亡人数统计

要准确计算一战中的伤亡人数根本不可能。在这场战争中数以百万计的人被卷入，结果或伤或亡，伤的可能负过两次或两次以上的伤，所以历史上的记载并不可靠。下面这张表中统计的失踪人员很可能有很多当时已经死去，但有的也可能先从战场上撤离，然后又成为另一支部队的新兵。现在很多关于一战的记录要么丢失，要么被毁。尤其是在二战中，大量的文件档案淹没在隆隆的炮火中。俄国的伤亡人数是由各种不同的渠道获得，因此比较可靠。

下表中列举的数字都是以整数而论，而且大部分都得到人们认可。表中在死亡人数下方的数字是每一个国家的平民死亡人数统计。另外，表中所有数据都不包括西班牙流感造成的死伤。

国家	死亡人数	受伤/失踪人数	共计
协约国			
法国	1,400,000	4,250,000	
	300,000		5,9500,000
英国	885,000	1,660,000	
	110,000		2,656,000
英国自治领	230,000	410,000	
	2,000		273,000
意大利	650,000	960,000	

（续表）

国家	死亡人数	受伤/失踪人数	共计
	590,000		2,200,000
俄国	1,800,000	4,600,000	
	1,500,000		7,900,000
美国	117,000		206,000
再加上比利时、希腊、葡萄牙、黑山、卢森堡、罗马尼亚、塞尔维亚，以及415名日本人。			
共计	5,700,000	12,800,000	
	3,675,000		22,200,000
轴心国同盟			
德国	2,050,000	4,250,000	
	425,000		6,735,000
奥匈帝国	1,100,000	3,600,000	
	465,000		5,165,000
保加利亚	90,000	150,000	
	100,000		340,000
奥斯曼土耳其帝国	770,000	400,000	
	2,150,000		3,320,000
共计	4,010,000	8,400,000	
	3,140,000		15,550,000

上述的这些统计并没有包括其他一些国家的人员伤亡情况，比如说中国和印度的劳工。另外一些非洲国家也没算在内。由于一战的影响，在非洲某些区域，死于饥荒、频发的地方病或部族争斗的人多达30万人。

在一战中，由于英国表现差强人意，致使很多英国自治领也遭受了沉重打击。但谁遭受的最严重尚不明确。如果就死亡人数占本国人口总数的比重而言，澳大利亚、加拿大、新西兰都比较接近，都在1.4%至1.6%之间。南非的死亡人数比例较低，这一点不仅反映出了该自治领与英国的不融洽关系，而且反映出英国当时对黑人参战的歧视问题。

英军的死亡人数占全国总人口的2.2%，这一数字比英自治领的总和要多不少。法国人的比例是4.3%，意大利人3.5%。一战火药桶塞尔维亚的死亡人数达到了72.5万人，而其总人口当时只有450万人，死亡人数占全国人口的比例高达16%。

当时，食物短缺夺去了很多人的生命。英国战争委员会在1922年的报告中估计，在一战中英国本土就有超过10万平民直接死于食物短缺或营养不良。上述表中奥斯曼土耳其帝国平民死亡人数中就包括了死于疾病、饥饿以及部族冲突的人数。

如果取整数，全世界大概有1600万人直接因为一战而丧命。

附录七　一战诗人

这场战争催生了20世纪最伟大的一些诗人，比如桂冠诗人罗伯特·梅斯菲尔德，以及有着不同身份背景并参与到这场战争当中的很多人。

随着战争的发展，诗歌的风格也在不断变化。在一战初期，诗人们在诗歌中流露出的是对战争可能造成的后果尚能承受的这种心理。然而至1917年时，诗歌风格大变。当时西格夫里·萨松在《将军》这首诗中毫不掩饰地描述了战士们对将领以及参谋的厌恶之情。到一战即将结束时，很多诗歌表达的都是愤怒的控诉。

约翰·迈克雷

迈克雷是加拿大军团的一名军医。1915年5月时，由于缺乏随军牧师，他为自己的一位战友兼军官，主持了一场葬礼。由于这次经历，他当晚就写成了《在法兰德斯的原野上》这首诗。迈克雷死于1918年。

在法兰德斯的原野上

在法兰德斯的原野上，
罂粟花儿正在怒放。
一朵朵，一排排，在每个路口，在我们的战壕旁。
天空中仍有云雀在飞，在勇敢地大声歌唱，
然而这歌声却淹没于地面的枪声炮响。
几天前，我们还在企盼每一个黎明，还在送别每一轮夕阳；
几天前，我们还在思念着我们深爱的人，他们也是一样。
但此刻，我们已经死去，
已经长眠在这法兰德斯的原野之上。

临死前我们将火炬交到了你们手中，
这火炬你们要高高举起，
与敌人继续不卑不亢。
如果你们辜负了我们的期望，
纵然将来法兰德斯的原野满是罂粟花香，
我们在睡梦中也会寸断肝肠。

威尔弗雷德·欧文

欧文于1893年生于英国什罗普郡奥斯沃斯特里，后来在法国居住。1915年当他碰到受伤的法军士兵后，他加入了英国皇家陆军。

欧文是最著名的也是最多产的一战诗人。当时，西格夫里·萨松给了他很大的启示，令他的创作技艺不断得到提高。在他《虽死犹荣》这首诗的手稿上，萨松写下了很多修改建议。这些建议后来大多都融进了最后的版本里。欧文于1918年11月4日死于法国。

虽死犹荣

腰也挺不起来，仿佛背着一包破烂的老叫花子；
腿也直不起来，仿佛咳得快要趴下的丑老太婆。
站在泥泞中的我们不停地在骂，
一直骂到对那一颗颗照明弹已经麻木时，
才开始踏上通向营地的漫漫征程。
但此刻一双双眼睛都在掐架。
不少人还丢了靴子，
只能一步步往前挪，而脚上已血肉模糊。
所有人都一瘸一拐，都满眼摸黑，都饮尽疲惫。
现在再催促，也被当作了耳旁风。
疲惫的人，十之八九都已掉队。
毒气！毒气！大伙儿，快点儿！
于是一阵骚动骤然而起，
都在急忙摸索并戴上那件笨重的玩意儿——防毒面具。
然而这时有个人却在胡窜乱叫，
好像身上着了火或是掉进了生石灰坑里。
透过视线模糊的面具和浓浓的绿色烟雾，
我看到他仿佛坠入了一片绿色的汪洋大海之中，正在挣扎。
此时我就站在他面前，但也无能为力。
他朝我扑了过来，上气不接下气地在挣扎，在烟雾中时隐时现。
如果你当时和我们一起把他扔上了车子，然后跟在后面，看着他那张活像吊死鬼的脸，看着他痛苦地翻着白眼珠子；
如果你听到他每扑腾一次时肺泡里都有血液溅出的声音，
如果你看到他当时像癌症发病一样的恐怖情形；
如果你舔过这个人以及当时很多小兵身上根本无法治愈的溃烂之处，
其苦涩之味绝不亚于你吃了什么苦果后反刍于口中的那种感觉，
那么，我的朋友，你就不会再热情洋溢地对那些小子们，
那些想听临危不惧的英雄故事的小子们，
说这句老套的谎话了：
为国捐躯，虽死犹荣。

西格夫里·萨松

一战前，萨松家境比较殷实，根本不需要外出工作，平日里喜好板球运动和狩猎。他于一战爆发的前一天（1914年8月3日）参军入伍。

在战争中他完成了大量诗作，其中最著名的这首《将军》写于1917年。当时，萨松正在伦敦的一家医院进行炮弹休克巩固治疗。后来，这位久经沙场、功勋卓著而且被推荐授予维多利亚十字勋章的军人写了一封公开信，宣称以后将不再服从命令。究其原因，人们普遍认为完全在于这次的疗养经历使然。然而，事实上萨松后来还是回到了战壕，与战友们并肩战斗。所幸的是他在战争中幸免于难，后来一直活到了1967年。

将军（1917年阿拉斯之战前夕）

上周我们在开赴前线时，
将军热情地对我们打着招呼：“早安，早安！”

而现在我们中大多数人已经战死，
剩下的则都在骂他的参谋简直是个蠢蛋。
当时哈里和杰克扛着枪，背着包，赶往阿拉斯，
前者对后者咕哝说："他人老，可心灿烂。"
结果将军把他们俩推进了战争的泥潭。

于战壕自戕

我认识一个纯朴的小兵，
他将生活视作一朵浮云，
夜里虽然孤寂，但能一觉睡到天明，
早晨一听到云雀的歌声，就哼起小曲儿。

但到了冬天，战壕里炸弹乱飞，虱子横行，
没有朗姆酒，终日战战兢兢，恍惚忧郁，
最后他终于饮弹自尽。
从此再也没人将他提起。

你们这些笑里藏刀的东西，
小兵蛋子们行军路过时，你们欢天喜地，
可转脸就溜进家去，
保佑你们自己不下这些被你们嘲笑的年轻人下的地狱。

A・P・赫伯特

赫伯特是英国皇家海军（第六十三）师的一名中尉。这支部队在一战中一直扮演的都是步兵的角色，从加利波利到西线战场都是如此。一战结束后，赫伯特不仅成了英国议会的一名议员，而且还是一位颇有威望的作家。在创作上，赫伯特技法娴熟，往往在嬉笑怒骂之中，将一个个自以为是的人吹出的肥皂泡戳破。

虽然长期扮演步兵的角色，但英国皇家海军（第六十三）师一直没有丢弃海军的一些传统，所以令一些陆军将领感到不满，后来这些将领也没有得到他们的太多尊重。在1916年底至1917年初这段期间，有一位名叫卡梅伦・舒特的少将，此人是这个师的指挥官之一。舒特不大乐意看到他们海军式的敬礼姿势以及很多人蓄须的习惯，也不大乐意听到他们关于战壕生活的诸多看法，他平日里一直向他们灌输陆军的一些思想。在下面的这首诗中，赫伯特记录舒特到这支军队视察时的场景。

将军视察战壕时
愤怒地咆哮道，
“到处方便，
这样的士兵我可不要”。

他这话没谁放在心上，
而且没谁想将他驳倒，
说他和屎
其实一个味道。

但很快真有人站了出来，
接住了他出的招，
说他那些参谋个个都是
狗屎一泡泡。

拉屎尚需找个僻静之所，
如果那里有纸便是更好。
但如果能将舒特干掉，
估计谁也不会事先将这泡狗屎托到某个旮旯犄角。

菲利普·约翰斯顿

菲利普·约翰斯顿的真实姓名是约翰·珀维斯，是一名中尉。在一战结束九个月之前(1918年2月)，他写了这样一首颇具预见性的诗。

高地之林

女士们，先生们，这就是著名的高地之林，
也是法国人口中的富尔诺森林。
因为是制高点，
1916年7月、8月、9月的拉锯战便在这里上演。
这些残存的铁丝网，还有横七竖八的树木，
见证了当时战争的残酷。
这道战壕，在仅仅数月中竟易手达十二次之多，

（不久就塌了）但后来只成了坟墓一座。
据说当时为争夺这一小块林地，
战死的将士共八千有余。
这些人中大多都埋在了这里，
埋在你正站立的这个小山岗底下的泥里……
这位女士，这边请，
这个连队的任何物品，请您不要碰，也不要拿。
我们有纪念品卖，不仅品种全，而且质量佳。
我刚说过，这里一切依旧保持原样，
这曾是一位英国军官，但姓名不详。
他的外衣刚开始腐烂。
跟我来，请走这边……
先生，这条路，
夺下这块高地的代价非常大，
但这个连队最后还是守住了它。
在那边的坑道里，
我们有简餐茶点供应。
但请您将纸屑、姜汁啤酒瓶或橘子皮，
扔进门口的废纸篓里。

一战年表

1914年	
6月28日	弗朗茨·斐迪南大公被刺杀
8月1日至4日	主要参战国互相宣战
8月4日	德国入侵比利时，英国宣战
8月中旬	英国远征军在法比边境的莫伯日驻扎
8月23日	日本对德宣战
	蒙斯战役及开始朝马恩河撤退
9月6日	盟军在马恩河发动反击，德军开始撤退
10月19日	第一次伊普尔战役开始
1915年	
4月22日	第二次伊普尔战役开始
5月7日	“卢西塔尼亚”号沉没
9月25日	洛斯战役及法军在香槟发起攻击
9月19日	约翰·弗伦奇爵士被解职，道格拉斯·黑格爵士成为英国远征军总司令
1916年	
2月21日	凡尔登战役开始
5月31日	日德兰海战，一战中唯一一场大规模舰船战役
7月1日	索姆河战役进攻阶段开始
8月27日	法金汉被解职，兴登堡和鲁登道夫开始统帅德军
9月15日	坦克首次出现在索姆河战役弗莱尔-库尔瑟莱特战场
10月24日	凡尔登法军重夺杜奥蒙要塞
11月中旬	凡尔登战役结束，两败俱伤
11月13日	昂克尔河之战，索姆河战役第十二次同时也是最后一次战役
11月18日	索姆河战役正式结束
12月6日	阿斯奎斯政府垮台，劳合·乔治成为英国首相
12月12日	德国第一次求和

1917年	
2月1日	德国恢复无限制潜艇战
	美国与德国断交
3月12日	俄国二月革命开始
3月17日	德军从西线撤退至兴登堡防线
4月6日	美国对德宣战
4月9日	阿拉斯战役，协约国军队重夺维米岭
	贵妇小径战役，法军大败
	第一次法军兵变
6月7日	梅西讷山脊坑道爆破
7月19日	德国议会大厦中投票通过和平决议
7月31日	第三次伊普尔战役开始，多雨夏季来临
10月4日	第二次帕斯尚尔之战，第三次伊普尔战役的组成部分
11月10日	第三次伊普尔战役结束
11月17日	俄国与同盟国停战
11月20日	康布雷战役，第一次大规模坦克战
1918年	
3月3日	俄国同同盟国签订《布列斯特—立托夫斯克和约》
3月21日	德国最后一轮攻势，皇帝会战，在索姆河地区发起的迈克尔攻势
	为第一阶段
3月26日	福煦成为协约国军队总司令
4月9日	德国第二阶段攻势，伊普尔地区
4月27日	德国第三阶段攻势，贵妇小径
7月1日	德国第三阶段攻势，马恩河
7月18日	福煦的答复——
9月12日	美军夺取圣米耶尔突出部
11月2日	协约国展开决战
11月3日	澳大利亚停战
11月9日	德国皇帝退位
11月11日	英国远征军抵达1914年远征时起点蒙斯
	德国停战
1919年	
6月28日	签订《凡尔赛和约》
在弗朗茨·斐迪南大公被刺杀的整整五年后，战争正式结束	